基斯與派翠絲・哈靈頓，一九八一年八月十九日於加州達納角遭到謀殺。基斯的父親在他們家中發現屍體時，這對夫妻才結婚三個月。
——橘郡治安官部門

金州殺手的受害者珍奈・克魯茲在YMCA營會布拉夫湖旁愉快的模樣。(時間約在一九八一年)
——照片由蜜雪兒・懷特提供

黛伯拉・亞麗珊卓・曼寧，一九七九年十二月三十日跟羅伯・歐夫曼一同在他戈利塔的公寓遭到謀殺。
——聖塔芭芭拉治安官辦公室／橘郡治安官部門

骨外科醫生羅伯・歐夫曼的照片，時間不詳。他於一九七九年十二月三十日遭槍殺。
——聖塔芭芭拉治安官辦公室／橘郡治安官部門

雪莉・多明哥和葛雷格・桑切斯，一九八一年七月二十七日於戈利塔被入侵者殺害。
——照片由黛比・多明哥提供

黛比・多明哥，受害者雪莉・多明哥的女兒。當時逃家，最後一次透過電話跟母親交談是在她遭謀殺前一天。黛比對母親最後說的話是：「妳他媽的為什麼不能滾出我的人生？」
——照片由黛比・多明哥提供

犯罪現場封鎖線完全將托特路隔絕，這裡是聖塔芭芭拉的一條安靜死巷，雪莉・多明哥和葛雷格・桑切斯在此遭謀殺。三十年後，從犯罪現場取得的DNA將這起雙屍命案跟金州殺手連了起來。
——聖塔芭芭拉治安官辦公室／橘郡治安官部門

調查員正在處理後院的現場，死於槍殺的布萊恩和凱蒂·馬喬里在此被發現，他們當時企圖逃離攻擊者。
——沙加緬度治安官部門／橘郡治安官部門

Mad is the word, the word that reminds me of 6th grade. I hated that year

I wish I had know what was going to be going on during my 6th grade year, the last and worst year of elementary school. Mad is the word that remains in my head about the my awful year as a 6th grader. My madness was one that was caused by disappointments that hurt me very much. Disappointments from my teacher, such as field trips that were planed, then canceled. My 6th grade teacher gave me a lot of dissapointments ~~and~~ which made me very mad and made me built a state of hated in my heart, no one ever let me down that hard befor and I never hated anyone as much as I did him. Disappointment wasn't the only reason that made me mad in my 6th grade class, another was getting in trouble at school especially talking thats what really bugged me was writing sentances, those awful sentance that my teacher made

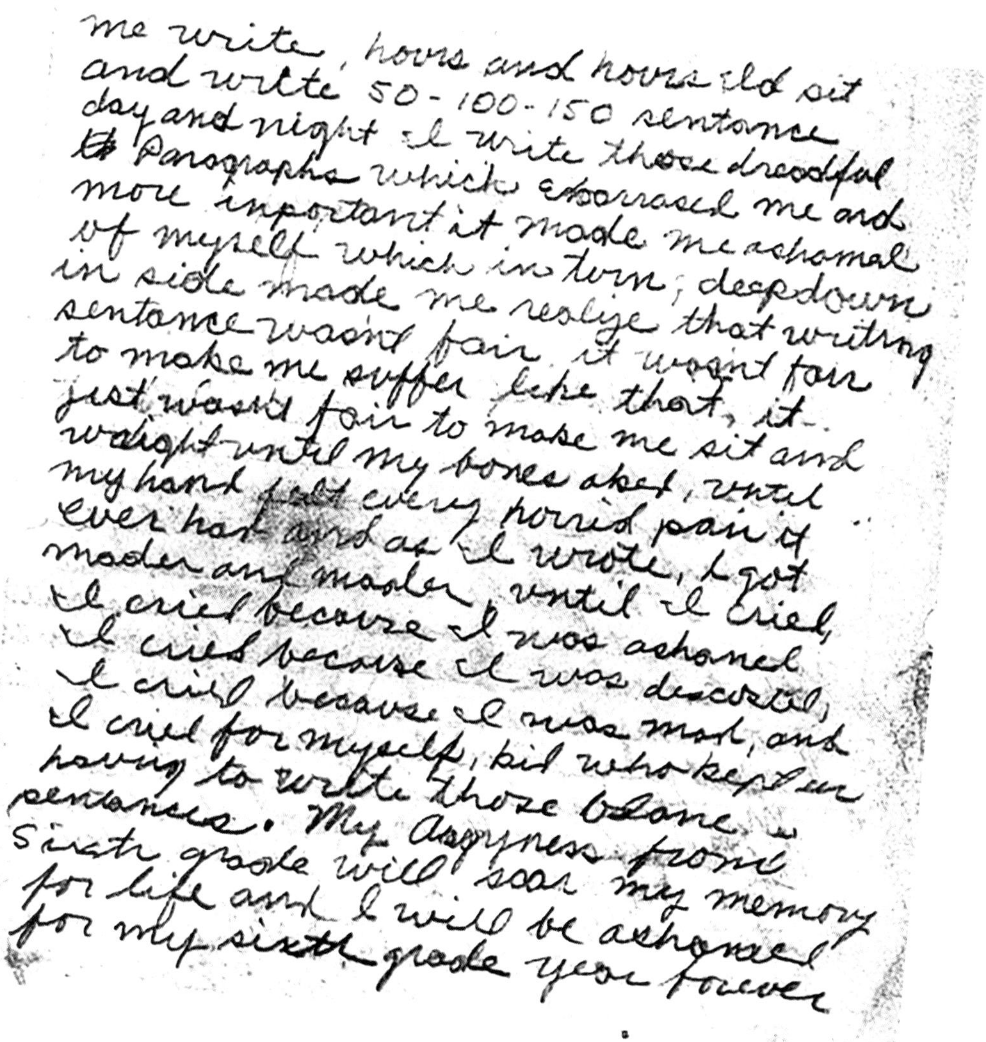

me write, hours and hours I'd sit
and write 50-100-150 sentance
day and night I write those dreadful
~~th~~ paragraphs which embarrased me and
more important it made me ashamed
of myself which in turn; deep down
in side made me realize that writing
sentance wasn't fair. it wasn't fair
to make me suffer like that, it
just wasn't fair to make me sit and
waight until my bones aked, until
my hand ~~felt~~ every horrid pain I
ever had and as I wrote, I got
mader and mader, until I cried,
I cried because I was ashamed
I cried because I was discusted,
I cried because I was mad, and
I cried for myself, kid who kept on
having to write those blame
sentances. My Angryness from
sixth grade will scar my memory
for life and I will be ashamed
for my sixth grade year forever

「只想到瘋狂。」在東區強暴魔攻擊附近的地點找到一張從線圈筆記本撕下來的紙條。這跟其他在小徑上找到的東西捆在一起，被警犬沿著加州丹維爾的鐵路用地嗅出來。這些手寫文字顯然是某篇日記的內容，作者在其中發洩對於某嚴格的六年級老師的不滿。
——康特拉科斯塔治安官辦公室

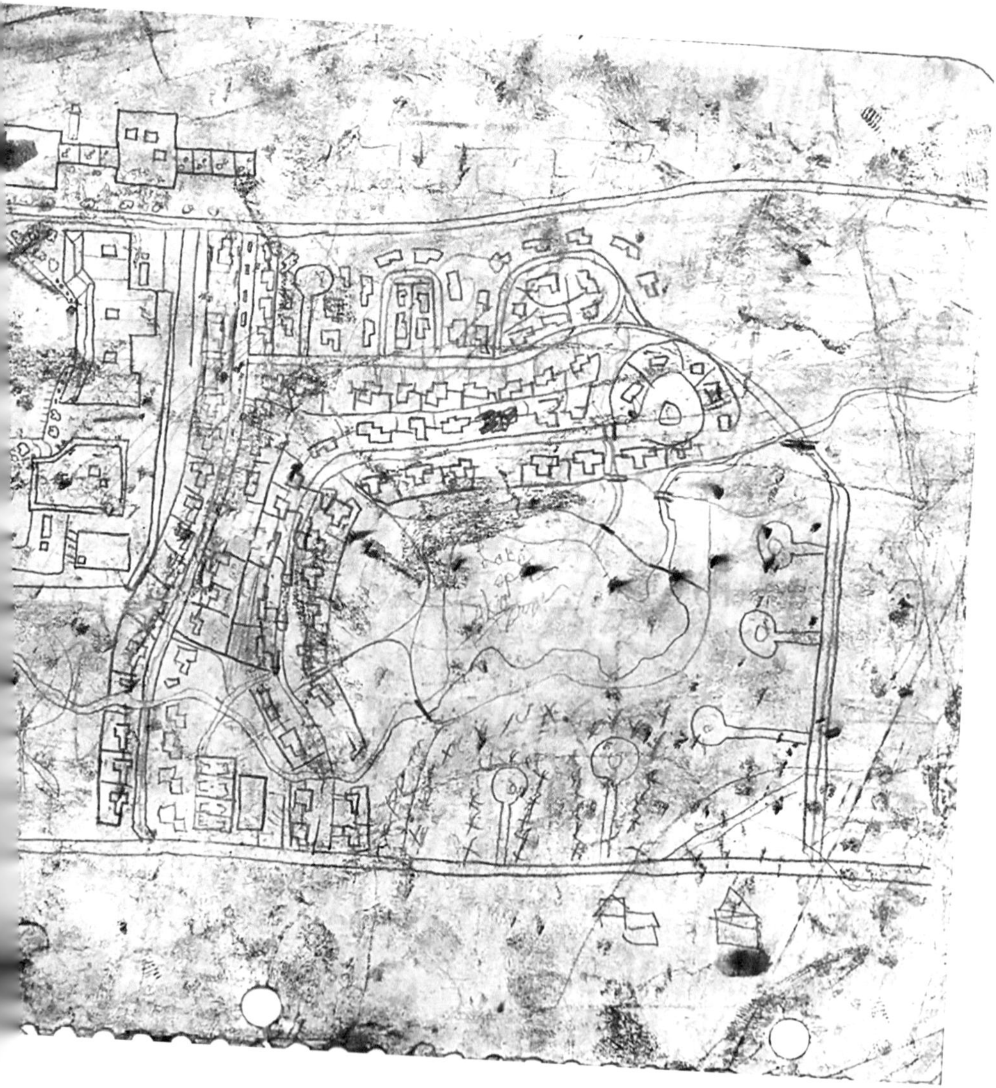

這張手繪地圖是跟「只想到瘋狂」那張日記一同找到的。並不清楚這裡描繪的地區是哪兒，但康特拉科斯塔的犯罪學家保羅．霍爾斯相信，這張地圖顯示某種複雜度，應是某個在景觀設計或營建工作或相關產業的人。地圖翻過來有些塗鴉，包含「懲罰」二字，描繪得非常用力。

——康特拉科斯塔治安官辦公室

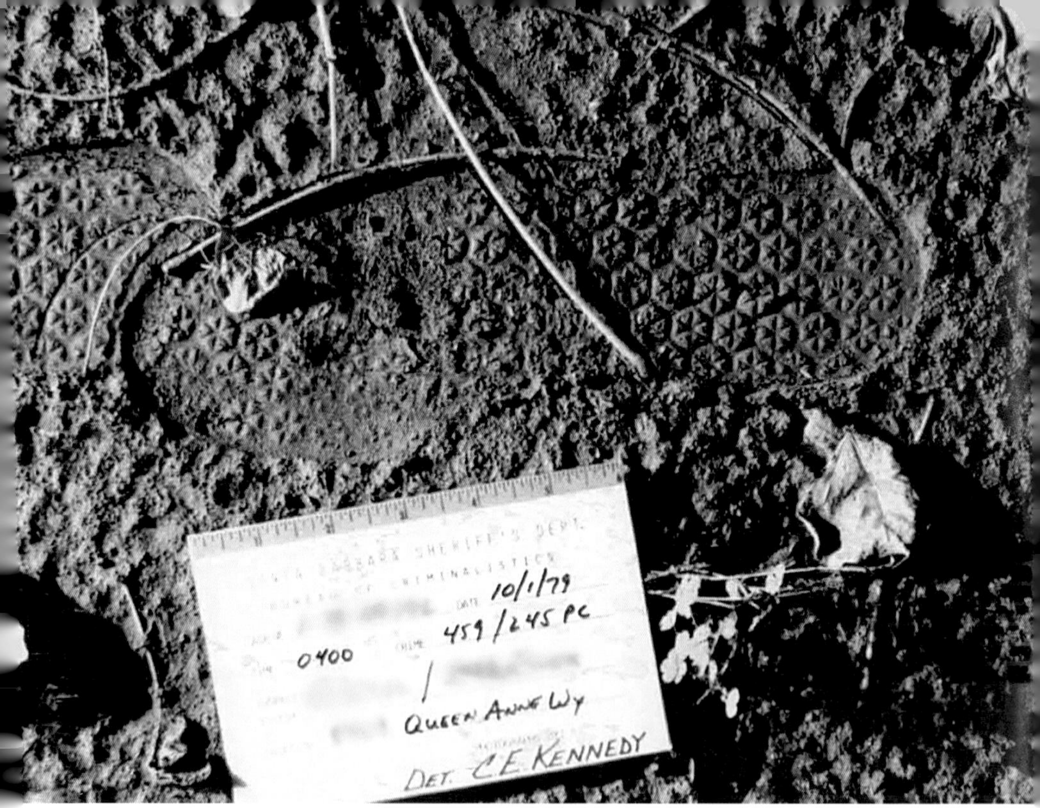

一九七九年十月一日，在戈利塔發生的攻擊中，一名警探調查時找到一個鞋印。
——聖塔芭芭拉治安官辦公室／橘郡治安官部門

畫著戴面罩搶匪的素描圖，此人被認為是東區強暴魔，在一九七九年七月五日嚇跑了一名淺眠的丹維爾居民。
——湯姆．馬克里斯／康特拉科斯塔治安官辦公室

一名潛行者及意圖闖入者的畫像。一九七九年八月八日，一名住在聖拉蒙的少女獨自在家時，他意圖闖入家中，被她目擊。這起事件發生在距離前一起東區強暴魔攻擊的現場不到八百英尺的地方。當潛行者發現自己被看到，立刻逃到在前一起攻擊中也被當作逃脫路線的聖誕樹農場。
——湯姆．馬克里斯／康特拉科斯塔治安官辦公室

該臉部模擬圖疑為一九七七年二月十六日射殺道格拉斯．摩爾的潛行者。
——沙加緬度治安官部門

SACRAMENTO COUNTY SHERIFF'S DEPARTMENT
DUANE LOWE, SHERIFF
CONTINUATION REPORT

[redacted]
REPORT NUMBER

☐ ORIGINAL REPORT ☐ SUPPLEMENTARY ☒ FOLLOW-UP

AUTHORITY - SECTION NUMBER	FEL	MISD		AUTHORITY - SECTION NUMBER
61' PC	X		F	DET. DIV.
…GGED			G	COPIES MADE
…RED			H	
…LLIED			I	
			J	

VICTIM ... VICTIM ONLY IF MORE THAN ONE	ADDRESS
[redacted]	[redacted]

DEVELOP YOUR INVESTIGATION IN THE SEQUENCE OF TIME AND DATE OCCURRED; I.E. SIGNIFICANT EVENTS AT OR IN THE IMMEDIATE AREA OF THE SCENE; PERTINENT OBSERVATIONS; FINDING OF EVIDENCE; ADVISEMENTS AND/OR REQUESTS FOR ASSISTANCE; TRANSPORTATIONS; WITNESS CONTACTS. REPORT INFORMATION IN THE CHRONOLOGICAL ORDER IT OCCURRED.

Contacted victim [redacted] at her residence for the purpose of asking a series of questions pertaining to the attack on the victim on 10/5/76.

1. Victim received 2 suspicious phone calls (no answer when victim answered phone) about 2 weeks prior to the attack. She further stated that she was the victim of a Burglary 2 weeks prior to the attack.
2. Victim stated that the house accross the street from her residence was for sale at the time of the attack. The house was listed by Century 21 [redacted] and the house has no swimming pool.
3. [redacted] stated that she did not notice any unusual actions o… the part of the suspect as she was blindfolded immediately.
4. The victim has no idea if the suspect was Right or Left han…
5. The victim cannot recall if she made any purchases or gave … name, address and phone number to anyone just prior to the …
6. The victim owns a [redacted] and a [redacted]
7. Her phone was listed under the name of [redacted].
8. The only contact with door to door salesmen was the Fuller Brush man but he is an elderly man.
9. The victim has a personal checking account with her name, address and phone number printed on the checks.

End of interview.

OFFICER(S)	BADGE	DIV	HAS THIS PAGE BEEN CODED?	APPROVING SUPERVISOR	PAGE
BEVINS	31	Det	☐ YES ☒ NO	[signature]	

pacific clippings
post office box 11789
santa ana, calif. 92711
Anaheim, Cal.
BULLETIN
(Daily) JUL 3 1 1981

Murder links investigated

Investigators from three counties are probing a possible link between four double murders, including the bludgeoning murder of a young couple near Laguna Beach last year as they slept.

Although Orange County sheriff's investigators "have looked into" a possible connection between the county murders and murders in Ventura and Santa Barbara, Lt. Andy Romero said there has been no proof that the murders are related.

Dubbed the "night stalker" by some police detectives after a couple was killed in Santa Barbara, an FBI psychological profile suggested the murderer was a "psychopath who would strike again."

Some investigators believe he may have indeed struck again, but few clues have been found at the scene of each murder. No weapon has been found in connection with any of the murders.

According to Santa Barbara County public information officer Russ Birchim, the killer first appeared in Oct. 1979 when he terrorized a Santa Barbara couple in their home. The knife-wielding assailant fled after one victim escaped. No injuries were reported.

Two months later, in the same neighborhood, Dr. Robert Offerman, 44, and his girlfriend, Debra Manning, 35, were shot to death late at night in a bedroom of Offerman's condominium.

March 16, 1980, a Ventura couple was found dead in the bedroom of their home. Police believe a log from the fireplace may have been used by the murderer to bludgeon to death attorney Lyman Smith and his wife, Charlene. The weapon has not been found.

Keith Eli Harrington, 24, and his wife of four months, Patty, 27, were bludgeoned to death Aug. 19 or 20 as they slept in a bedroom of Harrington's father's home in Niguel Shores, south of Laguna Beach. Harrington was a Phi Betta Kappa medical student at UCI and his wife was a nurse.

The most recent murder occurred Sunday or Monday in the Santa Barbara suburb of Goleta and about five blocks from the scene of the first murder.

Greg Sanchez, 28, and an ex-girlfriend, Cheri Domingo, 35, died of massive head wounds. Sanchez, a computer technician, was also shot once but police said the wound was only "a contributing factor to death."

---

pacific clippings
post office box 11789
santa ana, calif. 92711
Los Angeles, Cal.
TIMES MAY 2 5 1982

Sheriff Appeals for Information in Dual Slayings

The Orange County Sheriff's Department has appealed for information regarding the unsolved August, 1980, double-murder of Laguna Niguel newlyweds Keith and Patti Harrington.

Families of the slain couple have offered a $25,000 reward for information leading to the conviction of the killer or killers in the bludgeoning death of the couple on Aug. 19, 1980, in their home.

Keith Harrington was a 24-year-old medical student at UC Irvine and his wife Patti, 27, was a registered nurse.

People with information concerning the murders may call 834-3000. All tips will be kept confidential, a Sheriff's Department spokesman said.

THE REGISTER
Daily MAY 1 8 1982

Probe of Niguel Shores murders reaches dead end

By Anita Snow
Register staff writer

On Aug. 19, 1980, medical student Keith Harrington and his wife, Patty, a registered nurse, were bludgeoned to death as they lay in bed in a Niguel Shores home.

Almost two years later, Orange County sheriff's deputies have completed the last of almost 250 interviews in connection with the case. No arrests have been made and detectives say they've run out of clues.

"All we can do now is re-evaluate the information we've collected and begin re-contacting some of the people we've already interviewed," sheriff's spokesman Lt. Wyatt Hart said Monday.

Hart said the sheriff's department is asking that anyone who has information about the case, no matter how little, contact the department.

Members of the victim's families are reminding the public that they still offer a $25,000 reward for any information that leads to conviction of the person or persons responsible for the killings.

"We think there are people out there that know something about the killings," Hart said. "We're hoping we can jog some memories."

At the time of his death, Keith Harrington, 24, was a fourth-year student at University of California, Irvine, Medical School. His wife of four months, Patty, 27, was a registered nurse.

The Harringtons were killed in Keith's father's home at 33381 Cockleshell Drive, Niguel Shores, an exclusive, guarded community north of Dana Point.

Sheriff's detectives say nothing was taken from the house. There was no sign of forced entry.

Since the murders, Hart said, investigators have interviewed "everyone the Harringtons knew," including friends and family members.

Investigators also have looked into other similar double homicides throughout the country, hoping to make some kind of link, Hart said.

But they've come up empty-handed.

Hart stressed that the sheriff's department will keep confidential the identities of any persons who provide information about the slayings.

He urged that those with information about the Harrington murders call (714) 834-3000, which is a 24-hour hotline.

THE REGISTER
Daily JUL 3 0 1981

Double murders may be linked, police say

By Keith Fasthouse
Register staff writer

A possible link between the murder of a sleeping young couple in an exclusive South Laguna community last summer and three similar double murders that have occurred in Southern California during the past 18 months is being investigated by Santa Barbara County detectives.

Public information officer Russ Birchim said that striking similarities between the four double killings have led investigators to believe that one man — dubbed the "night stalker" — is responsible for all eight deaths.

The two most recent victims were bludgeoned to death in the bedroom of a suburban Santa Barbara home sometime Sunday night or Monday morning, Birchim said.

Investigators from the Orange County Sheriff's Department "have looked into" the three other sets of murders — one in Ventura County and two in Santa Barbara County — but have found no proof of a connection, according to Lt. Andy Romero.

Neither have Ventura city police, according to spokesman Larry White, who added that his department has had no contact with investigators from Orange and Santa Barbara counties concerning the slayings.

Nonetheless, the similarities between the four cases are startling:

- All the victims were relatively young couples killed in bed late at night as they slept.
- All were professional, middle- to upper-middle class people who lived in expensive homes.
- Six of the eight victims were bludgeoned to death. The other two were shot.
- In none of the four cases were there any signs of resistance, was a weapon recovered, or was anything stolen from the homes.

According to Birchim, investigators believe the killer first appeared in October of 1979, when an unidentified couple were terrorized in their suburban Santa Barbara home late at night by a knife-wielding assailant.

Birchim said the couple probably escaped death when the assailant fled after one of them escaped.

The first killings took place in the same wealthy neighborhood on December 30, 1979. Both Dr. Robert Offerman, 44, and his girlfriend, Debra Manning, 35, a Santa Maria psychologist, were shot to death in the bedroom after some person — or persons — broke into Offerman's condominium late at night.

Birchim said a psychological profile done after the murders by the FBI at the request of the Sheriff's Department suggested that the man responsible was a "psychopath who would strike again."

Three months later, on Sunday, March 16, 1980, another couple was found dead in their bedroom in a plush Ventura hillside home.

The victims, Lyman Smith, a prominent attorney, and his wife, Charlene, 33, were bludgeoned to death sometime late that Saturday night or early Sunday morning, according to police.

Police believe a log from the house's fireplace was used as a weapon, but were not able to prove it. There was no sign of forced entry.

Four months later, either on the evening of August 19, or Wednesday morning, August 20, Keith Eli Harrington, 24, and his wife of four months, Patty, 27, died of massive head injuries inflicted by a blunt instrument. They were killed as they slept in the bedroom of Harrington's father's exclusive home in Niguel Shores, south of Laguna Beach.

Harrington was a Phi Beta Kappa medical student from UC Irvine and his wife was a nurse. As with the Ventura killings, there was no sign of a forced entry.

And almost a year later, on a Sunday night or early Monday morning, yet another young couple was killed in a bedroom.

This time the killings took place back in the same suburb of Santa Barbara — Goleta — not more than five blocks from the site of the first murders.

The victims, Greg Sanchez, 28, and his ex-girlfriend, Cheri Domingo, 35, also died of massive head injuries, just like the Smiths and the Harringtons. Sanchez, who was a computer technician, was also shot once, but Birchim of the sheriff's department said the wound was only "a contributing factor to death."

Like the first killings, but unlike the other two, whoever killed Sanchez and Domingo had broken into the home.

歸檔於橘郡治安官部門的新聞剪報。雖然當時幾起犯罪被懷疑可能有關連，卻沒發現該地區有連續殺人犯存在。
阿那罕姆市公報／橘郡治安官部門，橘郡紀事報／橘郡治安官部門，橘郡紀事報／洛杉磯時報／橘郡治安官部門

右：沙加緬度郡東區強暴魔案文件中典型的一頁。其文件極為龐大。
——沙加緬度治安官部門

一九七七年十一月八日，沙加緬度治安官部門針對東區強暴魔案件在該區的米拉羅瑪中學舉辦市民集會。驚恐的居民紛紛表示自己的擔憂。
——沙加緬度治安官部門

康特拉科斯塔東區強暴魔特殊小組的賴瑞・克萊普頓警長，他正在倒石膏，製作鞋印鑄模。
——照片由賴瑞・克蘭普頓提供

保羅・霍爾斯早期於康特拉科斯塔治安官辦公室擔任犯罪學家的照片。
——照片由保羅・霍爾斯提供

理查・薛比警探，東區強暴魔系列案件最初的主導調查員。他正在沙加緬度治安官部門打報告。
——照片由理查・薛比提供

威廉・麥格溫警探，維塞利亞警局。
——照片由瑪麗・盧・麥格溫提供

賴瑞・普爾，照片攝於二〇一七年八月，宣誓就任河濱地區檢察官辦公室資深調查員。
——照片由賴瑞・普爾提供

蜜雪兒·麥納瑪拉，她正為《惡魔的背影》進行研究。沙發上還有蜜雪兒的女兒愛麗絲，她正在「檢查」母親的成果。
——照片由派頓·奧斯華提供

蜜雪兒·麥納瑪拉在她喜歡的工作環境中努力不懈。
——照片由派頓·奧斯華提供

I'LL BE GONE IN THE DARK

惡魔的背影

蜜雪兒・麥納瑪拉
Michelle McNamara

林琳／譯

五十起連環謀殺與性侵懸案、
縱跨六百公里的犯案足跡、
塵封三十年的謎團線索，
一個調查記者的不懈追尋，
帶來揭露「金州殺手」真面目的破案曙光

ONE WOMAN'S OBSESSIVE SEARCH
FOR THE GOLDEN STATE KILLER

目錄

時間軸地圖　6
人物列表　9
導讀　吉莉安・弗琳　13
前言　19

第一部分

爾灣，一九八一　27
達納角，一九八〇　39
好萊塢，二〇〇九　47
橡樹園　51
沙加緬度，一九七六——一九七七　77
維塞利亞　113
橘郡，一九九六　127
爾灣，一九八六　137

文圖拉，一九八〇 149
戈利塔，一九七九 157
戈利塔，一九八一 165
橘郡，二〇〇〇 185
康特拉科斯塔，一九九七 193

第二部分

二〇一二，沙加緬度 207
東沙加緬度，二〇一二 217
袖扣之終章 227
洛杉磯，二〇一二 231
康特拉科斯塔，二〇一三 237
康科德 237
聖拉蒙 251
丹維爾 260

核桃溪 279
戴維斯 287
弗雷德・雷 303
那個人 309
洛杉磯，二〇一四 323
沙加緬度，二〇一四 327
沙加緬度，一九七八 331

第三部分

比利・詹森與保羅・海因斯 333

後記

派頓・奧斯華 371

終曲：給一名老人的信

蜜雪兒・麥納瑪拉 377

附記

派頓・奧斯華 285

追緝連環殺手：一名女子執迷追尋金州殺手的迷人調查史 289

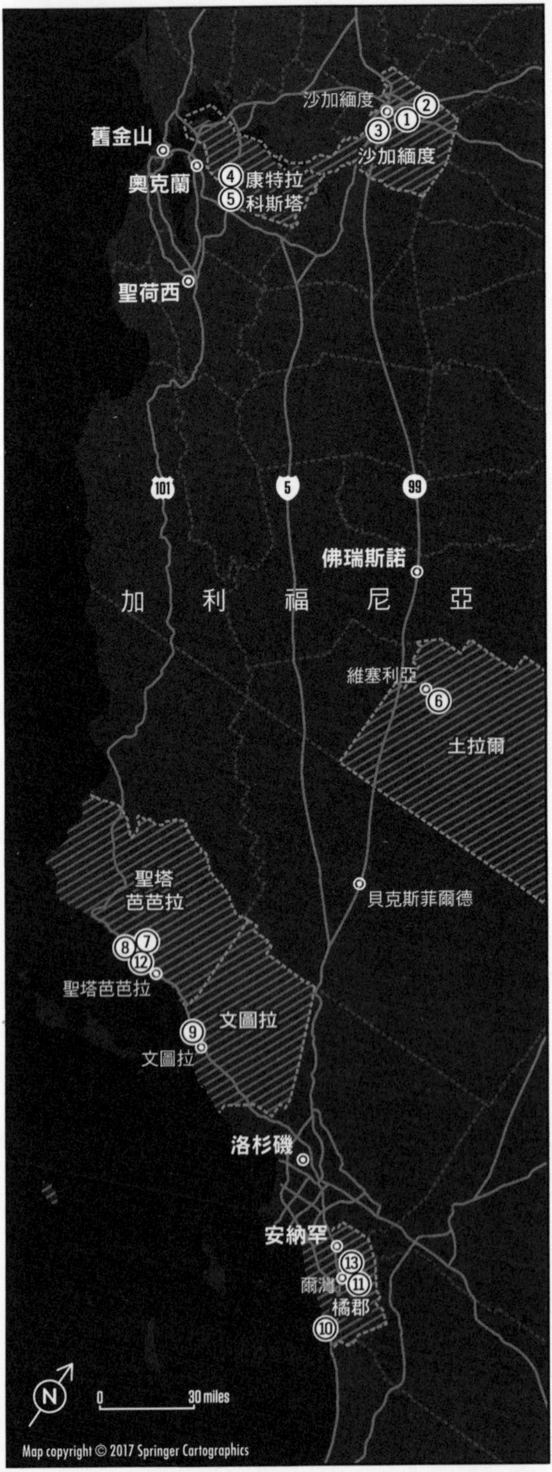

沙加緬度
1
2
3
沙加緬度
舊金山
奧克蘭
4 康特拉
5 科斯塔
聖荷西
101
5
99
佛瑞斯諾
加利福尼亞
維塞利亞
6
土拉爾
聖塔
芭芭拉
8
7
12
聖塔芭芭拉
貝克斯菲爾德
9
文圖拉
文圖拉
洛杉磯
安納罕
13
11
爾灣
橘郡
10
N
0
30 miles
Map copyright © 2017 Springer Cartographics

「東區強暴魔」攻擊事件

（一九七六年六月至一九七九年七月）橫跨北加州七個郡，共襲擊五十名女子

① 一九七六年六月十八日—科多瓦牧場

一名二十三歲的女性（本書中假名為「席拉」）在自己床上被戴著面具的入侵者強暴。報章雜誌與執法機構日後認為這是咸稱「東區強暴魔」的男子犯下的多起案件中的第一件。

② 一九七六年十月五日—柑橘高地

東區強暴魔第五次出手，目標為三十歲家庭主婦珍・卡森。強暴犯等到受害者的丈夫離家上班後隨即進屋。整個折磨的過程中，受害者的三歲兒子都在她臥室中。

③ 一九七七年五月二十八日—南沙加緬度大道

大眾所知的東區強暴魔第二十二起攻擊，他找上的是二十八歲的費歐娜・威廉斯*[1]和她的丈夫菲利普。這也是他第七起有男性在場的攻擊。

④ 一九七八年十月二十八日—聖拉蒙

東區強暴魔鎖定另一對夫妻，二十三歲的凱西*和她丈夫大衛*。此時，正式案件紀錄來到四十件。

⑤ 一九七八年十二月九日—丹維爾

三十二歲的艾絲特・麥唐諾在夜晚醒來，被綁住、強暴，成為東區強暴魔的第四十三名受害者。

「維塞利亞掠劫者」竊盜案與槍擊案

（一九七四年四月到一九七五年十二月）

⑥ 維塞利亞

據調查，數起擅闖民宅加上克勞德・史奈林謀殺案可能與此案有關。

「原始暗夜尾隨者」攻擊案

（一九七九年十月到一九八六年五月）

⑦ 一九七九年十月一日—戈利塔

原始暗夜尾隨者在擅闖民宅失敗後攻擊一對夫妻，但兩人逃過一劫。

⑧ 一九七九年十二月三十日—戈利塔

原始暗夜尾隨者謀殺羅伯・歐夫曼醫師與黛伯拉・亞莉珊卓・曼寧。

⑨ 一九八〇年三月十三日—文圖拉

原始暗夜尾隨者謀殺夏蓮與萊曼・史密斯。

⑩ 一九八〇年八月十九日—達納角

原始暗夜尾隨者謀殺基斯與派翠斯・哈靈頓。

⑪ 一九八一年二月六日—爾灣

原始暗夜尾隨者謀殺曼努拉・衛騰。

⑫ 一九八一年七月二十七日—戈利塔

原始暗夜尾隨者謀殺雪莉・多明哥與葛雷格・桑切斯。

⑬ 一九八六年五月五日—爾灣

原始暗夜尾隨者謀殺珍奈・克魯茲。

---

1 *符號表示為化名。

人物列表

受害者

遭強暴受害者

席拉（Sheila）*（沙加緬度，一九七六）
珍·卡森（Jane Carson）（沙加緬度，一九七六）
費歐娜·威廉斯（Fiona Williams）*（南沙加緬度，一九七七）
凱西（Kathy）*，（聖拉蒙，一九七八）
艾絲特·麥唐諾（Esther McDonald）*（丹維爾，一九七八）

遭謀殺受害者

克勞德·史奈林（Claude Snelling）（維塞利亞，一九七五）[1]

1 與金州殺手未有確切連結。

凱蒂與布萊恩·馬喬里（Katie and Brian Maggiore）（沙加緬度，一九七八）[2]

黛伯拉·曼寧與羅伯·歐夫曼（Debra Manning and Robert Offerman）（戈利塔，一九七九）

夏蓮與萊曼·史密斯（Charlene and Lyman Smith）（文圖拉，一九八〇）

派翠絲與基斯·哈靈頓（Patrice and Keith Harrington）（達納角，一九八〇）

曼努拉·衛騰（Manuela Witthuhn）（爾灣，一九八一）

雪莉·多明哥與葛雷格·桑切斯（Cheri Domingo and Gregory Sanchez）（戈利塔，一九八一）

珍奈·克魯茲（Janelle Cruz）（爾灣，一九八六）

調查人員

吉姆·貝文斯（Jim Bevins）——調查員，沙加緬度治安官部門

肯·克拉克（Ken Clark）——警探，沙加緬度治安官辦公室

凱洛·戴利（Carol Daly）——警探，沙加緬度治安官辦公室

理查·薛比（Richard Shelby）——警探，沙加緬度治安官辦公室

賴瑞·克萊普頓（Larry Crompton）——康特拉科斯塔治安官辦公室

保羅·霍爾斯（Paul Holes）——犯罪學家，康特拉科斯塔治安官辦公室

約翰·莫鐸克（John Murdock）——犯罪實驗室主管，康特拉科斯塔治安官辦公室

比爾・麥格溫（Bill McGowen）——警探，維塞利亞警局

洪瑪莉（Mary Hong）——犯罪學家，橘郡犯罪實驗室

艾莉卡・哈奇卡夫（Erika Hutchcraft）——調查員，橘郡檢察官辦公室

賴瑞・普爾（Larry Pool）——調查員，全郡執法機構未解小組（Unsolved Element,［CLUE］）

橘郡治安官部門

吉姆・懷特（Jim White）——犯罪學家，橘郡治安官部門

弗雷德・雷（Fred Ray）——警探，聖塔芭芭拉郡警辦公室

2 同前。

導讀

在金州殺手之前，有一個女孩，蜜雪兒會告訴你關於那女孩的一切：那個女孩在快樂街上被拖進暗巷謀殺，像垃圾一樣遭人棄置原地；那個女孩是個二十幾歲的妙齡女子，在伊利諾州的橡樹園遭到殺害，距離蜜雪兒長大的繁忙愛爾蘭裔家庭只有幾個街區距離。

六個孩子中排行最小的蜜雪兒在自己的日記簽下「蜜雪兒，一位作家」的字樣，她說，那樁謀殺點燃了她對真實罪案的興趣。

如果有可能，我們一定會成為最佳（可能也是最怪）拍檔。在同個時期，當時年少的我住在密蘇里州堪薩斯市，我也是個胸懷大志的作家。雖然在我的日記上，我給自己的稱號傲慢了些：吉莉安大師。我跟蜜雪兒一樣，在一個愛爾蘭裔大家庭裡長大，就讀天主教學校，透過黑暗事件培養腦中幻想。我十二歲時讀了楚門．柯波帝的《冷血》（*In Cold Blood*），是買很便宜的二手書，而這本書開啟了我對罪案實錄一輩子的迷戀。

我熱愛閱讀罪案實錄，但不免注意到一個事實：作為這樣的讀者，我是在主動地選擇消費他人的悲劇。只要是負責任的消費者，就該儘量對自己做出的選擇小心謹慎。因此我只讀最好的：也就是那些不畏艱難、見解精闢而充滿人性的作者。

所以發現蜜雪兒是必然的事。

我一直都認為，偉大的罪案實錄作家，最被輕忽的一面便是人性。蜜雪兒・麥納瑪拉有著不可思議的能力。她不只能探進凶手的心靈，還能透徹看穿那些追捕殺人犯的警察、慘遭摧殘的受害者，以及一長串留在世上為他們哀掉的親友。長大成人之後，我成為她那出色網站——**真實犯罪日記**——的常客。「妳應該給她留個言啊。」我丈夫會這麼鼓勵我。她出身芝加哥，而我現居芝加哥；我們都身為人母，而且都花了有害健康的大量時間翻看人性黑暗不堪的一面。

我拒絕了丈夫的鼓勵——我想，我距離見到蜜雪兒最接近的一刻，就是在新書活動時跟她的一個阿姨自我介紹——她借給我她的手機，我傳簡訊給蜜雪兒，寫了一些很不像作家會寫的話，例如「妳真是超級酷的！！！」

事實是，我其實不太確定自己想不想見到這位作家——我覺得自己遜色於她。我做的事情是創造角色，而她得爬梳真實事件；故事帶著她去哪裡，她就去哪裡。她必須取信於那些警戒又疲倦的調查人員，翻過堆積如山的文件，因為最關鍵的情報可能就在其中。此外，還要說服悲痛的被害人親友再次挑開舊傷口。

她以獨有的優雅自得，成功做到這一切。她在夜晚家人熟睡時寫作，在到處散落女兒勞作紙的房間以蠟筆潦草記下加州刑法條。

我狂熱地蒐集眾多凶手的資料，但在蜜雪兒開始寫那位被她封為金州殺手的凶嫌帶來的夢魘以前，我沒注意過這個人。此人在七〇至八〇年代的加州犯下五十起性侵害案件，以及至少十起謀殺。這是數十年的懸案，目擊證人和受害者早已遷居、過世或繼續前進。此案包含多個轄區——南加州與北加州都有——並有大量未得到DNA幫助或實驗室分析的犯罪檔案。沒有多少作家願意扛起這種重擔，有能力把這件事做好的更是少之又少。

蜜雪兒追查此案時頑強不屈的精神令人吃驚。最經典的例子就是她在奧勒岡一個舊物店鋪網站追蹤到了一對袖扣。那是一九七七年於史托克頓犯罪現場被偷走的。但她不只做了這件事，還可以告訴你，首字母是「N」的「男性名字」在三〇和四〇年代相對少見——這是袖扣的原主人最可能出生的年代——在前一百名中只出現那麼一次。我要提醒你，這甚至不是指向凶手的線索，而是凶手偷的袖扣。針對特定物品細節做出這樣的投入是相當特別的。蜜雪兒這麼寫道：「有一次，我花了一整個下午，盡可能搜查一九七二年里約美國高中水球社社員的相關線索。因為在年鑑照片中，他雖然瘦瘦的，卻有一雙粗壯的小腿」——這是金州殺手可能的身體特徵之一。

若花了這麼多血汗、收集到這麼多線索，有很多作者容易迷失在細節中——統計數字和資訊往往使人性遭到無視，讓辛苦付出的研究者忽略了生命中的微小美好。

但《惡魔的背影》是一本文字優美的調查報告書，更甚，它同時也是時間、空間與人的快照相片。加州那些將橘子園一一吞沒的社區，蜜雪兒為其賦予靈魂，玻璃如鏡的新建設讓受害者彷彿成為驚悚片中的第一主角。長年隱於山脈陰影的小鎮每年甦醒一次，因有上千隻出來找配偶、四處亂竄的狼蛛。還有人——我的天啊，那些人——懷抱希望的前嬉皮、努力生活的新婚夫妻；母親和正值青春期的女兒起爭執——為了自由、責任還有一件泳衣——卻渾然無覺那是她們最後的對話。

我從一開頭就被吸引，蜜雪兒似乎也一樣。多年來，她為了追蹤金州殺手，到頭來卻為自己造成嚴重的傷害——「我的喉中永遠堵著那聲尖叫。」

蜜雪兒沒能完成這本了不起的書，就在四十六歲時於睡夢中過世。你可以看到與她共事的人所做的案件紀錄，但金州殺手的身分——也就是所謂真凶——依舊是個謎。他的身分對我而言一點也不重要。我希望他被逮到；我不在乎他是誰。看見那人的臉可說是極度反高潮，如果再加上名字更猶有過之。我們都知道他幹了什麼，再多資訊——任何資訊——都不免顯得平凡無奇、相形失色——甚至可說陳腐老套——「我母親很殘酷、我恨女人、我從沒有過家庭……」諸如此類的。我想多了解一些更真實、更完整的人，而不只是人性的骯髒碎片。

我想多知道跟蜜雪兒有關的一切。當我看著她娓娓道來自己持續搜索這名虛幻男子的過程，發現自己不禁也尋覓起我景仰的作者的蛛絲馬跡。這個讓我深深相信、跟著她走進這噩夢的女人到底是誰？她是什麼樣的人？她因為什麼而變成現在的模樣？是什麼給了她如此的優雅美善？在某個夏日，我發現自己從我在芝加哥的家開了二十分鐘到橡樹園，來到「那個女孩」陳屍的巷子，**作家蜜雪兒**也是在那兒聽到召喚她的聲音。而直到我去到那裡，問著自己為什麼來，我才明白：因為我也踏上了我自己的搜索之路，去追尋這個追尋黑暗的偉大獵人。

——吉莉安·弗琳

前言

那年夏天，夜晚時分，我在女兒的遊戲室中追緝連續殺人犯。大多時候，我其實是在模仿普通人就寢前的各種儀式：刷牙、換睡衣。但是，在丈夫和女兒入睡後，我會退到那個臨時的工作空間，打開我那僅僅十五吋、卻蘊藏無限可能的筆記型電腦。我們這社區位在洛杉磯市中心西北，晚上安靜到不可思議。有時唯一的聲響，是我為了靠近觀察一些我根本不認識的人的家中車道，點按滑鼠使用Google街景服務的喀喀聲。我幾乎沒有移動，然而只要敲幾個鍵就能跨越數十年時光。年鑑、結婚證書、嫌犯大頭照。我搜遍七〇年代上千頁的警方檔案、鑽研驗屍報告。雖然得在五、六隻絨毛娃娃和一組粉紅色的迷你小鼓之間做這些事，我卻一點也不覺有異。我找到了一座屬於自己的搜查總部，隱密又私人，有如老鼠的迷宮。所有走火入魔的行為都需要一個專屬空間，我的藏身處點綴著色紙，上頭盡是我用蠟筆潦草寫下的加州刑法法條。

此時是二〇一二年七月三日，大約午夜，我打開正在編輯的文件，裡面條列了他這些年來盜取的每樣特定物品。條列的項目中有大半我都標了粗體，表示無解。下一個要搜查的項目是一九七七年九月在史托克頓被拿走的一對袖扣。當時金州殺手——我後來就是這麼稱呼他的——還沒有進化到殺人犯的規格，而是連續強暴犯，人稱東區強暴魔。他會入侵成年女子或年輕女孩的臥房襲擊她們。一開始在東沙加緬度，接著魔爪悄悄伸入中央谷地社區及舊金山東灣附近。他很年輕——可能落在十八至三十歲——白人，體格健壯，能夠翻越高聳的圍籬以躲避抓捕。他偏好的目標是中產階級的安靜社區，那種距離轉角不會太遠的一樓平房，而且總是戴著面罩。

他最知名的犯案特徵就是精準並自我保護的行為。只要鎖定受害者，他永遠會趁無人在家時事先進屋觀察，研究家庭照片，弄清屋內配置。他會弄壞門廊上的燈，打開玻璃滑門的鎖，清空槍裡所有子彈。毫無戒心的屋主關上的門就這麼大開，移動的照片放回原位，那些痕跡就像日常生活中常見的小混亂。於是受害者安穩熟睡，直到手電筒的灼熱光線逼她們睜開眼。因為看不見，她們搞不清狀況，還沒醒透的神智起先很遲鈍，但立刻加快了速度——有個看不見的身影揮動光源，但那到底是誰？又是為什麼？當她們聽見聲音，心中恐懼終於找到來源。她們對那個聲音的描述是從喉嚨深處發出的低語，而且咬緊了牙關，粗魯而帶著威脅。雖然有部分人察覺他會偶爾失誤，發出高音頻的聲音或顫抖、或口吃，這名在黑暗中戴著面罩的陌生人想隱藏的好像不只是自己的真面目，還有總會露出破綻的生疏。

一九七七年九月，他在史托克頓案中偷走那副袖扣，那是他第二十三次出手犯案，正好在暑假結束後不久。窗簾布勾刮擦窗簾桿的聲音驚醒了這名二十九歲的女子，她正在史托克頓西北的自家臥室中。女子從枕頭上起身，外面陽臺的燈光框出門口的身影。當手電筒的光線照到她的臉，弄得她什麼也看不見，那道身影便瞬間蒸散，一股強大的力量往床的方向撲去。他上次攻擊是在陣亡將士紀念日週末的凌晨一點三十分，勞動節過後的週二。夏天結束了，他回來了。

如今他鎖定情侶。女性受害者試圖向受理警員說明攻擊她的人留下的惡臭，拚了命想辨識出那股氣味。她說，那種味道也不是因為衛生不佳。氣味並非來自腋下，也不是他的嘴。警官在報告上標記，受害者盡可能做出最明確的描述是：那像是一種緊張的氣味。不是從他身體的特定部位散發出來，而是從每個毛孔洩出。警官問她能不能再講清楚些，但她沒辦法。重點在於，那股氣味不同於她聞過的任何東西。

在史托克頓發生的其他案件中，他曾嚷嚷著說自己需要錢。然而，他卻在眼前真的有錢的時候予以忽視。他要的是對他的受害者有私人意義的物品：刻字的結婚戒指、駕照、紀念硬幣。那副袖扣是傳家之寶，設計是少見的五〇年代風格，有首字母N和R的押花圖案。受理警員在警方報告旁邊大略地描繪出模樣。我不禁有點好奇，想知道那到底有多特別。透過網路搜索，我發現男孩名字開頭是N的人相對少見，如果依照袖扣的原物主可能出生的時間判斷，三〇、四〇年代N開頭的名字在前一百名中只出現一次。於是我用Google搜尋袖扣的種類，然後按下筆電上的輸入鍵。

認為自己能破解錯綜複雜的連續謀殺案，恐怕需要一定程度的自負，如果你所進行的調查又跟我一樣完全是土法煉鋼，那麼更是如此。尤其該案的專案小組包含加州五個轄區，外加

FBI協力，這樣都無法解開。我對犯罪的興趣其實有些私人因素。十四歲時，我鄰居的一起未解謀殺案點燃了我對懸案的迷戀。網路的出現讓我的興趣轉為更積極的追蹤。一旦公開檔案放上網路，巧妙的搜尋引擎又被發明出來，我立刻知道一顆裝滿犯罪細節的腦袋加上一條空白的搜尋欄會交擊出什麼火花。而在二〇〇六年，我建了一個名叫「真實犯罪日記」的網站。每當家人就寢，我就啟程進行一趟時間旅行，使用二十一世紀的技術，將陳舊的證據解構再組織。我開始點擊、搜遍網路，尋找相關單位可能忽視的數位線索，結合數位化的電話簿、年鑑及Google地球的犯罪地點實景：對於活在虛擬世界的鍵盤搜查者而言，那可是個裝滿潛在線索、深不見底的大坑。我將自己的理論一一跟部落格的忠實粉絲分享。

我寫過一百多宗未解罪案，從使用氯仿的凶手到殺人的神父。然而，金州殺手消耗的心力最多。除去北加州的五十起性侵害案，他還在南加州犯下十起虐殺案件。這一連串案件延伸十年，最終甚至改寫了美國的DNA法條。就連黃道帶殺手——他在六〇年代晚期和七〇年代初期使舊金山地區人人自危——或暗夜尾隨者，八〇年代讓南加州地區的人一入夜就躲在家裡——他們都沒有如此活躍。然而，金州殺手的名氣卻沒那麼大，在我給他這名號之前，他沒有琅琅上口的綽號。他在加州各個不同轄區出手，而這些轄區之間並無分享資訊或者良好溝通的習慣。等到DNA鑑定顯示先前認為無關的案件其實都是同一人所為，他最後一起為人所知的謀殺案早就超過十年了，逮捕他也不再是首要之務。他就這樣潛伏在雷達偵測範圍以外，逍遙法外、身分不明。

但他依舊讓受害者擔心受怕。二〇〇一年，沙加緬度有一位女性在家中——也就是二十四年前她遭到攻擊的房裡——接起電話。「還記得我們以前一起玩嗎？」有個男人低聲說道。她馬上就認出來了。這讓她想起他在史托克頓說過的話。當夫婦倆的六歲女兒起床去洗手間，在走廊上撞見他，他在距離約二十英尺的地方，戴著棕色滑雪面罩及黑色針織連指手套，沒穿褲子。他有條皮帶，上面掛了某種像是劍的東西。「我在跟妳媽媽和爸爸玩遊戲，」他說：「來看看。」

這案子吸引我的地方在於，它看起來應該是能夠偵破的。他遺留線索的範圍可說太大，也可說太小。他留下多名受害者與大量線索，卻是在管控相對嚴格的社區，因此以資料探勘的方式尋找潛在嫌疑犯較為容易。我很快就被這起案子拉下去，原本的好奇心轉為不斷搔抓的飢渴。我展開追蹤，走火入魔地狂按滑鼠，這點擊動作簡直像是連通了我的多巴胺分泌。而且不只是我。我還發現了一群鐵桿調查者，聚集在一個網路論壇上，交換與該案有關的線索和理論。我暫且拋開成見，開始在他們的閒聊中爬文，貼文總數高達二萬則（而且仍在持續增加中）。我過濾掉一些動機不明的怪咖，專注在真正的追查者身上。留言板上時不時會冒出一條線索，例如攻擊事件附近某可疑車輛上的貼紙圖案，那應該是仍在嘗試破案的過勞警探丟給一般大眾幫忙的一點線索。

我不認為他是來無影去無蹤的鬼魅，我相信只要是人就會犯錯。我推斷，他在這條線上的某一處鐵定也會犯錯。

那個夏夜，我在搜尋那副袖扣。我迷上這個案子快一年了。我偏好黃色橫線筆記本，尤其是最開始十多頁，一切看起來都很順利、充滿希望。我女兒的遊戲室到處散落使用過的橫線筆記本，那是一種浪費，但同時也反映了我的心理狀態。每本筆記都是一條起頭又卡住的思緒。為了得到建議，我去找了一位曾經手此案的退休警探，我已經把他們很多人都當成朋友。這些人的傲氣都已乾枯，但即便如此，也不能阻止他們為我的傲氣添柴搧火。搜索金州殺手的行動跨越近四十年，感覺不像接力賽跑，反倒像一群狂熱分子被拴在一起，爬上一座不可能攀上的高山。年紀大的同伴不得不停步，但他們堅持我要繼續走。我忍不住對他們其中之一哭訴，說自己好像為了浮起來連稻草也抓。

「妳問我的建議嗎？稻草當然要抓，」他說：「而且還要緊抓到它爛掉為止。」

失竊的物品是我最後的稻草，而我並不樂觀。週末，我和家人就要去聖塔莫尼卡過國慶假期，我還沒打包，氣象預報糟得要命——然後我就看到了。在電腦螢幕上滿滿數百張圖中的一張，跟警方檔案畫的袖扣一模一樣的設計和名字縮寫。我把警察生澀的手繪圖拿來跟電腦上的比對，確認了一遍又一遍。那東西在奧勒岡一座小鎮的舊物店，標價目前到八美元，我馬上買下來，還為了能在隔日收到付了四十美金。我沿著走道走向房間，我丈夫正躺在床上屬於他的那側，深深熟睡。我坐在床緣注視他，直到他張開眼睛。

「我好像找到他了。」我說。而我丈夫甚至不需要問這個「他」到底是誰。

第一部分

爾灣，一九八一

屋內蒐證完畢，警方對德魯．衛騰說：「可以還給你了。」黃色警戒線放下、前門關起。執行勤務時不帶情感的精確動作能讓他不去注視那些血漬，但現在避不開了。他哥哥和大嫂的臥室就在那扇前門後方，位於廚房正對面。德魯站在水槽前，只要向左轉個頭，立刻可以看到大衛和曼努拉床鋪上方白牆潑灑的斑斑深色污漬。

德魯沒吐，他因此相當自豪。在警校時，他們受過訓練，無論在怎樣的壓力下都不會臉色發白。畢業的必要條件就包括了冷血無情這一項。但在一九八一年二月六日那個週五傍晚前，當他未婚妻的妹妹來到亨廷頓海灘的瑞斯凱勒酒吧桌邊，屏著氣息說：「德魯，打給你媽，」他都以為自己永遠用不上這本領——就是不要傻張著嘴，並在所有人瞪著大眼、放聲尖叫時還能直視前方的能力。至少不會這麼快派上用場，也不會在離家這麼近的地方。

大衛和曼努拉住在哥倫布街三十五號，那是爾灣區一個新開發的區域，是諾斯伍德排屋中的一間平房。舊爾灣牧場地區已經所剩無幾，這個社區就是伸入其中的觸角之一。郊區依舊被橘子園占據，一排排完美無瑕的樹木、罐頭工廠和拾荒者的營地與侵門踏戶而來的水泥和柏油路比鄰。單是聽到那些聲音，你就能知道這些景色正在逐漸改變：卡車倒下水泥的刺耳巨響完全蓋過了日漸稀少的牽引機。

這附庸風雅的氛圍掩蓋了諾斯伍德正在轉型的生產線工業。為了抵禦聖塔安娜焚風肆虐，四〇年代，農夫種下一株株矗立向天的高聳尤加利樹。如今樹沒遭到拔除，卻有了不同用處。開發者用那些樹將主要大道和旁支社區一分為二。大衛和曼努拉住的區叫林蔭居，這個分區有一百三十七棟房屋，四種屋內配置可選。他們選了編號六〇一四的「柳樹屋」，共三個臥室，面積一千五百二十三平方英尺。一九七九年末，房屋建成，他們便搬了進去。

這間房子對德魯來說實在是太成熟了，即使大衛和曼努拉只比他大五歲。一方面來說，這房子是全新的。廚房的儲藏櫃因鮮少使用而散發光澤，冰箱裡聞起來有塑膠味，而且沒什麼東西。德魯和大衛生長的地方跟這裡根本不能比，卻硬生生塞了七個人。大家總不耐煩地輪流等洗澡，在晚餐桌上手肘撞來撞去。大衛和曼努拉在他們家三個臥室的其中一間放了腳踏車，另一間空房大衛則用來放吉他。

德魯試圖忽視惱人的妒意。但真相是：他嫉妒哥哥。大衛和曼努拉結婚五年，兩人都有穩定的工作。她在加州第一銀行經辦貸款，他則在賓士之家當業務，負責賓士代理經銷。中產階級的光明前景讓他們信念堅定。兩人花了很多時間討論要不要在前院做磚牆，以及要去哪裡找到高級的東方掛毯。哥倫布街三十五號的房子像個待填滿的輪廓，空蕩的空間給了他們未來的承諾。德魯覺得自己好青澀，甚至連比較的資格都沒有。

最初將整個地方看完一遍後，德魯幾乎沒在他們的房子待多久。他的問題其實不是心中有多少怨恨，應該是不快才對。曼努拉是德國移民家庭的獨生女，個性直爽，有時令人猜不透。在加州第一銀行，大家都知道她會直接告訴別人說他們該剪個頭髮，或在有人做錯事時大刺刺指出。她有一張單子，上面用德文寫著同事犯的錯誤。曼努拉身材纖瘦，長得漂亮，顴骨突出，胸部是做的。她一結婚就做了這個手術，因為她胸部很小，而大衛似乎喜歡大胸——她以令人不快的方式輕輕一聳肩，這麼說道。她不太誇耀這副新身材，反而偏好高領衣著，總把手臂交叉在胸前，彷彿隨時要跟人吵上一架。

德魯則覺得這樣的關係對他哥哥來說行得通。他的哥哥個性內向寡言，優柔寡斷，講起話也比較迂迴，一點也不直接。但德魯老是覺得壓力太大，因此不太親近他們兩個，曼努拉源源不絕的負能量之強，讓她走進的每個房間都好像被她搞得電線短路。

一九八一年二月上旬，德魯從親戚間聽說大衛好像不太舒服，進了醫院，但因為已有一陣子沒見面，他並不打算去探望他。二月二日星期一，曼努拉帶大衛到聖塔安娜—塔斯汀社區醫院，他被診斷出嚴重的病毒性腸胃炎。接下來好幾晚，她都照同樣一條路線走：去她父母家吃晚餐，到醫院的三二〇病房看大衛。他們每天每晚都用電話聊天。週五近中午時，大衛打到銀行找曼努拉，但她的同事說她沒來上班。他試著打家裡電話找她，但電話就這樣一直響。大衛感到不解，他們的電話答錄機每次都會在第三聲鈴響前接手，而曼努拉也不會操作機器。接著他打電話找她母親露絲，她同意開車過去，看看她女兒是什麼狀況。她敲了前門，卻沒有回應，就用鑰匙開門進去。幾分鐘後，家族好友朗恩．夏普*被露絲打來的一通歇斯底里的電話找去。

「我往左邊一看，就看到她那樣張開著雙手，牆上全是血，」夏普對警探說。「我實在想不通血是怎麼從她躺的地方弄到牆上的。」

他只看了那房間一眼，再也沒看第二遍。

曼努拉臉朝下趴在床上，身穿棕色天鵝絨睡袍，身體一部分包在睡袋裡。如果她覺得冷，有時會睡在裡頭。她的手腕和腳踝上有一圈圈紅色痕跡，用來綑綁的繩索證物已被移除，一把巨大的螺絲起子躺在距後方玻璃滑門約兩英尺的水泥陽臺上，門鎖裝置已遭撬開。

原本在屋裡的十九吋電視，被拖到後院西南角高聳的木頭圍籬旁。圍籬角落稍微有點撐開，就好像有人一頭撞上，或是在上方跳得太用力。調查員在前院、後院還有房屋東側的瓦斯表上方發現幾個有小圓圈樣式的鞋印。

調查員首先察覺幾個異常之處，其一就是臥房唯一的光源來自浴室。他們問了大衛，他正在曼努拉父母家中。得知消息後，幾名家人與朋友聚在一起傾吐悲傷，相互安慰。調查員發現大衛似乎被嚇壞了，陷入恍惚狀態。因為太傷心，他有點不能集中，會在回答到一半時停下來，或是毫無邏輯跳換話題。這個關於光源的疑問也讓他摸不著頭緒。

「燈呢？」他問道。

原本床鋪左側的音響上方放了個方形底座、銘黃金屬材質的砲彈狀圓燈——那盞燈不見了。因為少了這東西，警方猜想，那可能就是用來將曼努拉毆打致死的鈍器。

警方詢問大衛是否知道答錄機裡的帶子為什麼不見。然而他真的嚇壞了，只是搖搖頭，對警方說，唯一可能的解釋就是：不管殺死曼努拉的人是誰，答錄機可能錄下了他的聲音。

這個現場太詭異了。對幾乎沒有什麼犯罪事件的爾灣而言尤其詭異，在爾灣警方眼中也是一樣。少數警察可能會覺得此案有點刻意設局的味道：部分珠寶遺失，電視也被拖到後院，但哪有竊賊會丟下自己的螺絲起子？他們不禁猜想，凶手會不會是曼努拉認識的人？她的丈夫晚上在醫院過夜，她就邀了男性友人過來，然後情況失去控制，他抓起答錄機裡的帶子，知道裡面錄了自己的聲音，接著決定去撬滑門，而現場布置最後的畫龍點睛，就是把螺絲起子留下來。

可是，其他人不認為曼努拉認識凶手。警方在找到屍體的隔天於爾灣警察局審問大衛，他們想知道兩人家裡過去是否曾被闖空門。思考一陣子後，他說四、五個月前（大概是一九八〇年十月或十一月）曾出現他無法解釋的腳印。在大衛眼中，那看起來像網球鞋的鞋印，從房子一側一路走到另一側，並進入後院。調查員將一張紙滑過桌面，要大衛盡可能回想足印的模樣，並且畫出來。他迅速而且全神貫注、費盡全力地完成。大衛並不知道警方握有殺死曼努拉的人的石膏鞋印，那是謀殺當晚他悄悄走過房屋時留下的。大衛把紙推回去，上面畫的是一個鞋底有小圓圈的右腳網球鞋鞋印。

警方謝過大衛，讓他回家，然後把他的素描「啪」一聲砸在那個石膏鑄模旁邊：兩者一模一樣。

大多暴力罪犯都是衝動而毫無組織性的，非常好抓。凶殺案有一大部分是由認識受害者的人犯下。儘管他們常想設局迷惑警方，卻往往被看穿手腳、遭到逮捕。只有非常少數的罪犯——也許百分之五吧——會成為最嚴峻的挑戰。這些人犯下的罪行多半經過事先計畫，燃燒著殘酷無情的怒火。殺死曼努拉的人具備最後這類人的一切特質：受害者有遭綑綁的痕跡，但綁繩移除了；她頭部的傷口顯出凶手的殘暴。自鞋底有小圓圈的鞋印出現到攻擊之間，隔了七個月，在在顯示此人的狡猾。他一直嚴謹戒備，心中有著無人知曉的殘暴與日程表。

二月七日週六中午左右，警方花了約莫二十四小時將線索篩過一遍，又最後做了一次總檢查，便批准將房子還給大衛。該案發生在專業犯罪現場清理公司出現前的年代。門把上沾了黑漆抹烏的指紋採樣粉末，大衛和曼努拉的加大雙人床墊挖得到處是洞，被鑑識人員切下來裝進袋中當證據，床鋪和上方牆壁還濺灑著血。德魯知道，身為一名受訓中的警察，清理工作落在他身上再自然不過，而且他也自願去做。他覺得自己彷彿對哥哥有所虧欠。

十年前，他們的父親麥斯・衛騰跟太太吵了一架，隨後把自己鎖在家中的一個房間。當時德魯八年級，正在參加學校舞會，排行最長的大衛十八歲。聽到震天響的槍聲撼動全家後，他跑去撞開門，並擋住家人，不讓他們看到那幅景象，獨自一人承受父親腦袋破碎的畫面。他們的父親在聖誕來臨前兩週自殺。這段經歷似乎奪走了大衛對這個世界的信任。在那之後，無論什麼事他都遲疑不定。大衛的雙唇偶爾才露出笑意，眼中則從沒有過。

然後他遇見了曼努拉，又再次回到現實世界。

她的新娘頭紗掛在臥室門後，警方認為那可能是線索之一，便問了大衛這件事。他解釋說她向來掛在那裡，算是少見的感性。頭紗讓他們稍微看見曼努拉鮮為人知的柔軟一面。然而，今後大概再不會有人知道了。

德魯的未婚妻還在念書，日後會當上護理師。她主動表示要幫他清理犯罪現場。兩人未來會生下兩個兒子，而這段維持二十八年的婚姻最後會以離婚收場。可是，即使在他們的關係降到冰點時，德魯仍會偶然停下，想起那天她幫他清理的回憶。她毫無退縮的善意之舉，他永遠都無法忘懷。

他們拖出一瓶瓶漂白劑和一桶桶的水，戴上黃色的橡膠手套。這差事相當棘手，可是德魯沒有掉一滴淚，從頭到尾面無表情。他努力將這次經驗當作學習。要成為警察就必須隨時冷靜而理智。即便是將大嫂的血跡從黃銅床架上擦掉，也一定要堅強。大約三小時內，他們就把那間屋子中的暴力痕跡洗去，整理乾淨，等大衛回來。

結束後，德魯把整理完剩下的清掃工具放回後車箱，回到車子的方向盤前，把鑰匙插進點火開關。此時他卻突然僵住，愣在那兒，有一種類似快要打噴嚏的詭異、強烈的情緒，從體內一路蜿蜒而上。也許是太累了吧。

德魯沒有要哭，不是那樣。他連自己上次哭是什麼時候都不記得了，不是嗎？

他轉過身，望著哥倫布街三十五號，回想第一次開車來這間房屋的畫面，想起自己坐在車上準備進屋時的念頭。

我哥真是人生勝利組。

壓抑的啜泣聲溜了出來，那股拚命把它往下壓的力氣沒了。德魯將前額壓在方向盤上開始哭泣。不是那種好像喉嚨中卡著什麼的流淚，而是激動且爆發的悲痛。自然而然、全數發洩出來。他的車聞起來有阿摩尼亞的味道，指甲下的血漬過了好幾天都還去不掉。

最後，他要自己振作。德魯留了一個小小的東西，是他在床底下找到的。這本來應該交給現場調查員，他們漏掉了。

那是一小片曼努拉的頭骨。

週六晚上，爾灣警局調查員朗恩．維契和保羅．傑索針對曼努拉的私人交友圈做進一步搜索，並來到她父母在綠樹社區洛馬街的房子按響門鈴。她的父親霍爾斯特．羅賀貝克在門口見他們。前一天，在那間房子遭到封鎖、被當成犯罪現場沒多久前，霍爾斯特和妻子露絲被帶到警局，分開接受年輕警員詢問。參與這件案子的高階警探傑索和維契是初次見到羅賀貝克一家。即便在美國住了二十年，霍爾斯特的德國脾性也沒因此軟化。他跟別人一起在當地開汽車維修廠，據聞單用一支扳手就能拆解整輛賓士。

曼努拉是羅賀貝克家唯一的孩子。她每天晚上都跟他們吃晚飯，私人日曆上的一月只有兩個註記：父母的生日提醒。媽媽，爸爸。

「有人殺她，」第一次接受警方偵訊時，霍爾斯特說：「我就去殺了那傢伙。」

霍爾斯特站在前門，拿著一小杯白蘭地。維契和傑索走進屋內，五、六位深受打擊的親友聚集在起居室。當調查人員表明自己的身分，霍爾斯特那張石頭般毫無表情的面孔鬆懈了，整個爆發出來。他的個子不高，卻因憤怒彷彿膨脹成兩倍。他用帶有口音的英文高喊自己對警方的厭惡，認為他們應該有更多作為。這樣激烈的發言大概過了四分鐘，維契和傑索便知道自己沒有出現在此的必要。霍爾斯特悲痛欲絕，恨不得找人吵架。他的憤怒猶如隨時要四處噴射的碎片。兩人除了在門廳的桌子放張名片、離他遠點外，別無他法。

霍爾斯特的痛苦中也參雜了一定程度的懊悔。羅賀貝克一家養了一頭以軍犬規格訓練的巨大德國牧羊犬，名叫小貂。霍爾斯特曾建議曼努拉把小貂養在她家，可以在大衛住院時保護她，但她婉拒了。霍爾斯特實在很難不去回想那畫面：在那名闖入者一點一點剪斷鎖頭時，小貂張開血盆大嘴作勢欲咬，口水從門牙滴落，接著撲向那名闖入者，把他嚇跑。

曼努拉的葬禮辦在二月十一日星期三，於塔斯汀的馬鞍峰教堂舉行。德魯瞥到馬路對面的警員在拍照。之後，他回到哥倫布街三十五號陪大衛。這對兄弟坐在客廳一直聊到夜深。大衛喝了很多酒。

「他們認為是我殺了她，」大衛突兀地提起警察，臉上表情難以解讀。德魯則做好心理準備，要聽他告解。他不相信大衛在體力方面有能力謀殺曼努拉，問題在於他會不會雇用什麼人去做這件事。德魯感到自己受訓獲得的警察本能甦醒，坐在正對面的哥哥的影像瞬間縮成針孔大小。他知道自己就只有那麼一次機會。

「是你嗎？」德魯問。

大衛的個性一直有些怯懦，因此他自然（而且也很合理地）抖了一下。倖存的罪惡感沉甸甸壓在他身上。他一生下來心臟就有個洞，如果有誰必須要死，除了他之外不該是別人。曼努拉父母因悲痛到處問罪，想找個人來責怪，他們不斷朝他拋來的眼神帶來極大影響。但是，大衛回答德魯的問題時非常堅定，毛髮簡直都要豎了起來。

「沒有，」他說：「德魯，我沒殺我太太。」

德魯吐出一口大氣。從他聽聞曼努拉遭謀殺至今，好像是第一次喘過氣來。他無論如何都要親耳聽大衛說出這句話。他看著哥哥的眼睛；那是受傷的眼神，可是其中閃著確信。因此德魯知道他說的是實話。

認為大衛清白無辜的不只是他。橘郡警局的犯罪學家吉姆．懷特協助處理犯罪現場。優秀的犯罪學家等同人體掃描器，他們可以在進入一團亂的陌生房間時挑出重要的微物證據，屏蔽掉其餘雜物。他們能在高壓狀態下工作。犯罪現場的時間因素相對高度敏感，而且永遠遊走在毀壞邊緣。進入現場的每個人都是可能的汙染源。犯罪學家攜帶採證與保存專用的工具進來——紙製證物袋、封條、捲尺、拭樣、證據保存紙、熟石膏。在衛騰家現場，懷特與調查員維契合作。維契會告訴他要採證什麼地方，他採了床旁薄片狀的泥巴，在廁所抹到一些稀釋過的血漬。曼努拉的屍體被包起時，他跟維契站在一起。他們記下她頭上的重創、綑綁的痕跡，以及右手上的一些瘀青。她左側臀部還有一塊痕跡，之後法醫將會判定可能是毆打所致。

犯罪學家第二部分的工作是在實驗室分析那些採集回來的證據。懷特檢驗了凶手使用的螺絲起子上的棕色油漆，得知並非知名品牌，並認為最近似的是知名油漆店百色熊自行調製的牛津棕。一般來說，調查會在實驗室畫下句點。犯罪學家並非調查員，他們不會找人來偵訊，或親自去追線索。但懷特的職位比較特殊。橘郡的警察單位大多是在自己的職權範圍內調查案件，他們多半使用治安官辦公室的犯罪實驗室，因此衛騰案的調查員只會知道爾灣的案件，懷特則經手一整個郡的犯罪現場，從聖塔安娜到聖克萊門特。

對爾灣的警察而言，曼努拉・衛騰的謀殺相當少見。

對吉姆・懷特而言，則十分熟悉。

達納角，一九八〇

羅傑．哈靈頓看著一張黏在門鈴底下的手寫字條，上面的日期是一九八〇年八月二十日，也就是前一天。

派蒂、基斯，

我們七點的時候來了一趟，可是沒人在家。

如果計畫有變，打個電話給我們好嗎？

上面的署名是「梅芮迪和傑」，羅傑認得這兩個名字。他們是他媳婦的朋友。羅傑試了前門，發現是鎖上的，不禁有些驚訝。基斯和派蒂在家很少鎖門，尤其他們知道他會上門來吃晚餐。當羅傑開上車道，按下打開車庫門的按鈕，便看到基斯和派蒂的車。他的名爵，還有她的福斯。如果他們不在，一定是出去慢跑了吧，羅傑邊想，邊伸手去拿藏在陽臺棚架上的鑰匙。他也順手拿了信件（那十幾封信似乎異常厚重），一起帶進屋。

庫克席爾大道三三三八一號的房屋是尼格海岸區九百五十餘棟的住宅之一，該處是達納角一個封閉式的圍籬社區，位於橘郡南部的海濱小鎮。房子屬於羅傑所有，雖然他主要住在鄰近的萊克伍德一間大樓公寓，離他在長灘的公司比較近。他二十四歲的兒子基斯是加州大學爾灣分校醫學院三年級學生，基斯新婚的妻子派蒂則是註冊護理師，兩人目前就住在那棟屋裡，而羅傑也相當心滿意足。他很開心家人能住在附近。

這房子以七〇年代末的風格裝潢，牆上有箭魚壁飾，屋內有蒂芬妮水晶吊燈，還有繩索式的垂懸盆栽。羅傑自己在廚房調了杯飲料。時間還不到黃昏，屋子已被陰影籠罩，周遭一片寂靜，唯一在動的只有面南的窗戶和玻璃滑門上映照閃爍的海水藍。附近雜貨店的袋子裡裝了兩個罐頭，就這麼立在廚房水槽；一條牧羊人圓麵包被拿了出來，三片已經有點不新鮮的麵包疊在旁邊。就某種程度，羅傑覺得有些毛骨悚然。

他踩上鋪了赭色地毯的走道，朝臥室走去，基斯和派蒂睡的客房門是開的，百葉窗關著，讓人更難看清。床鋪好了，被毯直拉到深色的木製床頭板。羅傑正要關上門時，注意到床單底下一個稍稍詭異的隆起。他靠過去，往下一壓，碰到某種硬硬的東西，於是他把被毯掀開。

相對於上方平靜無波的床單，藏在底下的事物的反差之大，超乎想像。基斯和派蒂趴著，雙臂彎成詭異的角度，雙掌朝天。他們彷彿——如果要用最精闢的詞語形容——支離破碎。要不是因為上面還有天花板，看這姿勢和他們身下擴散開的血跡，你可能會認為他們是從極高處摔落。

基斯是羅傑四個兒子中最小的，是非常出色的學生，高中打全聯盟的游擊手位置。在派蒂之前，他有一個長期交往的女友，是同校的醫科預備生，大家都以為他們會結婚，直到她選擇另一所醫學院就讀（連羅傑也難以理解），兩人便分手。基斯到加州大學爾灣分校的醫學中心不久就認識派蒂，並在一年之內結婚。羅傑內心深處一直擔心基斯重新開始得太快，不過派蒂個性溫暖，而且跟基斯一樣做事乾脆——她前個同居男友吸大麻，她立刻跟他分手。他們似乎也深深愛著彼此。近來羅傑花了滿多時間跟這兩個「小鬼」相處（他總這麼喊他們），他幫忙在院裡安裝新的灑水系統，三人上週六還一起清理刷子，之後晚上還在屋裡為派蒂父親的生日辦了一場烤肉派對。

在電影中，發現屍體的人往往會不敢置信地抓著屍身狂搖，但羅傑沒有這麼做；他根本不需要。即便燈光昏暗，他也看得出他那細皮嫩肉的兒子已經渾身發紫。

現場看不見掙扎痕跡，沒有任何強行闖入的跡象，不過其中一扇玻璃滑門可能忘了鎖上。根據那張雜貨店發票，派蒂在週二晚上九點四十八分買了東西。她的姊姊蘇不久後在十一點左右打電話來。基斯帶著睡意接起電話，然後交給派蒂。她對蘇說他們已經上床了，她在等護士仲介處一大清早打來的電話。在派蒂頭上的傷口中找到了符合黃銅的金屬碎片。這表示在派蒂掛斷姊姊的電話、到她週三早上沒去工作的某段時間，有人拿起院子中新安裝的一個黃銅灑水器噴頭溜進屋裡。而在這個有專人看守的社區中，沒有人聽見任何聲音。

重新檢視衛騰一案的六個月後，橘郡治安官辦公室的犯罪學家吉姆．懷特直覺認為衛騰一案和哈靈頓案有關。兩起案件無論在大處或小處都有共通點：兩者都有中產階級受害者遭到在家中隨手拾得的鈍器於床上毆打致死；兩案的凶手都在離開時拿走他所用的殺人凶器；兩案的女性受害人都遭到強暴。基斯和派蒂．哈靈頓的屍體都有綑綁痕跡，他們床上和床邊都能找到流蘇飾帶的碎屑。六個月後發生的衛騰案，屍體上的綑綁痕跡仍清晰可見，但綑綁用的物品從現場被帶走了。這裡的相異處似乎值得深究。

兩案在醫學層面也有引人深思的共通連結。基斯．哈靈頓是加州大學爾灣分校的醫學院學生，派蒂是偶爾在聖塔安娜慈愛醫院輪值的護士；大衛．衛騰，亦即曼努拉的丈夫，在妻子遭到謀殺時，正是聖塔安娜—塔斯汀社區醫院的病患。

哈靈頓家廚房地板上找到一根短暫燒過的火柴，但哈靈頓家沒有人抽菸，調查員認為那是凶手的。

而衛騰家沿著花床一共撿到了四根火柴。

衛騰案是爾灣警局的案件之一，哈靈頓案隸屬橘郡治安官辦公室管轄。兩個團隊的調查員不斷討論著可能的連結。如哈靈頓家的凶手那樣一次處置兩個人是公認的少見，風險很高，但也表示凶手的快感有部分來自提高下手風險。同樣一個凶手可能在六個月後只鎖定單一受害者，一如衛騰案那樣嗎？這裡反駁的論點在於：大衛住院只是僥倖。當凶手發現晚上只有曼努拉在家，不曉得是否有些驚訝？

搶劫（目標是曼努拉的珠寶）或非搶劫；強行闖入或非強行闖入。他們沒有指紋可比對，DNA技術還要很久之後才出現，凶手在兩個現場都沒有留下可辨識身分的決定性證據，但有些小細節揮之不去。基斯．哈靈頓受到致命一擊，撞到頭上方的木製床頭板，凹了一塊。從派蒂雙腿間找到的木頭碎片位置判定，基斯先遭到殺害，派蒂才遭到性侵。這裡所設定的時間順序讓她受到最大的折磨。而殺死曼努拉的人在她身上花了充足的時間，讓她最終被逼到反胃的臨界點：床上找到了她的嘔吐物。

「過度殺戮」在犯罪調查與相關報導中往往是大家愛用的名詞，可是大多都是誤用。即便經驗豐富的凶案調查員，有時都會在罪犯使用大量蠻力時錯誤解讀其行為。當謀殺行為牽涉到過度殺戮，多半會預設罪犯與受害者有關係，是因熟識而生的憤怒壓抑許久，最終爆發宣洩。「這是私人恩怨」一言實在太陳腔濫調[1]了。

但這樣的假設並未顧及外在因素對行為產生的影響。凶手使出的力道可能取決於受害者抵抗的程度，嚇人的傷勢看起來可能像是私下關係出了嚴重問題，但也可能只是互不相識的人之

---

1 蜜雪兒在寫完後，對這些案件中針對過度殺戮的解釋稍微有些改變想法。她做出結論，表示只有在金州殺手的案件中，使用這樣的蠻力是出於必要。這個資訊來自與現役警員的討論，其中包含保羅．霍爾斯。他表示，比起他分析過的其他犯罪現場，這些凶殘的攻擊並不特別令人印象深刻。混亂且過度的毆打致死的確可初步判定為過度殺戮，金州殺手案中的幾起應該就是這樣。

間拉鋸抵抗的延長賽所造成。

大多數暴力罪犯就像一把人體鐵鎚，能狠狠打死一條人命。他們空有一雙鐵拳，但只要稍微超出眼界之外他們就什麼也策劃不了。這種人很好抓，嘴巴也很大。他們會回到犯罪現場，疑神疑鬼，草木皆兵。不過三不五時會有奇蹟出現，讓他們能神不知鬼不覺逃走。

三不五時，調查員會碰上詭異的謀殺，就是那種受害者並沒有抵抗，卻發生過度殺戮的情況。

考慮到曼努拉和派蒂被綁住，相對順從，毆打她們的力道在在表明針對女性的巨大怒意。這樣狂暴的怒意卻配上精密思慮的計畫，著實少見。就法醫鑑識上毫無符合之處，但感覺起來則是相反，犯下案件的應是同一人。一個不留下太多證據、不太開口也不太露臉的人；一個在中產階級人士之間可以悄無聲息來去的人；一個心跳平穩卻又精神錯亂的普通人士。

哈靈頓案與衛騰案之間的關連從未被完全排除，只是在案件降溫時擱置一邊。一九八一年八月，幾篇報導提出質疑，想知道哈靈頓案與南加州其餘幾樁雙屍案件究竟有無關連。「難道有個神經失常的『暗夜尾隨者』在南加州肆虐，把那些情侶殺死在床上嗎？」這是《洛杉磯時報》報導的開場白。

第一個提出兩者有關的是聖塔芭芭拉治安官辦公室。他們有兩起雙屍命案，還有一起持刀攻擊，但那對情侶順利逃脫。然而，其他可能發生相關案件的地區，例如文圖拉和橘郡，對這個想法並不重視。當地一起雙殺案嫌犯的預審案件雖受到高度注意，最後卻不成立，文圖拉當局還提不起精神，認為聖塔芭芭拉太早斷言，橘郡也持懷疑心態。「我們實在不這麼覺得。」調查員戴洛．寇達說。

就這樣，五年過去，十年過去。打來的電話沒有一通是正確線索。檔案會定期調出重閱，卻從未顯露重要資訊。羅傑．哈靈頓執著於案件細節，試圖釐清基斯和派蒂的謀殺。他雇用私人調查員，提出高額獎金，重複詢問相關友人和同事──然而不見曙光。絕望中，羅傑──這位不屈不撓、白手起家的商人──終於崩潰地去諮詢靈異人士。但就連靈媒也無法揭開迷霧。羅傑重新回顧基斯和派蒂死亡前與他們度過的每一瞬間。他們的死就像不斷輪轉的零碎細節，永遠湊不起來，也將永遠在他腦中盤旋。

好萊塢，二〇〇九

一層層狗仔隊擠在紅毯邊，手肘互撞。我的丈夫派頓身穿時髦的直條藍色西裝，容鏡頭一番狂拍。閃光燈有如洪水，十數隻手從金屬圍欄後方把麥克風伸出去，亞當．山德勒出現，注意力轉移過去，喧鬧聲逐漸升高，然後是賈德．艾帕托[2]、喬納．希爾、克里斯．洛克。此時是二〇〇九年七月二十日星期一，晚上六點過一些。我們在好萊塢的聚光燈戲院要看電影《命運好好笑》的首映。我想大概會有張沒拿來用的名人照片，背景可以看到一個穿著簡式黑色洋裝加平底便鞋的女人吧。我看起來暈陶陶又好興奮，正盯著自己的 **iPhone**。因為在那瞬間、在世上最知名的幾位明星掠過我身邊的當兒，我得知自己追了很久也著迷很久的罪犯、那個過去三十七年來於西部和西北部殺害兩人、逍遙法外的謀殺犯——他被找到了。

我閃到水泥柱子後方，打給唯一會跟我一樣在意這些新聞的人：彼特．金，一個在《洛杉磯時報》待了很久的記者，現在在加州大學公關部門工作。他馬上接起電話。

2（譯註）Judd Apatow。美國電影製作人，知名作品有《伴娘我最大》（*Bridesmaids*）。

「彼特，你知道了嗎？」我逼自己能講多快就講多快。

「知道什麼？」

「我剛收到一封電子郵件，裡面有一則新聞連結：新墨西哥偏遠的山區發生槍戰，兩人死亡，一個是警長，另一個是他們追捕的傢伙，一個神祕山中野人，專搶小木屋。」

「不會吧。」彼特說。

「就是會，」我說：「他們給那個山中野人押了指紋。」

我承認我的刻意停頓是為了做出最大戲劇效果。

「喬瑟夫·亨利·伯格斯，」我說：「彼特，我們是對的；這段時間來他都在那兒。」

因震驚造成的安靜就這麼幾秒。我知道彼特想立刻衝到電腦前面，首映會的工作人員正把人群趕到裡頭，我看到派頓掃視人群，尋找我的身影。

「多找點資訊，」我對彼特說：「我沒辦法，現在有事。」

而且我還不太擅長這件事。我明白，說自己在電影首映不太方便實在不是人人能理解的掛電話理由，而且還會被分在令人火大的「好好喔」那一類。我理解，但請體諒我一下。當我告訴你，我參加的每場好萊塢盛會都會要大家一定得把衣服塞好，連一顆鈕扣都要調整，或者告訴我牙齒上是否沾到唇膏，我絕對不是在假仙。曾有一次，有個活動工作人員在我咬指甲時把我的手指從嘴裡拍掉；我在紅毯上擺的姿勢最精確的形容詞就是「低頭拗腰」。但我丈夫是個演員，我很愛他，也仰慕他的成就，還有我們的朋友。因此時不時參與這些盛會算是我們約定的一部分。你可以因此得到華麗的服飾，有時還會有專業妝髮；司機開著加長型禮車來接送，你會一面感到詭異一面又滿心抱歉。會有你不認識的開朗公關人員帶你走上紅毯，上百個拿閃光燈對著你臉的陌生人高喊「看這裡！」還有「這裡！」然後，在這些短暫且相當虛假的光環結束後，你會發現自己坐在老舊又嘎吱叫的普通戲院座位，從不斷冒水珠的塑膠杯啜飲健怡可樂，手指因為拿了溫熱的爆米花而沾上鹹味。燈光暗下，開啟了強制的興奮情緒。

走進首映後的派對，派頓被介紹給《快克殺手》的幾位導演，這部電影由傑森．史塔森主演，他非常喜歡。他開始跟他們大聊電影中最喜歡的幾段，「我簡直要為史塔森轉『性』了呢。」他坦承道。在我們跟那些導演分開後稍停了一下，遠望蜂擁進入好萊塢高地中心宴會廳的人群——裡面有飲料、美味的迷你起司漢堡，也許還有蓋瑞．桑德林[3]，派頓的偶像之一——在等著我們。但派頓讀出了我的心思。

「沒問題的。」他說。

出去的路上，有個朋友攔住我們。

「要回去看孩子嗎？」她邊露出溫暖的微笑邊說。我們的女兒愛麗絲才三個月大。

「妳懂的，都是這樣的。」

當然，事實真相其實更詭異一些。我拋下華麗的好萊塢派對，不是回到我熟睡的寶貝身

3（譯註）Garry Shandling（1949-2016）。美國脫口秀演員。

邊，而是我的筆電；我要徹夜挖掘相關資訊，搜查一個我從沒見過的人，而這人殺了一些我不認識的人。

我成年之後，那些陌生的暴徒完全占據我的心靈，而且遠在二〇〇七年以前就是如此，遠早於我初次認識那個被我封為金州殺手的罪犯。我腦中原本該保留給體育競賽數據、甜點食譜或莎士比亞名言的位置，卻被我變成一座展示各種慘劇的美術館：某個男孩的越野腳踏車輪還在骨碌轉動，就被扔在鄉間路旁的水溝；顯微鏡下一簇從死去女孩下背部採集到的綠色纖維。

你不用問我是否想脫離這種陷溺其中的狀態。我當然也想把這些爛事清理乾淨。打個比方，我其實很嫉妒那些著迷南北戰爭的人，雖然這愛好也有許多眉角，但還在控制範圍內。可是對我來說，那些怪物雖日漸遠逝，卻從未消失。牠們死去了許久，然而在我寫作時，就會再次甦醒。

第一個怪物的長相不明，從未落網，並在十四歲時讓我留下印象。自那時起，我就不時回顧過往，試圖找出答案。

橡樹園

我看到泰瑞・凱丁之前，就先聽到了他的聲音。他的工作是鼓手兼教鼓老師，之所以講起話轟隆響，不是因為聽力出問題就是習慣用吼的跟學生講話，不然他們聽不見。「我是泰瑞。」他吼著說。我本來站在那裡等他，一聽到聲音便從手機抬起頭，見到一個頭上一坨棕髮、身材中等的白人男子，拿著一杯特大杯星巴克。泰瑞穿著Levi's牛仔褲、綠色T恤（衣服上寫著SHAMROCK FOOTBALL[4]）——但他不是在跟我講話。泰瑞過了街，直接走向南衛斯理大道一四三號；那是伊利諾州橡樹園一棟轉角的磚房，我們約在那裡見面。他喊的是一個正在車道上弄車子、約五十幾歲的男人。那名男子又瘦又高，稍微有點駝背，曾是深色的頭髮已經轉灰，臉上的表情——如果說直接一點——大概就是一臉刻薄吧。這人身上毫無暖意。

但是這個人看起來有些熟悉。他跟我小時候住在那棟房子的一家人長得非常像，那家中有幾個跟我年紀相近的小孩，因為都住在同個鎮上，所以相互認識。然後我突然頓悟：他一定是

4（譯註）沙姆洛克流浪者足球俱樂部。愛爾蘭足球隊。

這家的大哥之類的。要不是從父母那裡買下房子，就是直接繼承。

那人看著泰瑞，卻一副不認得他的模樣。不過我看泰瑞一點也不受影響，不禁感到一陣不自在。我產生某種母性本能，想伸手相助、改變一下情況。然而我還是閉上了嘴。我知道泰瑞想讓那人回想起他，畢竟他們都是老鄰居了。

「我就是找到屍體的那群男生呀！」泰瑞喊道。

那人在車子一側瞪著泰瑞，什麼也沒說。這片死寂散發的不友善實在太明顯。我別開眼神，轉去看立在前方草坪東北的那座小小的聖瑪莉雕像。

此時是二〇一三年六月二十九日，週六午後。芝加哥的仲夏異常寒冷，又颳著大風。稍微往西一個街區，就能在天空中看到聖艾德蒙教堂的尖頂。那是我家人以前去的教會，我一年級到三年級都在那裡念書。

那人又回去對著車子敲敲打打。泰瑞調頭，走到右邊，在三十碼遠的人行道上看到了我。跟他對到視線，我立刻雙眼一亮，對他激動揮手，想補償一下剛剛發生的事。在聖艾德蒙，泰瑞只高我一年級。我印象中最後一次看到他已是三十五年前。除去一九八四年八月改變了我們人生的那晚（這件事我也是最近才知道），我對他知道得不多。

「蜜雪兒！」他高聲呼喊、朝我走來。「好萊塢怎麼樣啊？」

我們有點尷尬地擁抱。他的一舉一動立刻帶我回到在橡樹園的童年時光：他母音扁扁的濃厚芝加哥口音，以及之後大聲表示他得「趕緊兒」的說話方式。他額前的鬈髮蓬亂，臉頰泛著自然而紅潤的顏色，還有那副毫無心機的模樣。泰瑞講話不會多想，毫無算計，都是單刀直入切進主題。

「是說，事情是這樣的，」他帶著我往回朝著房子走，我有些遲疑。可能是怕那位已經不太高興的屋主不曉得會有什麼反應，也可能是我直覺認為，一旦邁開步伐，就會將我們帶回那個悶熱的夏日夜晚。當時我們還是騎腳踏車的小毛頭，卻已嘗過第一口啤酒。

我回頭看著巷子。

「不如我們重新走一遍你們那晚走過的路？」

橡樹園緊臨芝加哥西區，海明威在那裡長大，最知名的就是他提及此處時說這裡是個「幅員廣大卻心胸狹窄的小鎮」。但我對那地方的印象不是這樣。我們住在一棟通風良好的三層維多利亞式建築，位於南史柯維爾三〇〇號，那是市中心的一個死胡同。我們北邊是法蘭克・洛伊・萊特之家與事務所，還有一個占地廣大的房屋組成的富裕社區，裡面住的是生活很有格調的專業技術人士[5]。我朋友卡麥蓉住在萊特之家其中一棟，她的繼父是民權律師，她的母親呢——我想應該是個陶藝家。他們讓我知道什麼叫素食專用鹽和「歌舞伎」。我記得那名繼父還推薦卡麥蓉和我（此時的我偏愛黑色罩衫和自白詩[6]）去看臉部特寫樂團的演唱會電影《別

5（譯註）liberal professional。如醫生、律師、建築師、會計師等。有相關專業能力，可獨立執業，提供服務。

6（譯註）Confessional verse。流行於五〇、六〇年代的詩歌流派，題材常包括精神疾病、自殺等。

假正經》，好好開心一下。

往南的地方多半住的是藍領的愛爾蘭裔天主教家庭。屋內溫度往往低了幾度，床也總是缺了床頭板。時不時會有某個父親跟個二十幾歲的女人一起消失，再無蹤影，但他們不會離婚。我有個大學同學一整個大二春假跟我們家一起過。當父親開始跟我更新當地各種八卦，她深深相信他是在表演什麼搞笑段子。她說那些姓氏都是絕無僅有、大膽無畏的愛爾蘭姓氏。像是康納利、佛蘭納瑞、歐里瑞等等。她還可以一直說下去。有一次，我聽到一名住在橡樹園的疲憊母親（當然是愛爾蘭裔天主教徒）巧妙地回答關於我家人的事。「麥納瑪拉家到底有幾個小孩？」人家這麼問她。

「只有六個。」她說。她有十一個孩子。

橡樹園的兩派我家都有。我父母是當地人，屬於一般稱為西端愛爾蘭的團體。他們高中時認識。父親門牙間有縫，個性討人喜歡，很愛笑。母親是滴酒不沾的長女，父母卻熱愛參加派對。她喜歡茱蒂．嘉蘭[7]，一輩子都深深沉迷好萊塢。「大家常跟我說我長得跟珍．泰妮[8]很像，」有一回她害羞地告訴我，只不過我根本不知道那是誰。當我在多年後看了《羅娜祕記》這部片，看見那名神祕的主角有著與母親神似、點綴金色的如雲棕髮，外加線條精緻的顴骨，我完全看傻了眼。

他們的故事是這樣的。據稱，當父親去敲母親的門，打算要找他的一個朋友，兩人在那瞬間就注定共度餘生（而我對此深信不疑）。用這種間接的方式表達情感很像他們會做的事。他們都有一雙大眼；父親的是藍色，母親的是綠色。眼睛往往能透露出許多無法傾吐的情感。

父親遠在巴黎聖母院時曾短暫考慮過念神學院；他們稱他李歐弟兄。我母親也考慮過其他追求者，並隨手塗鴉可能在未來冠上的各種姓氏。但這位李歐弟兄認為神學院的學生喝的酒實在太少了。一九五五年聖誕節後一日，他們的朋友教士馬拉奇·杜力為兩人主持結婚典禮，而我的大姊瑪格在隔年九月出生。只要掐指一算，然後挑眉逗一下我媽，她的臉就會紅得像火燒。畢竟她在中學的綽號正是乖寶寶。

念完西北大學法學院，父親在市中心的簡博律師事務所[9]工作，一連做了三十八年。大多時日都是這樣開始、這樣結束：早上他會在我們家圍了紗窗的前門廊，坐在椅上，一手拿《芝加哥論壇報》，另一手拿一杯茶；晚上則是一杯非常酸澀、加冰塊和果皮的英人牌馬丁尼。一九九〇年，他決定不再喝酒，一如往常以搞怪的方式宣告此事。家裡的孩子都收到一張打字出來的信。「致我親愛的孩子，」信上這樣開頭，「我決定加入百事可樂世代。」後來他說只有兩個小孩相信他的這番宣告，而我就是其中之一。

我的手足一個接一個迅速降臨，四個女孩一個男孩，年紀最小的就是我。我隔了六年之後

7（譯註）Judy Garland（1922-1969）。美國女演員。

8（譯註）Gene Tierney（1902-1991）。美國女演員，活躍於電影與舞台劇。

9（譯註）Jenner & Block。美國知名律師事務所。

才出生。年紀跟我最近的姊姊瑪莉瑞塔也大我太多，沒辦法陪我玩。此時回顧，我就好比出生在一個氣氛漸漸冷下來的派對。等我出生，我父母已經擁有一對LA-Z-BOY扶手椅，家中前門有部分是玻璃，只要站在那裡，就可以看見母親在起居室裡的米黃色扶手椅椅背。只要我們的朋友按響門鈴，她就會舉起一隻手做出打圈圈的動作。「繞過來，」她會喊出聲音，指示他們過來沒有鎖的後門。

我們這區的家庭都很親近，但小孩的年紀都和我哥哥姊姊差不多。他們會成群結隊在黃昏時分回到家。我非常清楚地記得七〇年代的青少年是什麼模樣，因為我大多時間都跟他們混在一起。我的姊姊凱瑟琳比我大十歲，從以前到現在，她都是我們家最外向的人。她把我到處帶來帶去，像是超喜歡的玩具一樣。我還記得她騎腳踏車去麥迪遜街的超市，我就以危險的姿態搖搖晃晃站在她加長型腳踏車後座的後端。鎮上好像每個人都認識她。「嘿！小美人！」他們會用綽號這麼喊她。

小美人中學一年級時全心全意愛上安東。他是一個跑田徑、個性安靜的金髮男孩。她帶我去看了他的一次比賽。我們跑到看臺最高的地方躲著，想偷看他。當我們看見他從起跑線以爆炸性的速度向前衝，她臉上那種沉浸愛河的表情令我難以忘懷。那時的我還沒意識到，可是中學裡的錯綜複雜將會讓我漸漸失去她。沒有多久，我就變成老是獨自一人坐在廚房通往二樓的後樓梯最上方，看著那些長了鬢角的青少年在我們家早餐區將啤酒一口飲盡，背景音樂是放太大聲的史帝夫・米勒樂團的〈小丑〉。

但凡提到一九七四年，也就是凡恩姊妹（莉莎跟我同年，克莉絲大我一歲）搬到對街的那天，我們家的人都會一副想笑又嚴肅的模樣。

「感謝老天，」他們會帶著開玩笑的語氣這麼說：「不然我們該拿妳怎麼辦呢？」

我父母許多密友都是初中和高中時期結交的。能夠在這越來越無從寄託又變換不定的世界維持如此緊密的連結，他們覺得相當驕傲。嚴格說來，這的確是值得驕傲。但我覺得也稍微讓他們遭到孤立。只要叫他們離開舒適圈，他們就會有點不太自在。我認為他們兩人的內心深處依舊相當害羞。他們會受自信的人吸引，也會以幽默（有時是刺人的幽默）來抵禦緊張的氛圍，特別是我母親。她似乎一直處在壓抑狀態；不僅情緒，還有她的期望。她有一雙滿是雀斑的小手，倘若情況令人不自在，她就會不斷拉扯手指。

我不希望給你們錯誤的印象；他們都是開朗而充滿好奇心的人。只要能力所及，他們一定願意到世界各處走走。一九七一年，父親在最高法院辯論一起連憲法課都還在探討的案例，最後敗下陣來。他們會訂閱《紐約客》，他們對流行文化和所有最酷最好的東西總有高度興趣。母親還讓我帶她去看《不羈夜》。（「我得連續看個二十遍《真善美》才能忘記那些畫面了，」她說。）他們是熱愛甘迺迪的民主黨。「我們是政治激進派，」母親常這麼說，「但卻是社會保守派。」父親會在我的姊姊們十歲或八歲時帶她們到市中心看馬丁．路德．金恩演講。他們在八四年投給孟岱爾[10]。不過我十九歲時，母親有一次在清晨時分把我叫醒，晃著一把（對她而言）很陌生的藥丸驚慌不已。她實在講不出「藥丸」這兩個字。

「妳是不是在吃……」她說。

「纖維錠啦。」我說，然後再睡回去。

然而，我們的關係向來緊繃。我大約兩歲時，姊姊莫琳記得她回到家時發現母親在前門廊走來走去。「我真的不知道——」她邊說邊拚命壓下淚水。「到底是我瘋了還是蜜雪兒瘋了？」我的母親那時已年屆四十，長年忍受著有酗酒問題的父母，以及在嬰兒時期就夭折的兒子。她在無人幫助的狀況下撫養六個小孩，而我可以確定瘋掉的是我沒錯。一直以來，她給我的綽號就是小巫婆——而且不完全是在開玩笑。

我們這輩子都在踩對方的地雷。她妨礙我，我就怒瞪她。她會在信封上潦草寫下點東西，從我臥室門底下塞進去。「妳虛榮、粗心又無禮。」這張紙條非常有名，不過最後結尾是這樣的：「但妳是我女兒，所以我當然還是非常愛妳。」我們在密西根湖有棟夏日小屋。我記得有天下午，我年紀還小，躲在起伏的浪裡玩水，她則在岸邊的椅子上看書。我突然發現浪的高度可以讓我待在水底下，還可以在當浪打到最高的時候迅速冒出頭吸一口氣，還沒人看得見我。所以我就任由母親挺起身子掃描水面，讓她放下書本，讓她站起身；我讓她跑向水邊，準備放聲尖叫，然後抓準時機冷靜地冒出頭來。

而今，我真心希望我有對她好一些。我曾經嘲弄她看不了電影或是電視上的某些畫面：例如有人辦了派對卻沒人來參加。她會避看那種描述業務員運氣用盡、走到絕路的電影。因為這些畫面是如此明確，我不禁感到既詭異又好笑。可是我現在認為那是極度敏感者的特徵。她的父親曾是一名成功的業務員，事業卻一落千丈。她目睹自己父母的酗酒問題，以及堅持著表面的花天酒地卻歹戲拖棚的生活。現在我看清了她的弱點。她的父母看重的是社會上的成功，完全無視她敏感且渴愛的心顯露出的徵象。她感到受挫，講起話可能也酸苦刺人，但是年紀稍長的我認為那是她自我形象低下的反射。

對於人生中的缺陷，我們可以選擇一笑置之，或就這麼被打敗，而她則決心用她從未感受過的方式給我激勵。我還記得她是用什麼方式勸我不要參加高中啦啦隊徵選。「妳難道不想當被加油的對象嗎？」她是這麼說的。而不管我在學業或文學上得到任何成功，她都會驚訝不已。中學時，我偶然看到她寫給瑪若琳姑姑的信（她好幾年前就開始寫了。瑪若琳是我父親的姊妹，一名神學教授兼經驗豐富的考古學家）。母親想知道，該用什麼方式鼓勵我成為一名年輕的作家會比較好，於是去問她建議。「我要怎麼確定她最後不會走上寫卡片賀詞這條路？」她這麼寫道。在未來幾年，我時常想起那個問題。尤其有好一段時間，要是有人付錢找我寫卡片賀詞，我大概會高興得要死。

10（譯註）Walter Mondale（1928-）。第四十二任美國副總統。

但我能感覺受到她的期待以及轉移到我身上的希望，令我寒毛直豎。我渴望獲得她的認可，又覺得她對我投入的關心令人窒息。她因為養了這麼一個意志堅強的女兒而驕傲，卻也因為我尖銳的看法憤怒不已。即便我這個世代擅長分析、解構問題，而她不是，也沒什麼幫助。我母親從來不是個只在意自己的人。我還記得，有回我跟姊姊莫琳談起小時候留的那種短到誇張的髮型。「妳不覺得媽就像是要把我們去性別化嗎？」我問。莫琳當時已是三個小孩的媽媽，她壓下參雜些許不耐的笑意：「蜜雪兒，等到妳也有小孩就會知道，」她說：「短髮不是什麼去性別，只是圖個方便。」

我婚禮前晚，母親和我發生有史以來最嚴重的衝突。當時我沒有工作，漫無目的，沒在寫東西——嚴格說就是什麼都沒在做——而且花了很多時間弄婚禮（可能真的太多了）。在晚宴彩排時，我安排了一小群互不認識的人坐在一起，只告訴他們一件事：他們都有一個共通之處，並要他們猜猜是什麼。某張桌子可能是所有人都住在明尼蘇達某處，另一張桌則是都熱愛烹飪。

晚餐進行時，母親在我要去洗手間時走向我。我其實一直在躲她，因為有個朋友不小心跟我說，稍早她對我母親表示我是她認識最棒的作家。「噢，我知道啊，我也這麼覺得。」我母親說：「但妳不認為就她來說有點太遲了嗎？」她的話很傷人，而且整晚在我腦中揮之不去。

我從眼角餘光看到她朝我走來。此時回想，其實她是面帶微笑的。我看得出來她對每件事都很滿意。我知道她向來拙於直接表示讚美，也知道她認為自己只是在開玩笑。她比了比那些桌子。

「妳鬧時間也太多了吧。」她說。然後我轉過身，面對著她，我知道自己臉上的表情絕對是純然的憤怒。

「離我遠一點，」我惡狠狠地說，而她嚇了一跳，試圖解釋，但我打斷她。「妳現在就給我滾得遠遠的。」

我去了女廁，鎖進一個隔間，放任自己痛哭個五分鐘，然後再走出去，假裝一切都好。

根據八卦消息，她因我的反應傷心得不得了。我們從沒提過這件事，但在婚禮過後不久，她寫給我一封長信，裡面鉅細靡遺寫下我令她驕傲的每件事。在那之後，我們慢慢重建關係。

二〇〇七年一月底，我的父母決定乘船去哥斯大黎加。那艘船會從洛杉磯南邊的港口出發。我們四人——我的丈夫派頓、我，還有我的父母——在出發前一起吃了晚餐。我們笑得很開心，之後我一大早開車載他們去碼頭，母親和我緊緊擁抱，互道再見。

幾天後，清晨四點，廚房中的電話響起。我沒起來。接著電話又響了一次，但在我還來不及接之前就停了。我聽了語音留言，是父親。他的聲音似乎梗住，幾乎聽不清。

「蜜雪兒，」他說：「打給妳哥哥姊姊。」喀。

我打給姊姊莫琳。

「妳還不知道？」她問。

「知道什麼?」

「噢,蜜雪兒,」她說:「媽過世了。」

我的母親是糖尿病患者,因併發症在船上倒下。他們用直升機載她到聖荷西,但還是太遲。她於七十四歲過世。

兩年後,我的女兒愛麗絲出生。最初兩週我簡直傷心欲絕。「產後憂鬱。」我丈夫如此跟朋友解釋。但這分憂鬱並非來自我這新手媽媽,而是來自回憶中的那個媽媽。抱著自己剛生下的女兒,我終於懂了。我理解了那分幾乎要掏出你五臟六腑的愛,那分責任感將整個世界聚焦在那雙充滿需要的眼睛。三十九歲時,我終於第一次懂得母親對我的愛。我歇斯底里地啜泣,簡直說不出話。我叫丈夫下去我們家陰冷的地下室找出母親在婚禮後寫給我的信,他在那底下花了好幾小時,箱子個個翻倒在地,紙張到處散落,但就是找不到。

母親過世後不久,父親、兄弟姊妹和我去了父母在佛羅里達迪爾菲爾德海灘的公寓,把她的東西分門別類整理好。我們可以聞到她衣服上仍有倩碧快樂淡香水的氣味,讚嘆著她無止境的包包收藏(這是她沉迷了一輩子的嗜好)。我們都各自拿了一些她的東西;我拿了一雙粉紅色配白色的涼鞋,這雙鞋至今仍放在我更衣間裡。

之後,我們七人早早去**望海者餐廳**吃晚餐;那是附近一間能眺望海洋的餐廳。我們一家都很愛笑，還講了母親許多令眾人撫掌大笑的軼事。七個笑得震天價響的人實在是挺引人注意的。

有位年長的女士在離開時帶著困惑的笑容走到我們桌邊。「你們的祕訣是什麼呢？」她問。

「什麼東西？」我哥哥鮑伯說。

「要怎樣才能像你們家一樣那麼開心？」

我們瞠目結舌了一會兒，大家都不忍心把剛剛心中想的事說出來：**我們才剛清理完死去母親的遺物**。於是，我們爆出更刺耳的大笑。

無論是過去或未來，母親永遠是我生命中最複雜的一段關係。

當我寫下這些，領悟到兩個令我痛苦的矛盾事實：沒人比母親更能從這本書得到喜悅；但倘若她還在，我可能就無法自由地寫下這本書。

我每天都走同樣半英里的路程去聖艾德蒙，在藍道夫街左轉，在歐幾里得街右轉，然後在快樂街左轉。女孩都穿灰色格紋針織背心和白襯衫，男孩則是芥末色衣領的襯衫和長褲。我一年級的老師雷小姐身材凹凸有致，焦糖色的頭髮厚而濃密，而且永遠開朗有活力。領著一群六歲小朋友的是蘇珊娜．薩莫斯。即便如此，在聖艾德蒙令我印象最深的人也不是她，甚至也不是教會裡的那些天主教課程或者一堆浪費時間的瑣事——雖然這兩項真的占去不少時間——很

妙，真的不是。聖艾德蒙深植在我記憶裡的永遠只有一個畫面，一個安靜又乖巧的男孩，沙棕色的頭髮，有點招風的耳朵：丹尼．歐利斯。

念書時，我一見鍾情的範圍之廣，各種身材到個性應有盡有。但我可以很有自信地告訴你，他們都有一個共通點——上課時坐在我前面。也許其他人有辦法對坐在旁邊或後面的人有好感，但我不行。因為那必須直接跟人發生連結，有時甚至還得歪過脖子進行一個四目相交的動作。太真實了。我最喜歡的就是男生的後腦杓，我可以對著那人微駝背上那塊空蕩地帶幻想個沒完。他說不定坐在那裡嘴巴半開，或在挖鼻子，不過我永遠也不會知道。

對於我這種愛做夢愛幻想的人，丹尼．歐利斯真是完美到不行。印象中，他好像沒有什麼不開心的時候，可是我也無法想像他微笑。就一個小孩子而言，他非常冷靜沉著，而且還有點嚴肅，就好像他知道一些我們這些缺牙又真心相信童話的傢伙長大才能頓悟的真相。他就像我們一年級班上的山姆．謝普[11]。我出生時獲得一個禮物：好奇猴喬治娃娃。丹尼那張活像小精靈的圓臉外加一雙大耳，總讓我想到它。每天晚上，我只要緊緊把它貼在頰上，就能順利墜入夢鄉。我對丹尼的愛在我們家算是一大新聞。有回搬家，我正在篩選我的舊東西，突然看到小美人剛上愛荷華大學那年寫給我的一張卡片。「親愛的小蜜，我好想你——丹尼．歐利斯怎麼樣了？」

我後來轉入當地的公立學校威廉．拜耶小學念四年級。我最好的朋友凡恩姊妹當時搬到對街，終於將我從孤單寂寞中拯救出來，她們兩人就念那兒，而我想跟她們在一起，也想要穿自己想穿的衣服。沒有多久，我便把丹尼．歐利斯忘得差不多了。我的好奇猴喬治消失無蹤，連帶著其他的童年痕跡也不見蹤影。

中學第三年某晚，我在父母出城時打算辦個盛大派對，有個朋友來幫我準備。這幾個月來，她一直跟幾個芬威克中學的男生混在一起，那是當地一間只收男生的天主教學校。她問我，可不可以讓他們其中的幾個來參加派對。我說當然可以，然後她試探性地告訴我，她算是在跟其中一個約會。

「曖昧的那種啦。」她說。

「很棒啊，」我說：「他叫什麼名字？」

「丹尼．歐利斯。」

我睜大了眼，發出半大笑半尖叫的聲音，然後鎮定下來，吸一口氣——就是那種準備要說出超大祕密時會做的動作。

「妳一定不會相信，」我說：「我念小學時迷丹尼．歐利斯迷得亂七八糟。」

我朋友點點頭。

「從音樂課開始的對吧？因為老師叫你們牽手，」她說。因為我一臉困惑，她便繼續講下去。

11（譯註）Sam Shepard。美國演員。演出的戲劇多半充滿詩意，並帶有超現實或黑色喜劇的元素。

「他跟我說了。」她說。

我完全想不起什麼牽手或音樂課。是說，原來他都知道嗎？在我記憶中，我只是個坐在後面的安靜女生，忠誠又慎重地觀察著他的每個轉頭低頭，如今卻發現我的凝視根本明顯得像是電視連續劇情節。我覺得有點糗。

「怎說呢，他非常神祕。」我對她說，有些不快。

她聳聳肩。「我倒不覺得。」她說。

那個晚上，手拿塑膠杯的青少年整個滿到我家草坪，甚至湧到街上。我喝了太多琴酒，低著頭迂迴穿越家中那一大批我根本就不熟的人群。我以前約過會的男孩在場，以後會一起出去的男孩也在；有人不斷重複播放年輕善良的食人族樂團的〈懷疑的心〉。

我一整晚都敏感地注意到站在廚房一角冰箱附近、沙色頭髮的安靜男孩。他的頭髮現在蓋到耳朵，臉上失去了從前那種圓潤，變得更瘦長。但在迅速一瞥之中，我看見他沉穩而神祕的表情仍在。我整晚迴避他，從沒跟他對到眼神。儘管喝了琴酒，我依舊是坐在教室後面的那個女孩；我注視著別人，無人注視我。

二十六年後，五月的一個下午，我正準備關起電腦，卻聽到熟悉的響聲，表示有新的電子郵件進來，我便瞥了一下收件匣。我的收信習慣很差——我不太好意思承認——，有時回信可

能會花上我好幾天甚至更久。我費了點時間才認出收信匣出現的名字：丹・歐利斯。我猶豫地點下訊息。

丹現在是住在丹佛的工程師，他解釋說，自己是要轉寄一篇刊登在《聖母院大學校友雜誌》介紹我的文章，標題是〈偵探〉。文中報導我是網站**真實犯罪日記**的作者，創立此站的原因是想解決一些懸而未決的謀殺。作者詢問我是因為什麼才會如此著迷於未解的謀殺案，並將我的回答原句照登：「這一切始於我十四歲的時候，我有一個鄰居遭到殘忍謀殺。那是一起非常詭異的案子。她在離家很近的地方慢跑。（警方）從未釐清案情，社區裡的人一度陷入恐懼，之後又像沒事人一樣繼續生活。可是我就是沒有辦法，我一定要弄清楚這件事是怎麼發生的。」

然而這只是節錄版本。另一個版本如下：一九八四年八月一日傍晚，我正在我們家新裝潢的三樓閣樓臥室，享受窩在密閉空間的自由感受。我們家每個小孩都把一部分青春歲月花在這上頭，現在輪到我了。我父親非常討厭這個閣樓，因為這兒要是失火可是沒逃生門的。然而對我來說——對我這個情緒如海嘯般激烈、會在日記開頭簽上「蜜雪兒，一名作家」的十四歲女生，來到這裡是我最輝煌的逃亡。這裡的地毯是深橘色粗布，有傾斜的天花板，一座內嵌在牆壁的書櫃，只要打開，就是個隱密的儲藏處。最棒的地方則是幾乎占據半個房間的巨大木桌。我有一臺唱片轉盤、一臺打字機，還有一扇小窗，可以眺望鄰居鋪了屋瓦的屋頂。我有個能做夢的地方，而再過幾個禮拜，我就要上中學了。

同時，約莫零點三英里處，二十四歲的凱瑟琳．隆巴多正邊聽著隨身聽邊在快樂街上跑步。那是個很熱的夜晚，鄰居都跑到了門廊上，在晚上約九點四十五分看著凱瑟琳經過；而她只剩幾分鐘可活。

我記得自己聽到有人走上二樓——應該是姊姊莫琳吧——然後是竊竊私語的對話，接著聽見倒吸一口氣的聲音，母親的腳步快速走到窗邊。因為念聖艾德蒙的關係，我們都認識隆巴多家的人。消息迅速傳開：殺她的人將她從歐幾里得街和衛斯理街之間的巷口拖進去，割斷了她的喉嚨。

成長歷程中，我除了偶爾讀《神探南西》（Nancy Drew）的書之外，對犯罪沒有特別興趣。然而，凶殺案過後兩天，我卻在沒跟任何人說的情況下走到那個離我們家很近的地點，也就是凱瑟琳遭襲擊的地方。我在地上看見她摔碎的隨身聽碎片，撿了起來。我沒有一點恐懼，只有電流般的好奇心，並出乎意料升起一股想追根究柢的衝動。我至今還能想起那瞬間所有細微感受——剛修剪過的草的氣味、車庫門上斑駁的棕色油漆。最讓我難以釋懷的恐怖在於，原本該有凶手臉面的位置徒留問號，他成謎的身分造成的衝擊超乎我的想像。

未解懸案成了一種迷戀。我囤積許多令人費解且不祥的細節；我對「謎題」二字發展出巴甫洛夫制約反應[12]；我的圖書借閱紀錄根本等同駭人的真實事件的參考書目。當我遇見別人，聽他們訴說自己的家鄉，會在心中把他們擺放到位置最近的未解懸案旁。如果你告訴我你念邁阿密大學，那麼我只要一看到你就會想到朗恩．塔曼——一名摔角選手，學校爵士樂團貝斯手。他在一九五三年四月十九日走出宿舍房間——收音機還在播，燈也還亮著，心理學課本打開——卻就此消失，再也沒人看過他。如果你提起你來自維吉尼亞州約克鎮，我就會把你跟殖民大道連在一起。這條大道沿著約克河如緞帶般蜿蜒，一九八六年到一九八九年間，四對情侶要不是在此失蹤，就是遭到謀殺。

到了三十歲中段，我終於接受了自己的迷戀。另外也要感謝網路技術出現，我這土法煉鋼的偵探網站**真實犯罪日記**才得以誕生。

「你為什麼對犯罪這麼感興趣？」別人會這麼問我，而我總會回到在小巷的那個瞬間，想起手中握的死去女孩的隨身聽碎片。

我必須看見他的長相。

只要我們知道他的長相，他就失去了力量。

凱瑟琳·隆巴多的謀殺案從未偵破。

我時不時還是會寫寫她的案子，並在訪問中提及。我甚至會打給橡樹園警局查核一些事實。唯一的真正線索就是目擊者說看到一名身穿黃色背心、戴著頭帶的非裔美國男性，他在凱瑟琳慢跑時目不轉睛地盯著她。警方破除了一個我記憶中的謠言，也就是目擊者看到凶手從電

12（譯註）Pavlovian。又稱古典制約，最知名的例子便是狗面對食物分泌唾液的反應。試驗者會在提供食物前做出特定聲響，再給予食物。反覆數次後，狗只要聽到該特定聲響就會分泌唾液。

車下來，然後開始跟著凱瑟琳。這謠言的意圖相當明顯：他們想表示凶手是從別處溜進我們這裡的。

橡樹園的警察給我的印象非常清楚：這案子走到了死路，而我也是這麼認為——直到丹・歐利斯的名字出現在我收件匣。丹寄給我的郵件還副本了另一個人：泰瑞・凱丁。我對這名字有點模糊的印象，他應該是聖艾德蒙高我們一年級的男孩。結果我發現丹和泰瑞其實是表親。他們之所以來找我，是因為他們也忘不了凱瑟琳・隆巴多的謀殺案，但原因比較不一樣，而且更私人。丹在郵件中說，嗨，過得如何，然後直接切入重點。

「妳知道嗎，其實找到凱瑟琳的是聖艾德蒙的幾個男孩。」他這麼寫道。

對那些孩子而言，這經驗駭人而令人不安，他們時常談起此事。丹寫道。大多是因為憤怒。關於那晚發生在凱瑟琳身上的事，眾人所知並且也接受的理論在他們看來完全是錯的；他們認為自己知道是誰殺了她。

事實上，他們那晚甚至碰到了那個人。

泰瑞和丹不只是表兄弟，還住在同棟房子裡長大。丹的家人住在一樓，泰瑞則在二樓，他們的祖母住在三樓。泰瑞和我從巷子那邊大略看了一下那個老地方的後面。

「大概幾人？」我問泰瑞。那房子至少有三千平方英尺。

「十一個小孩，五個大人。」他說。

丹和泰瑞年紀只差一歲，至今仍維持著很親的關係。

「那年夏天對我們來說真的是個過渡期，」泰瑞說：「有時我們會去偷啤酒，喝個爛醉；其餘時候我們就跟小時候一樣到處亂搞。」

他用手比了比緊鄰後院車庫的一塊水泥。

「我還記得我們那天晚上在玩曲棍球，但也可能是籃球。」團體之中有泰瑞、丹尼、丹尼的弟弟湯姆，還有兩個小學同學，麥可和達倫。時間是快要晚上十點，有人建議去通往**白母雞**的那條巷子（那是歐幾里得街上的一小家便利商店），在大約一個半街區遠的地方。他們常常跑去白母雞，有時一天去個三、四次，買奇巧巧克力棒或可樂。

泰瑞和我從房子往北走。他小時候常耗在這條巷子，只要有任何細微改變，他都能發現。

「那時晚上更黑，」他說：「簡直像個洞穴，樹枝也戳得更出來、更往下垂。」

鄰居後院的一棵陌生的樹吸引了他的注意。「竟然是竹子，」他說：「妳相信嗎？」

泰瑞在巷子跟快樂街相會處約五十英尺的地方停下來。假使這裡有個吵吵鬧鬧的小學生外加幾個青少年一同亂吼亂叫，說有多吵就有多吵。在泰瑞印象中，他們就是這樣的。這群人以愚蠢而誇張的滑稽行為分散注意力。他一直忘不了這個地方。若直直往前看去，可以見到對街的那個巷口。

「如果我們注意一點，說不定就能看到她跑過去，」他說：「搞不好就能看見他抓住她。」

我們過街，來到南衛斯理大道一四三號後面的一個凹處。當時五個男孩排成一列一同往前走。泰瑞記得丹尼在他右側，一手放在靠近車庫的籬笆上，弄得嘎嘎響。

「我想這應該是同一道籬笆，但那時是漆成紅色。」泰瑞說。

他以為自己在垃圾桶附近瞥到的是捲起來的地毯。凱瑟琳的雙腿非常蒼白，在黑暗之中，泰瑞誤以為是淺色地毯。接著，離她最近的丹尼喊出聲音。

「那是屍體！」

泰瑞和我瞪著車庫旁的那個點，凱瑟琳就是面朝天仰躺在那裡。他們馬上明白她被割了喉嚨，血在她腳邊積流成池，而且散發可怕的氣味，很可能是她胃裡的積氣。泰瑞現在是這麼猜測的。達倫是那種比較「嬌貴」的孩子，泰瑞如此形容他。達倫慢慢退到對面的車庫，雙手放到頭頂，想要撤退；湯姆朝著最近的後門跑離，高聲呼救。接下來發生的事，就是凱瑟琳·隆巴多一案被大眾接受的說法與泰瑞和丹的記憶有出入的地方。他們記得凱瑟琳還有生命跡象，但在發現她到大批警力抵達之間的幾分鐘，她死了。他們記得警察對他們說，他們一定錯過了那傢伙。

這群人還記得，幾乎在發現凱瑟琳屍體的同時，有個人從小巷中冒出來。那人個子很高，顯然是印度裔，身上穿件亞麻襯衫，衣服開到肚臍，穿著短褲和涼鞋。

「發生什麼事了？」他問。泰瑞說，那人完全沒有往屍體的方向看一眼。

「有人受傷，我們得叫警察。」麥可對那人大喊，那人搖搖頭。

「我沒有電話。」他說。

現場的混亂模糊了接下來一連串事件，泰瑞記得巡邏車開進來，駕駛是一名蓄小鬍子、沒穿制服而且滿腹懷疑的警察。他用挖苦的語氣問說，屍體在哪？泰瑞記得警察看見凱瑟琳的瞬間語氣驟變，急忙用無線電找支援；他記得那警察的搭檔是個稍微年輕一點的人——搞不好只是個實習的——他靠著車子一側乾嘔。

他記得達倫倚著車庫，雙手還擺在頭上，前後搖晃；然後是團團包圍上來的光線和警笛，那是泰瑞以前到現在都沒見過的景象。

七年後，泰瑞正好跟一個叫湯姆・麥布萊德的人一同乘車去看演唱會。那人住在距離謀殺地點幾戶外的地方。泰瑞和湯姆小時候曾互相敵視——就是那種因為完全不認識又上不同學校的敵視。湯姆是個「公立學校的」，天主教學校的孩子都這麼叫他們。但後來泰瑞發現，湯姆這人其實很不錯。他們聊了一整晚。

「你不就是發現屍體的小孩之一嗎？」湯姆問。

泰瑞說他就是，湯姆立刻瞇起眼睛。

「我一直認為是我們社區的誰做的。」

泰瑞回想那景象：亞麻襯衫敞開的男人，他硬是不去看凱瑟琳陳屍處的詭異模樣，還有問他們發生了什麼事的調調——即使當時很顯然發生了可怕的事。

泰瑞感到胃部一緊。

「那人長什麼樣？」泰瑞問。

湯姆描述道：個子高、印度裔、令人毛骨悚然。

「我們找到她的時候他就在那兒！」泰瑞說。

湯姆瞬間面無血色、無法置信。他清楚記得在發現屍體後的一片喧鬧中，有個顯然剛洗過澡、穿著浴袍的鄰居從自家後門跑出來，注視著那些警車。那人轉向湯姆和他的家人（他們都從屋裡跑到後門廊上）。

「他有說什麼嗎？」泰瑞問。

湯姆點點頭。

「發生什麼事了？」那位鄰居說。

他們從沒有抓到殺害她的人。三十年後，當我將租來的車開上沙加緬度的議會大道，我在她遇害的現場撿的隨身聽碎片就在腦中到處叮噹響。我好整以暇地開出城市，直到這條路轉上福爾森大道。我一直開在這條路上，過了加州大學沙加緬度分校，接著是蘇特精神科醫療中心，再經過種了灌木叢及零散生長橡樹的空地。一路平行在我右側的是洛杉磯金線，從福爾森市中心往東二十五英里的輕軌運輸系統。這條線歷史悠久，軌道一度用於沙加緬度河谷鐵路。這是一八五六年建造的第一條蒸汽鐵路，目的是要將這座城市與內華達山脈的採礦區連接起

來。越過博得蕭路，我瞥見上頭寫著**當鋪**和**六口袋運動酒吧**的招牌，馬路對面則是放在生鏽鐵絲網後的石油貯藏筒，而我已然到達目的地，亦即一切開始之處：科多瓦牧場。

沙加緬度，一九七六—一九七七

七〇年代，不住這裡的孩子將此處稱為柬埔寨牧場。美洲河將沙加緬度郡東側一分為二，南岸的科多瓦牧場因此與較繁榮的區域脫節，也就是河另一側更上流的近郊住宅區。這塊地一開始屬於墨西哥，總共五千畝，用於農牧。一八四八年，當詹姆斯・W・馬歇爾在上游三十五英里處一條水車排水管中瞥見閃閃發光的金屬碎片，並宣稱「我終於找到了」之後，採金船降臨科多瓦牧場，然後徒留一排又一排的河中石頭。此地有段時間是葡萄園。到了一九一八年，麥特空軍基地啟用。但是真正改變科多瓦牧場的是冷戰。一九五三年，艾羅噴射機公司在此建立總部。這是一家火箭與飛彈推進系統的製造商。該處因而湧進大批公司雇員入住，小鎮彎來繞去的道路（金粉黛路、麗絲玲路）突然之間鋪上柏油，整齊分割成雅致的平房排屋。每個家庭似乎都與軍方或艾羅噴射機公司有點關係。

然而其中也有比較鄙陋的成分。一名在七〇年代中期於拉格羅利亞路長大的男子，還記得科多瓦草原小學附近賣冰淇淋的小販消失的那日。最後他發現，那傢伙——那個留著長髮、蓄大鬍子、戴著反光飛行員眼鏡、賣冰棒給小孩的人，其實還賣迷幻藥和古柯鹼給另一組顧客——他其實是被警察抓走了。七〇年代沙加緬度的成長故事往往如此，其中老是有詐，可愛之中夾雜可怕，小鎮明信片後總有著不祥的徵兆。

有位女士回想，他們會在炎熱的夏日涉過美洲河。另一段回憶則與河畔小徑有關，他們沿著那條路跑，在濃密的灌木叢中意外碰見遊民聚集的營地。相傳河流有些區段鬧鬼，有群青少女在藍德園玩耍，看那些打赤膊的男孩給車子打蠟；他們會去奧克蘭的草地音樂節——這等同那個時期的洛拉普魯莎音樂祭[13]，去看老鷹合唱團、彼得．佛萊普頓或傑叟羅圖樂團；他們會開上蘇特維爾路高起的路堤，大喝啤酒。一九七八年四月十四日晚上，當一整隊巡邏車響著刺耳的警笛飛速從底下道路經過，他們就在堤上喝酒。這串車隊彷彿不見盡頭。「我從沒見過這種景象，空前絕後。」其中一名青少年（現在已是成年女子，五十二歲）說道。這一切只因為東區強暴魔——也就是我後來稱之為金州殺手的人——又出手了。

我從福爾森往左開上帕賽歐道，進入科多瓦牧場住宅區的核心，這個地方對他別具意義。他最早就是在這裡出手，而且不斷回來。直到一九七六年十一月，整整六個月在沙加緬度郡發生的九起攻擊都要算在東區強暴魔頭上，其中四起就在科多瓦牧場。一九七九年三月，他已經有一年沒犯案，感覺好像永遠消失了——但他最後又回了科多瓦牧場一次。他家住在這裡嗎？有些調查員——尤其是那些一開始就參與辦案的人——是這麼認為的。

我開到他第一個出手的地點：一棟簡單的L型平房，約一千平方英尺。院子中央有顆砍得俐落的樹幹殘樁。一九七六年六月十八日，約莫清晨五點鐘，第一通電話就是從這裡打出來的。打電話的是一名二十三歲的女子，她躺在地上，盡可能對著話筒講話。她的雙手在身後綁得太緊，因此血液無法循環。席拉*朝放在父親床頭櫃上的電話倒退，把電話撞到地上，然後用手指尋找0的位置。她要打電話通報入室強暴。

她希望他們能知道那副面具有多詭異：白色，有點像是針織的粗糙材質，上面挖了眼睛的洞，中間有開口，但戴在臉上似乎貼得非常密。當席拉睜眼，看到他在她臥房門口，一瞬間還以為自己在做夢。在沙加緬度的六月天誰會戴著滑雪面罩？她眨了眨眼，再更仔細地去看眼前的畫面：他身高大約五呎九吋，肌肉精實，穿戴海軍藍短袖T恤與灰色帆布手套。而另一個細節實在太不自然，一定是在不知不覺中進入她的潛意識——一雙蒼白的腿，外加深色腿毛。那些碎片悄悄聚合，組成一個完整畫面：這個人沒穿褲子。他勃起了，胸膛起伏，一呼一吸都很真實。

他跳上席拉的床，將四英寸長的刀刃貼在她右邊太陽穴。她把被子拉過頭，想推開他，但他一把將被子扯掉。「要是妳敢輕舉妄動或發出什麼聲音，我就拿刀刺妳。」他低聲說道。

他用自己帶來的繩索把她的雙手手腕綁到後面，又用在席拉更衣間找到的紅白帆布腰帶再綁一次。他把她的一只白色尼龍襪拿來塞她的嘴。此時已能窺見一些徵兆，預示他之後辨識度甚高的行為。強暴她前，他把嬰兒油塗在自己的陰莖上。他在屋裡到處翻找、徹底搜查。當他

13（譯註）Lollapalooza。為期三天，每年三月至四月巡迴世界各地表演。

打開那些抽屜，她能聽到起居室那些邊桌上小小的扣環式把手發出喀啦聲。他說話時像以喉音輕聲細語，而且咬緊了牙關。她右邊眉毛附近有道一英寸的割傷在滴血，那就是他命令她不准發出聲音時刀子壓的位置。

一般而言，警察都會告訴你沒穿褲子的強暴犯多半是單純的青少年偷窺狂，剛從輕罪進化到殘忍謀劃的重罪。這些犯下脫褲遛鳥惡行的小混混多半為無力控制衝動所苦，而且不用多久就會被逮捕。他們這種老盯著人不放的眼神毫無疑問會成為鄰人眼中的可疑怪咖。警方很快就會在他歇斯底里的母親家中將人一腳踢醒。但是，這名沒穿褲子的小混混沒被逮著。

有個理論，我稱之為「聰明的強暴犯悖論」。羅伊・哈茲伍德，前FBI剖繪員，專長領域為性侵犯者。他在由史蒂芬・G・米薛爾（Stephen G. Michaud）撰寫的《他們犯下的惡行》（*The Evil That Men Do*）一書中談到此事：「要大多數人將複雜的搶案與智商聯想在一起沒有問題。但強暴與虐待是邪惡的行為，因此他們怎麼也無法將之連結，並且連帶抗拒認為這類犯罪者也可以很聰明，即使是警察也會這麼想。」

如果我們仔細檢視強暴席拉的人採取的手法，便能看出他有顆精於算計的頭腦。他非常小心，絕不拿下手套。席拉在被攻擊前的數週不斷接到掛斷的電話，好像有人在監控她的行程。四月分，她覺得自己好像被人跟蹤，總是看到一輛深色的中型美國車。怪的是——儘管她確定那是同一輛車，卻一直無法辨識開車的人。

攻擊發生當晚，一座鳥浴盆被移到後院電線桿底下某處，很明顯是要拿來踩的。但是電話線只有部分被剪，留下笨拙而遲疑的痕跡，彷彿是新人犯下，好似木匠學徒會把釘子給敲彎。

四個月後，理查．薛比站在柑橘高地蔭溪路的人行道邊欄上。

根據沙加緬度治安官辦公室的規定，薛比不該辦理此案——或任何案子——他甚至不該穿這件制服。薛比知道規矩。若要在一九六六年的沙加緬度治安官辦公室服務，你必須「十指俱全」。但他通過了筆試和體能測驗，覺得總要試試自己的運氣，而他向來運氣不錯，即便他缺了左手無名指的大半部分，依舊覺得自己很幸運。原本他應該在獵人槍枝走火的衝擊下被劈成兩半，醫生甚至告訴他，他本來很可能會失去一整隻手。

檢查員看見薛比的手指，便暫停了面試，他非常唐突地被打發走。畢竟他絕無可能加入沙加緬度治安官辦公室。遭到拒絕令他痛苦萬分。薛比這輩子總聽著家人以必恭必敬的態度談論在奧克拉荷馬當治安官的一個叔叔，也許那是某種預兆吧，反正他也想在人口少一點的郡工作，像優洛郡，或普萊瑟郡。中央谷地開闊的空間就是他青春歲月的風景。夏季他會在外頭工作，像是美熹德郡的牧場和農場，或在運河裡裸泳，到內華達山脈低處山麓丘陵獵兔子和鵪鶉。沙加緬度辦公室「恕不錄取」的信件於一週後抵達。然而次日來了另一封，這封則告訴他應該去哪裡、又該在什麼時候報到。

薛比打電話去問清楚。這段時間，越戰成為大新聞。一九六五年二月徵召入伍了三千人，這個數字到十月就增為三萬三千，整個國家開始頻傳抗議，而且聲量倍增，可徵召的年輕男性人口逐漸缺乏。沙加緬度辦公室將薛比當成某種新穎且相對少見的現象。他在十七歲生日後約莫十三天就加入空軍（那已是超過十年前了），然後完成服役。他有刑事司法科系的大學學歷，已婚。儘管少了一根手指，打起字還是能贏過治安官的祕書，於是他們改變了這條關於手指長度的規則。薛比在一九六六年八月一日赴任，一待就是二十七年。

沙加緬度辦公室當時還不是什麼光鮮亮麗的地方。人人爭著要開唯一的那輛巡邏車，車上配有可動燈頸的警燈與固定在儀表板上的寫字板。這時用的武器還是一九二〇年代至今的湯米衝鋒槍[14]，警笛在車子正上方。開這些車的警察現在都得戴助聽器了。那些專案部門（例如性犯罪）還不存在。假使你接起電話，被叫去強暴現場一次，你就成了擁有實際經驗的專家。就是因為這樣，薛比才會在一九七六年十月五日的早晨來到蔭溪路的人行道邊欄。

一頭跟著氣味蹤跡走的獵犬把他帶到這裡。蹤跡是從小孩臥室的窗戶開始，接著翻過籬笆、穿過一片雜草、停在邊欄上。薛比敲了最近的一扇門，眼神朝受害者住的房屋看去，其間距離約兩百英尺。他努力地想擺脫那種不舒服感。

大約一小時半前（剛過六點半沒多久），珍・卡森抱著她三歲的兒子窩在床上，聽見電燈開關打開又關掉，然後是有人在走道上跑。她丈夫不久前才剛出門工作。「傑克？是你嗎？你忘了什麼嗎？」

一名戴著綠棕色滑雪面罩的男人從門口進來。

「閉嘴，我要妳的錢，我不會傷害妳。」他說。

薛比發現這般精準的時間點著實耐人尋味。這個人在珍的丈夫離家沒多久就從孩子的臥室房間窗戶進了屋，而這家人在兩週前正好遭遇了一起不太尋常的入室搶劫。搶案中，小偷拿走他們十多只戒指，卻留下鄰居的一些被偷走的珠寶。小偷同樣從小孩房間窗戶進出。薛比心想：這是同一個人。他有條不紊，也頗有耐心。

珍的這起強暴案將成為東區強暴魔的第五起攻擊，然而卻是薛比和凱洛．戴利的第一起案件。這兩位警探將與這一連串案件難分難捨。身為一名對性犯罪十分有經驗的女性警探，由戴利來主導受害者的訪談再適合不過。她的人際相處能力最終會帶著她一路高升到代理治安官的職位。反之，薛比則有著惹惱人的天賦。不過他的問題應該是來自直言不諱，而非傲慢。「我老是抓不到圓滑得體的訣竅。」他說。

那年十月，又有三起攻擊以緊湊的頻率接連發生。一開始，薛比的許多同事都認為是一名被大家稱為「早鳥強暴狂」、身分未明的連續犯幹的，但薛比知道，他們面對的是比他更聰明、更詭異的傢伙。這時還沒有所謂的犯罪剖繪，「犯罪特徵」或「儀式行為」之類的名詞也還沒變成陳腔濫調。但在那時，調查員可能會說「特色」、「性格」或者「氣味」。他們所指的是各種細節配置上的精確性與罕見性，就跟氣味一樣，是能清楚辨別的；這是基於經驗而對犯罪現場產生的既視感。當然，對他的外型描述也有著一致性：白人，可能青春期晚期或二十幾歲，約五呎九吋，中等健壯體格。他永遠戴著某種面具，低聲說話，聲調不自然且憤怒，會咬

14（譯註）Tommy gun，原名為湯普森衝鋒槍（Thompson submachine gun）。

緊牙關。當他顯得煩躁，聲調會往上揚，音調變高。生殖器短小。此外還有一個很怪的舉動——他的聲音聽起來很急躁，行為則否。他會打開一個抽屜，站在那裡不發一語看個好幾分鐘。攻擊發生前後，舉報有人在鄰近徘徊的居民多半會說，他一旦警覺自己被看到，便會以從容的姿態離開那區域。「完全不慌不忙。」其中一個目擊者表示。

他對性心理的需求非常明確。他會把受害者的雙手綁到背後，多半綁好後又會重複綁個好幾次，有時會用不同材質的物品。他會命令她們用綁起的手幫他手淫，他從不撫弄她們。當他開始攻擊情侶或夫妻，會將女性帶到起居室，拿毛巾蓋住電視——照明似乎很重要。他充分享受那些帶有性暗示的問題：「妳覺得我在做什麼呢？」當他用屋中找到的護手霜手淫，便這麼問了被矇住雙眼的受害者。「跟上尉的一樣嗎？」他問珍。她丈夫是空軍上尉，而他至少對她說了五十次的「閉嘴」。珍說。但在他強暴她時則下了其他的命令，一如責罵女演員的導演那樣惡狠狠地對她說：「放點感情，」他如此命令。「不然我就要拿刀了。」

他膽大包天。有兩次他進了屋裡，儘管知道受害者看到了他，正在瘋狂打電話給警察，依舊不受影響、繼續進行。就連小孩也無法動搖他。他從沒有對小孩做出實質傷害，但會把大一點的孩子綁起來，放到另一個房間。他展開攻擊時，把珍還在學步的兒子放到臥房地上。男孩睡著了。當他醒來，便偷偷越過床鋪偷看。東區強暴魔已經離開，他的母親被撕開的毛巾布條綁起，躺在那裡，嘴裡塞了團洗澡巾。而男孩把繩索誤認成繃帶。

「醫生走了嗎？」他小聲地說。

薛比對這名戴滑雪面罩的變態使用的殘忍手法非常熟悉，這種全心全意的事先偵察令他感到不安。這太不尋常了：掛斷的電話、預先在附近潛行、入室搶劫。就算外頭的燈是用定時器設好，東區強暴魔還是知道該怎麼關掉；他也知道很難找的車庫門開關在哪兒。從薛比負責的訪談中可以得知嫌犯不只密切觀察珍，甚至觀察她的鄰居，注意他可以把車停在哪裡，鄰居什麼時候會從車庫出去、離家上班。

一年後，當日薛比的同事凱洛．戴利針對該案說的話將會刊登在《沙加緬度蜜蜂報》，「典型的強暴犯不會有如此縝密的計畫。」而這便是薛比帶著獵犬站在人行道邊欄、橫過街看向珍的房屋時心中的想法。此外，還有一項細節困擾著他：犯人用水果刀戳了珍的左肩膀，珍覺得他並沒有打算傷害她，那個傷口只是意外，可是薛比沒那麼確定。他猜想那傢伙只是刻意壓抑衝動，好帶來更多痛苦。在他落網之前，這股衝動還會持續滋長。

事實也的確如此。這名嫌犯開始在被矇住眼睛的受害者耳旁喀擦喀擦開合剪刀，威脅要剪掉腳趾，動一下就剪一根。他會戳刺他們躺在床上旁邊的位置。這些心理層面的折磨讓他興致更高。「妳不認得我對吧？」他曾用其中一名受害者的名字低聲喊她。「對妳來說是不是有點太久了呢？真的已經很久了，但我認識妳。」他總讓受害者以為他已離開她們家，當她們放鬆身體、緩緩移動麻木的手指去摸繩子，他又會突然發出聲音，或做出動作嚇唬她們。

在十月發生珍・卡森的這場攻擊後，謠言在社區四處流傳，說有個連續強暴犯在逃，但治安官辦公室不讓當地報社公布這些案件；他們擔心鎂光燈會把嫌疑犯從東區趕跑，他們想把他留在這裡、逮捕到手。薛比、戴利，還有他們搜查小組的同事低調地去追查線索。他們去跟保釋官和緩刑監督官員做確認、調查送貨員、送牛奶的、工友和鋪地毯工人；他們挨家挨戶留下自己的名片，進一步追蹤所有進來的舉報——不過通常報的都是些年輕男人死盯著別人看，或在外面待得太晚，又或者如其中一個舉報者所說，他弟弟「太娘」。他們把珍的眼睛矇起來，播放錄有兩名嫌疑犯聲音的錄音帶給她聽。她躺在自己床上，顫抖著雙臂。「不是他。」她說。他們調查當鋪裡偷來的物品，並拜訪**八之屋**——這是戴帕索大道上的一家色情交易店。詢問是否有客戶喜歡玩綑綁遊戲。他們追蹤到一條舉報，有個人付錢給車輛管理局購買女性的註冊資訊，然後開車跟蹤她們。他們到他家外頭訊問他，發現他就這麼站在水溝之中，慌到完全沒發現一股水流將他那雙高級晚宴皮鞋徹底淹沒。他不是東區強暴魔，但至少他們讓車輛管理局別再搞這種交易私人訊息的買賣。有人漲紅了臉、狂眨眼睛、交叉雙臂，還有明顯為了爭取時間而不斷重複問題，但沒有一個是東區強暴魔。

同時間，社區中的八卦在官方命令造成的孤立狀態中突變。謠言是這麼說的：警方之所以不肯告訴大眾強暴案的資訊，是因為細節太過可怖、難以啟齒——他會割下女人的乳房。謠言不是真的，但是媒體受到管制就表示無人能做出公開駁斥。這緊張的氛圍在十月十八日達到最高峰：東區強暴魔在二十四小時內兩度作案。其中一名受害者是三十二歲的家庭主婦，同時也是兩個孩子的母親，住在卡麥克爾的奇普林道，那是東區一個較為富裕的社區。部分人士推斷東區強暴魔受不了竟沒有媒體關注他，決定前進更好的社區，以確保自己能獲得大眾關注。這個行動奏效了。十一月三日，有五百人前去德戴爾小學參與針對防制犯罪召開的市民會議。薛比和戴利尷尬地輪流站到麥克風前面，試圖回答關於東區強暴魔那些激動又慌亂的問題。

第二天早上，《沙加緬度蜜蜂報》登了一則報導，由專門採訪警方消息的記者華倫．哈洛威撰寫：**追捕犯下八起強暴案的嫌犯**。媒體控管看來是正式結束了。

這也許是巧合，但在十一月十日傍晚，也就是《蜜蜂報》刊登後續報導（**東區強暴魔……平靜社區遭恐懼籠罩**）的同一日，有個戴著皮面罩的男人來到柑橘高地一棟房子，他從窗戶進入屋中，偷襲了一名單獨在房間看電視的十六歲女孩。他拿刀指著她，發出令人膽寒的警告：「只要動一下，妳就永遠開不了口，而我將消失在黑暗中。」

這回，東區強暴魔將受害者帶到屋外，從路堤走到一條水泥排水溝，約寬二十英尺，深十英尺。他們往西走了大約半英里，來到一棵老柳樹下。女孩後來重新跟薛比和其他警探一起又走了那條路一次——剪斷的鞋帶、撕碎的Levi's牛仔褲及綠色內褲疊成一堆，放在樹附近的雜草之中。女孩說自己沒被強暴。畢竟，要耐心地從受到暴力攻擊仍餘悸猶存的人口中問出資訊，是需要技巧的——尤其如果你是像薛比一樣六呎三吋的大男人，而受害者是個處於崩潰邊緣的青少女。你可以看著她們的眼睛，問些殘酷的問題；她的答案你可能相信，也可能不相信。但你可以之後再問，並且減少一點尖銳——也許可以在談別的事談到一半時突擊——但他們也許還是會重複早先的答案。不過不管怎樣，你也只能這麼做。

東區強暴魔很可能把她當成了別人。「妳不是念美國河流大學嗎？」他這麼問她。當她回答不是，他便將刀子壓到她喉嚨上，又問了一次。她再次回答了不是。女孩跟警探說，她跟一個念美國河流大學的鄰居長得很像；那是當地的社區大學。但話說回來，這時機依舊太過精準。她單獨在家只有短短片刻：她的父母去醫院看她兄弟，那天稍晚，她已預定要跟男友約會。東區強暴魔把她帶到排水溝之前，還小心地把他要闖入屋的窗戶紗窗換掉，關掉家中的電視和燈，就好像知道家裡的人很快會回來，不想引起他們注意。

女孩透過鬆掉的蒙眼布在黑暗中瞥到了一些細節，也被加入那不斷增長的條目之中：黑色方頭鞋、小型手電筒──小到幾乎可以藏進他左手──軍用工作褲。女孩說，她被綁起來時，他不斷爬上水溝堤岸西側，留意著某些事物，而且一直重複這動作，似乎相當不安。於是薛比也爬上水溝堤。然而，他們就跟先前一樣，總是晚他幾分鐘或幾小時。你可以踩著那人的腳印，卻無法得知究竟是什麼原因讓他來到此地，你只能像個蠢蛋一樣傻傻注視地平線，尋找線索：糾纏在一起的蔓生灌木、圍籬、後院……太多了，但又太少了。你再次回到原點。

女孩描述的那張皮面罩一直延伸到東區強暴魔衣服底下，眼睛和嘴巴處都切了裂口。聽在薛比爾中很像某種焊接工戴在頭盔底下的頭套。他請焊接設備的公司給他們客戶名字，卻找不出任何結果。同時間，不斷有電話打進治安官辦公室，名字如潮水般湧來。警探拚命過濾所有人，凡看到以下特徵就排除：腳大、胸膛下凹、有小腹、有鬍子、左眼視線亂飄、腿瘸，使用特製足弓支撐鞋墊，或某人的小姑吐露某次跟丈夫的弟弟一起裸泳時，發現他有根尺寸可觀的老二。

東區強暴魔在十二月十八日又攻擊了一名青少女。這個女孩住在費爾奧克斯。一月又出現了兩名受害者，《沙加緬度蜜蜂報》一月二十四日的報紙頭條大大寫道，**強暴犯再次出手，十五個月內十四起**。一位匿名警探說了一句話，精準地傳達了那股將要擴散開來、令人感到極度脆弱的倦怠：「這跟其他案件一模一樣。」

一九七七年二月二日早晨，卡麥克爾一名三十歲的女子被綁住、矇住雙眼、口中塞了東西躺在床上。她仔細聽了好久，發現什麼聲音都沒有，便把嘴裡塞的東西弄掉，喊了她七歲的女兒（她感覺到女兒就在房裡）。「妳沒事嗎？」她問。她的女兒叫她別出聲。「媽媽，安靜。」接著突然有人從女人床上俯下身體，又迅速遠離，好像要告訴她他還在這裡。她睜大眼睛，瞪著橘白相間的遮眼毛巾布好幾分鐘，聽著他在很近的地方一呼一吸。

催眠師從一些可疑的目擊案例中擷取細節。警探找尋著附有玻璃纖維材質掛包的黑白相間摩托車；某輛可能屬於前加州公路巡邏隊的黑色警車，而且排氣管聲音很大；某輛側邊沒有窗戶的白色廂型車，或某個叫唐的摩托車騎士，長了落腮鬍和大把的唇上鬚。有個女人打來舉報一名當地雜貨店的店員，她意有所指地說，那男人的生殖器「像是用到快掛掉似的。」

由於亟需指紋證據，警探嘗試了一種叫「碘化銀轉印法」的方式，從人體皮膚取得潛伏指紋。凱洛・戴利受命用一根管子將極為細緻的粉末吹灑在受害者赤裸的全身——但什麼也沒有。他們得到的成果非常之少。二月，卡麥克爾一名女子跟東區強暴魔爭槍，他狠狠打了她的腦袋。薛比和戴利檢查受害者的頭部傷口時，注意到她頭髮上距離傷口兩英寸處有一點血跡。戴利剪下沾到血的頭髮，送到犯罪實驗室化驗。受害者的血型是B型，而這塊血跡絕對屬於東區強暴魔：是A型陽性。

［**編輯筆記**：以下章節是由蜜雪兒的筆記拼湊而成。］

當時是一九七七年二月十六日約晚上十點半，摩爾一家*正平靜地待在位於沙加緬度大學谷社區里澎庭園的家中。十八歲的道格拉斯*在廚房切了一些蛋糕，十五歲的妹妹普西拉*在起居室裡看電視。突然間，一個出乎意料的聲響打破他們周間晚上平凡靜好的時光——後院傳來撞擊聲。那是他們家的電動煙燻機；有人跳上籬笆，撞到了它。

瑪菲斯・摩爾*打開露臺的燈，正好透過窗簾瞥到一個身影跑過後院。道格拉斯一個衝動跑去追，而他的父親戴爾*抓起一根手電筒，跟著他一起從側門出去。

戴爾落在兒子身後，只能注視他追著那個潛伏在他們後院的金髮男子——他們越過里彭庭園，跑進鄰近兩棟住家中間。那個潛行者在那裡翻過籬笆不見了，道格拉斯也跟著要翻過去，就在他爬到籬笆最上方的當兒，聽到很大的一聲「碰」。戴爾眼睜睜看著兒子往後一倒、落到草地上。

「我被射中了。」道格拉斯在父親過來看他狀況時高喊。接著又是另一發，但沒有擊中。戴爾已將道格拉斯從火線上移開。

救護車抵達，迅速將道格拉斯送進醫院。子彈從他胃部射入，在腸子、膀胱及直腸留下多處穿孔。

當警方挨家挨戶進行家訪，筆記本上便開始填滿許多細節，而且都與東區強暴魔攻擊後的調查得到的描述異常類似：鄰居在後院聽見聲音，彷彿剛剛有人爬過籬笆；一個居民聽見有人走在她屋頂上；他們發現籬笆的木板被踢掉，側邊出入口大開。此起彼落的狗吠似乎暗示著那個幽魂般的潛行者的方位。摩爾家槍擊案幾週前，該區居民紛紛舉報潛行者以及竊盜事件。

——而所有目擊者的說詞（包含道格．摩爾）最後都組成了一個熟悉的外型特徵：白人男性，二十五至三十歲，五呎九吋到五呎十吋高，粗壯的雙腿，長至脖子的沙金色頭髮，戴海軍毛帽，穿風衣、Levi's牛仔褲、網球鞋。

在這些蒐集到的證據中有個乍看普通的突兀之處、引人猜疑的潛在線索，也許跟道格．摩爾最後竟遭槍擊毫無關係——而即使有關，似乎也提供不了太多可信的資訊：附近的湯瑪斯傑佛森中學有一名守衛擅離職守，因此偶遇兩名在校園建築前閒蕩的人。其中一人在擦身時問了他時間，而另一人顯然在外套底下藏了些東西——很可能是臺電晶體收音機。

兩名目標顯然是十八或十九歲，身高在五呎九吋上下。一人明顯是墨裔男性，有著及肩的深色頭髮，穿藍色風衣和Levi's牛仔褲，而另一個是白人男性，衣著與另一人相似。

守衛在學校已經工作了七年，對於有誰會在下課後留下來閒晃非常熟悉。這兩個人他都沒有看過。

東區強暴魔在三月八日清晨時分於亞登長廊再次出手。《沙加緬度蜜蜂報》刊登了一篇關於該攻擊的文章（「**該起案件疑與連續強暴案有關**」）。記者點出，「受害者與先生分居，有個幼小的孩子（週一晚上待在別處）。東區強暴魔從未在屋中有男性在時出手攻擊，雖然有時會有孩童在場。」假如有人懷疑東區強暴魔不知道會不會看他自己的新聞，文章刊出後應該就不會有人再問了。他的下一個受害者是一名青少女，但隨後他就開始針對異性戀情侶——而且連續十一對。在那之後，情侶和夫妻就一直是他主要的攻擊目標。

三月十八日，治安官辦公室在下午四點十五分到五點之間接到三通電話。「我是東區強暴魔，」一名男性這麼說道，然後發出笑聲再掛掉。第二通電話內容跟第一通一模一樣，接著是第三通。「我就是東區強暴魔，我已經跟蹤到下一個獵物，你們這些傢伙是抓不到我的。」

那天晚上，科多瓦牧場有個十六歲的女孩從肯德基打工下班返家，把外帶袋子丟在廚房臺面上，拿起電話要打給朋友。她的父母不在鎮上，她打算去住朋友家。電話只響了一個半聲，她父母的臥房就冒出一名戴著綠色滑雪面罩的男人，手斧高舉過頭。

這回，因為他戴著中央開洞的滑雪面罩，受害者能將東區強暴魔的臉看得比較清楚。薛比和戴利憑著一股直覺，認為東區強暴魔是科多瓦牧場當地人，於是帶來附近社區的一疊年鑑，在受害者一本本翻閱時在旁注視。她停在一九七四年福爾森中學的年鑑頁面，將那本冊子交給薛比，指著一個男孩的照片。「這人看起來最像。」他們清查那孩子的過往歷史。性情不穩：有。行為詭異：有。他在奧本大道一個加油站工作。於是他們把受害者藏在一輛未標記的警車後座，讓她在他加油時從三英尺遠處偷看——但她還是無法確認。

房屋的配置各有不同，某些受害者是稚齡青少年，會緊緊把抱枕抱在肚子上，皺著一張困惑的臉，被問說知不知道什麼叫「高潮」時猛搖著頭。也有人是三十歲中段，最近剛跟第二任丈夫離婚，註冊了美容學校，並在單身俱樂部十分活躍。然而，對於一大清早從床上被叫起來的警探來說，這些場景就像跳針的唱片，早就千篇一律到令人麻木：破地毯上有剪斷的鞋帶、手腕上深紅色的勒痕、窗框有被撬過的痕跡、廚房食物櫃打開沒關、啤酒瓶和餅乾盒散落在後院露臺。當他偷取刻字的珠寶、駕照、照片、硬幣——有時也拿現金——會響起某種像是袋子或紙張的沙沙聲，或拉鍊拉開的聲音。雖然，竊盜顯然不是他行動的主因。因為他會不顧其他有價值的物品。而且往往偷了東西——他會粗暴地把珍貴的結婚戒指從腫脹的指頭上扯下——卻發現他扔在附近某處。

四月二日，他又在手法中增加了一個花招，而且之後就這麼持續沿用：他鎖定的第一對情侶在對著眼睛直照的方口手電筒強光中醒來。他用粗啞的嗓音低聲表示他有槍（「點四五，十四發子彈」），並朝著女方丟出一條繩子，命令她將男友綁起來。當那名男性被綁好，東區強暴魔就在他背上放了一個杯子和一個杯碟。「要是我聽到杯子或者床的彈簧發出任何聲音，我就射殺這屋裡的所有人。」他悄悄地說。而對那名女性，他只強調一件事。「我之前從軍，我在那裡時搞的人可多了。」

東區強暴魔到底跟軍方有沒有關係？這是常被拿出來討論的疑問。距離沙加緬度開車一小時車程就有五個軍事基地。麥特空軍基地毗連科多瓦牧場，單這地方粗估就有八千名人員。他確實偏好軍綠色，報告中也確實常提到繫帶式的黑色軍靴。有幾個遭遇過他的人（包含那些有軍事背景者）覺得他散發一股威嚴，有著堅毅不屈的姿態，讓人聯想到有從軍背景的人。「盤子花招。」這個特殊的警報系統後來漸漸為人所知，而有人發現那其實是從叢林作戰挪用的技巧。

他的謀略勝過警方，這也是令人難堪的事實，而且他至今仍維持自由之身。治安官部門借用州立林務局用在抓縱火犯的樹頂攝影機，耗盡加班預算叫臥底巡警在東區強暴魔頻繁出現的社區到處巡邏。他們租借軍方於越南使用的夜視鏡和動態偵測儀。然而他還是逃脫在外，融入人群之中。尋常的外表就是他的面具。

治安官部門引入受過特種部隊訓練的上校，幫助他們理解東區強暴魔的手法。「訓練的主要重點在於耐心。」那位上校對他們說：「如果有必要，受過特殊訓練的人可以、也願意待在一個位置好幾小時，而且他們不會移動。」東區強暴魔對聲音很敏感——為了聽得更清楚，他往往會關掉空調和暖氣。這是特種部隊人員練出的技巧。兩把刀、繩結、預先規劃多條逃脫路線。「他可以、也願意利用任何一個藏身處。」上校建議道：「去找你覺得最不可能有人在的地方，例如獨立在屋外的倉庫底下、黑莓叢裡。」上校反覆重申：別忘了——耐心。他相信自己的毅力比誰都強。當搜查他的人全都放棄，他還堅持著。

薛比忍不住要想，他們抓不到他會不會是因為另一個理由。他發現，當他們在咸認東區強暴魔出現最頻繁的社區派臥底巡警，然而當晚他總會在別處出手。他似乎比一般市民更能理解警方辦案程序：他一直戴著手套，把車停在警方標準範圍以外。曾有一次，一名女性試圖從他身邊匍匐逃走，他對著那名女性大吼「不准動！」提出這意見的人不只薛比，治安官部門也有過這個念頭。有沒有可能，他是他們的一員？

某晚，薛比去跟進一條潛行者的線報。當薛比敲了那名通報的女性家中前門、表明身分，那位女士卻相當驚訝——因為在幾分鐘前，她才以為已經有個警官到了。她發誓自己剛在家門外面聽到警方無線電的聲音。

「他可以讓搜查者靠到一英寸那麼近，自己連動也不會動一下。」那名上校曾如此警告。到四月結束，受害者人數來到十七名之多。東區強暴魔每月平均有兩名受害者。如果你有注意到——嚴格說來大多人都在注意——情況實在很不好。

接著五月來了。

治安官部門接受一名靈媒的主動協助，因為她說自己能找出東區強暴魔。靈媒吟唱咒語，吃下一塊生漢堡肉，他們做了東區強暴魔的「生物週期表」，想用以研究，她卻表示必須有出生日期才有用。五月二日大約午夜時分（自上次攻擊過去兩週又幾天），里維拉道一名三十歲的女性聽到外面發出「碰」一聲，很像她年幼的兒子從路堤越過籬笆跳進院子發出的聲音。於是她來到窗邊，卻什麼也看不到——突然間，一道灼人的手電筒光束（這是第一個危險前兆）嚇到了她和丈夫（他是一名空軍少校）。這是大概發生在凌晨三點的事。

兩天後，有個戴著米色滑雪面罩、身穿深藍外套（樣式很像美國海軍）的男人突然從黑暗中衝向一名年輕女子和她的男同事，當時他們正要走去她停車的地方，也就是男同事位於橙谷的車道。兩起事件都散發一股熟悉氛圍：他事先打過掛斷的電話、盤子花招。另一起案例中，那對驚魂未定的情侶本來在廚房休息，吃著麗茲餅乾，其後卻經歷一場殘酷的強暴。兩對情侶都對警探說，東區強暴魔的強悍彷彿是硬裝出來，有如演技蹩腳的演員，老是用大力喘氣的方式讓自己顯得憤怒又瘋狂。橙谷那個女人說，他進了浴室好幾分鐘。在她聽來，他是因為換氣過度才進去。

東區強暴魔於橙谷攻擊第二十名受害者。這是第二天的《蜜蜂報》頭條。

治安官部門的壓力不斷增加。平常都不插手的大老闆焦急起來，事必躬親。五月剛到，他們的加班預算就幾乎耗光了一整年的額度。他們淹沒在一通通沒有結果的電話中。有的打來要舉報前男友，還有公共工程的人員來問街燈是否有什麼問題。平常每日簡報那種悠悠哉哉啜著保麗龍杯咖啡的懶洋洋氛圍消失殆盡，換成來回踱步、一刻不得休息的雙腿。警探瞪著地圖，試圖預測他的下一個攻擊地點。他們有個預感，覺得他接下來會襲擊柑橘高地日出購物中心附近地區，因為那裡發生了暗夜潛行者和闖空門事件。

五月十三日約凌晨十二點四十五分，梅林戴爾道（距日出購物中心不遠）有一家人聽到屋頂上好像有人，隔壁家院子裡的狗開始吠叫，有個鄰居在凌晨一點左右打電話給那家人，說聽見他們家屋頂上好像也有人在。巡邏車在幾分鐘內抵達，但爬屋頂的可疑人士已經消失。

第二天晚上，再過去一個街區的地方，一名年輕女侍和她擔任餐廳經理的丈夫成為下一對受害者。

懷疑的氛圍散播開來。沿美洲河往東進入未合併的沙加緬度郡，這條約十英里的狹長區域陷入愁雲慘霧。你再也不需要跟誰解釋來龍去脈，再也沒有人問「你知不知道……？」因為你當然知道。「有個人……」直接換成「他」。沙加緬度郡的老師放棄上課，授課時間都用來討論東區強暴魔。如果有學生聽說新消息，就會被逼問各種細節。

人與自然的關係變了。令人厭惡的冬日細雨和濃密的吐爾霧[15]被美好而溫暖的氣候逼退，遠方景色是剛被雨水洗過的綠意，其中還點綴紅色和粉紅色的山茶花瓣。但沙加緬度最有價值的豐饒綠意——長滿河流兩側的梣樹和櫟樹——如今在他們眼中變了個樣。一度嫩綠的樹篷現在是利於獵殺的黑暗，讓人湧上一股想剪除的衝動。住在東側的人砍掉枝幹，把住處周遭的灌木連根拔起。以木榫強化的玻璃滑軌窗一點也不夠，也許那是可以擋住他，但他們要做得更絕；他們想讓他無所遁形。

到五月十六日，一批新裝設的泛光燈像聖誕樹般在東區大放光明。有棟房屋將所有門窗都綁上鈴鼓，枕頭下方藏了槌子。一月至五月這段期間，近三千支槍械在沙加緬度郡售出。許多人拒絕在一點到四點入睡，有些情侶會輪班守夜，其中一人鎮守在起居室沙發，拿一把來福槍正對窗戶。

只有瘋子才敢再出手。

五月十七日，所有人都在這天屏住呼吸，看接下來遭殃的會是誰。而這些人早晨醒來時將會看到東區強暴魔犯下當月第四起案件的新聞，這也是不到一年內他犯下的第二十一起攻擊。最新的受害者是德戴爾區的一對情侶，他們告訴警方，東區強暴魔那晚威脅要殺死兩人。單在五月十七日到十八日這二十四小時間，沙加緬度治安官部門就接到六千一百六十九通電話，幾乎都是為了東區強暴魔打來。

警方回應了五月十七日清晨三點五十五分的一通電話。三十一歲男性受害者穿著淺藍色睡衣在自家外頭，左手腕垂著一長條白色鞋帶，憤怒地以英文混義大利文說：「也太慢了吧？」他對警官說道：「他跑了。算了，進來吧！」薛比開車到現場後立刻認出那名男子。先前，十一月時，他和戴利主持了一場人滿為患的市民集會，討論東區強暴魔，這名男子站起來批評調查行動，並和薛比互飆了幾句不好聽的話。這件事情發生在六個月前，也許這是巧合，但卻跟東區強暴魔的形象不謀而合。他厚顏無恥，甚至還去參加為了抓他舉辦的活動。他融入人群、仔細觀察、記住一切，並以包藏惡意的耐力勝過所有人。

這起案件發生在德戴爾的美洲河大道，鄰近一座廢水處理廠，與前起案件相呼應——雖說東區強暴魔這次極為不安、煩躁，一如這個社區。他結巴了，而且好像不是演出來的。此外，他還有些訊息要傳達。他帶著高張的怒意，惡狠狠地對女性受害者說：「這些狗娘養的、這些豬——妳聽到了沒？我以前都沒殺人，但現在我要開始殺了。妳給我跟那些狗娘養的傢伙、跟那些豬說，我要回去我的公寓，我有一大堆電視，我會聽廣播，還會看電視，如果讓我聽到這件事，我明天晚上就要出去殺兩個人。就要死人了。」

但他對被綁在另個房間的丈夫說的訊息略有不同。「你去跟那些該死的豬說，我今晚本來

15（譯註）Tule fog。秋末到冬季常於美國中央谷地出現的大霧。

會殺兩個人，如果我沒在全部報紙電視上看到這件事，我明天晚上就殺兩個人。」

離開前，他狼吞虎嚥地吃了些起司餅乾和半個甜瓜。

這座城市在《沙加緬度蜜蜂報》刺眼的頭條中醒來。**東區強暴魔第二十三起攻擊。今晚下一個犧牲者會是誰**？該報導表示，治安官部門諮詢當地的一組精神疾病專家，並做出結論：東區強暴魔很可能是「妄想型精神分裂症患者」，而且非常可能有「同性戀恐懼症，因為他先天（身體）功能不足。」文章中重複了好幾次「先天功能不足」這個細節。不管這是不是東區強暴魔想要的報導，我們只能猜測他想上新聞，就像我們也不知道他會不會兌現威脅要殺人的承諾。

一九七七年五月，社區裡的鐵欄杆紛紛豎起，也開始進行徹夜監視，有三百名左右的男性在沙加緬度東區開著小貨車巡邏，車上配有民用波段的無線電。屋子的門窗都拴上強化壓克力板，鎖鈕銷售一空。抄表員會把證件卡拿在身前，在進入人們後院時一遍又一遍地重複自己的身分；後院泛光燈的訂單從一個月十顆衝到六百顆。一封寄到《沙加緬度聯合報》的信件描繪出當時的氛圍：「我們曾在晚上打開窗戶呼吸新鮮空氣，現在沒有了；我們曾在傍晚帶狗去散步，現在沒有了。我的兒子在自己家中曾經感到安全無虞，現在沒有了。以前我們不會因傍晚常有的一些普通聲響驚醒——現在沒有了。」

那段時間，薛比在南沙加緬度開著無標記的警車，跟另一名警探一同進行日間監視。他們面朝東邊，左方是一條短短的街道。該處位於一個街區的中間位置，那裡有人在玩奪旗美式足球[16]。有輛車朝東開去，經過的速度非常緩慢。那輛車的速度有些不尋常，但真正引起薛比注意的，是那名駕駛全心全意注視足球遊戲的模樣。薛比又更仔細地看了那些玩球的人：全是男生，除了四分衛之外。那是個長頭髮、約二十歲的年輕女子。幾分鐘後，同樣一輛車又繞回來，緩緩靠近。駕駛又用密切的眼神注視那些玩球的人。薛比記下那輛車的品牌與型號，當車子三度繞回，他草草記下車牌，並把資訊報到無線電中。「如果他再回來，我們就叫他停到路邊。」薛比對搭檔說。然而那是那名駕駛——頸子纖細、二十出頭的金髮男子——最後一次靠近。他熱烈而專注的模樣，還有幾天後東區強暴魔首次於南沙加緬度出手，就在距離該處一英里的地方，這一切的一切都留在薛比記憶之中，揮之不去。

他們最後發現，那塊車牌並未註冊。

沙加緬度有著自立更生、處變不驚的驕傲特質，這是我從長時間生活在沙加緬度的人身上發現的。有一回，我在市中心住的精品酒店安排了一次早餐訪問。受訪者的丈夫是一位家具工人，他陪著她來這次會面。我已經先點好早餐：小小的梅森罐裡的罐裝優格芭菲，附一根古董銀湯匙。我鼓勵受訪者也吃點什麼，但當女服務生轉向受訪者的丈夫，他禮貌地搖頭微笑。

16（譯註）Tag football。簡化的美式足球玩法，規則相似，但只要搶走持球者身上的旗子，就能停止進攻。

「我今天早上自己做了早餐吃。」當他說出那句話，我的湯匙真心停在半空中。

我會提起這件事只是想讓你了解幾個狀況。打個比方，在五月十七日的攻擊發生兩天後，一名當地牙醫宣布要捐出一萬美金懸賞（後來提高到兩萬五千），另有一名商人組織了一支由一般民眾組成的巡邏隊。數以百計當地男性加入召集，帶著民用無線電，開著他們自己的車整晚在東區巡邏。代理治安官於五月二十日蜜蜂報的報導中對事態發展至此表示沮喪，他的意思大致如下：請各位不要這麼做。但市民的追捕行動絲毫不受影響，甚至伴著從加州公路隊巡邏借來的警用直升機全年無休在頭頂上盤旋的聲音與光線。

另一個例子則是《沙加緬度聯合報》五月二十二日的一篇報導，**兩名受害者回憶東區強暴魔**，他們用假名刊登珍說的話，然而其中細節足以讓東區強暴魔知道她的身分——如果他真讀了報導。這也讓她說的話更令人佩服。

「如果有人轟了他的腦袋，我會覺得自己被辜負了。我會請他們把準心往下移一點。」她說。

在那個週五早上，也就是五月二十七日，亦即陣亡將士紀念日假期開始的週末，費歐娜·威廉斯*在家裡做了些家事，然後帶著三歲兒子賈斯汀*一起去弗洛林路上的超市買些雜貨。她把他放在保母家，去赴跟驗光師約好的檢查，接著到圖書館拿薪資支票（她在那裡兼職）去銀行存錢，最後到潘尼百貨又買了些東西。之後，她在保母家接了賈斯汀，兩人去梅爾咖啡店吃晚餐。當他們回到家，在游泳池游了一會兒泳。近黃昏時，她給門前草坪澆水，身上還穿著泳衣，賈斯汀則東倒西歪地在旁邊走來走去。

費歐娜當然知道近來發生了什麼。當地電視新聞每晚都在大聲疾呼全新的恐慌元素，但她沒有什麼警戒的必要，畢竟那是「東區」強暴魔。他從沒有在南沙加緬度出手，也就是費歐娜與丈夫菲利普*和賈斯汀住的這個新家。可是東區強暴魔總在心頭揮之不去。菲利普在德戴羅的廢水處理廠當主管。最近的一名受害者，也就是五月十七日遭到攻擊的那對夫妻，住在距離廠區不到幾碼的地方。菲利普輪的是中午班，所以當他進公司，同事立刻告訴他對街突然成群湧出警察。東區強暴魔拿槍指著那名丈夫的腦袋。「閉嘴，如果你敢多說一個字，我就殺人，聽懂了沒？」菲利普不認識那對夫妻，他們只是被隔在警車後座的陌生人，是公司裡竊竊私語的八卦話題——但他很快就會認識他們了。

菲利普約半夜十二點三十分下班回家，費歐娜和賈斯汀正在熟睡。他喝了一瓶啤酒，看了點電視，爬上床開始打盹兒。二十分鐘後，他和費歐娜同時醒來，尋找彼此，開始挑逗調情。幾分鐘後，臥室傳來某種搔刮的聲音，嚇了他們一跳。通往露臺的玻璃滑門打開，一名戴著紅色滑雪面罩的男人進來。即便他們馬上領悟那個人的身分，驚嚇感也沒有減弱一絲一毫；這感覺太超現實，就像是舉世知名的電影角色，或某個你只在電視上看過的人突然從窗簾後冒出來，開始對你講話。他的左手握著一根雙電池芯的手電筒，右手拿著一把像是點四五的手槍，伸到手電筒的光線中讓他們看。

「給我乖乖躺好，不然我把你們全殺光，」他說：「我會殺掉你，也會殺掉她，還會殺了你們的兒子。」

東區強暴魔把一條繩子扔給費歐娜，命她把菲利普綁起來，接下來則綁住她。他仔細翻找、出聲威脅，在臥室中把手電筒光束揮來揮去，刺得人睜不開眼。他把疊起來的盤子放到菲利普背上，領著費歐娜進入起居室。

「你為什麼要這麼做？」她問他。

「閉嘴！」他嘶啞著聲音對她說。

「對不起。」因為被吼，她忍不住回應。

「閉嘴！」

他把她推到起居室地上（他已在那裡鋪好毛巾），強暴了她好幾次後，他說：「我有事情要妳跟那些狗娘養的豬說。上次他們弄錯了，我說我會殺兩個人，但我沒有要殺你們。如果明天這件事上了電視或新聞，我就殺兩個人。妳有在聽嗎？妳有聽到我說話嗎？我家公寓有幾臺電視，我都會看，如果這件事上新聞，我就殺兩個人。」當他提到他公寓有幾臺電視，一個畫面閃過費歐娜腦海：詹森總統在白宮辦公室看著辦公桌旁的三臺電視。這是六〇年代常在新聞上播送的畫面。東區強暴魔最顯著的特徵，就是在講「L」開頭的單字時會口吃，尤其是「聽」（listening）這個字。他的呼吸相當急促——大聲又猛力地吸入空氣。她非常希望他是裝出來的，因為如果不是，那麼他聽起來腦子真的很不正常。

「上新聞的時候我媽咪被嚇得要死。」他在大口大口的喘息間這麼說。

當第一名警官從打開的露臺後門進去，時間剛過四點不久。他遲疑地朝著一個對他喊叫的女聲靠近。她在起居室地板，面朝下且赤身裸體地趴著，手腕和腳踝被鞋帶綁在身後，一名戴著滑雪面罩的陌生人剛花了一個半小時恐嚇費歐娜和她的丈夫；那人無情地強暴了她。費歐娜身高五呎二吋，一百一十磅，是名纖弱的女性，也是沙加緬度當地居民，擁有不露情感且實事求是的性子，那雙藏著韌性的明亮眼神與她的嬌小身材有著落差。

「我想，現在東區強暴魔變成南區強暴魔了。」她說。[17]

薛比在清晨五點抵達那棟邊緣點綴棕色的黃屋子。一名犯罪現場的技術員在強暴發生的區域鋪蓋塑膠袋，以保存證據。後院散落綠色酒瓶和兩包香腸，距門約十五英尺。當薛比的獵犬兼警犬一路嗅過後院，朝東北角落的花床前進，薛比也跟著過去。他們在那裡發現了鞋印。

九十九號公路與房子平行，狗在北向車道路肩上一個地點追丟了氣味，那裡有輪胎印，看起來像小型進口車留下的，可能是類似福斯金龜車的型號。一名技術人員拉出捲尺，測出輪胎痕跡的中心距為四英尺三英寸。

攻擊過後，調查員拿著寫字板，請費歐娜在心中仔細回想，而她對那個傍晚唯一能想到的

---

17 這是東區強暴魔已知案件中唯一在南區犯下的。那名資助巡邏隊並提供一萬美金懸賞的牙醫在距此不到半英里的地方執業，攻擊發生前一週，他的懸賞才獲得強力宣傳。因此這可能是——但也可能不是——純然巧合。

詭異處就是車庫門。為了洗衣服，她在房子和車庫間往返。費歐娜很確定通往車棚的側門是關上的，但有一次她回來的時候門卻大大打開。她想：應該是風吧。於是她把門關起來並鎖上。他們才在這棟房子住了三個禮拜，還在適應各種細節與眉角。這是一棟位於轉角的房子，擁有四個臥室，後院還有一個內嵌地下的游泳池。有個畫面不斷糾纏著費歐娜：房產經紀人進行房屋公開參觀時，站在她旁邊的男人與她同時看向屋外，注視那座泳池。她不曉得自己為什麼會一直記著這件事。是他站得太近嗎？還是在旁邊待太久？她白費許多心力想重建那張臉，但總是得到一片空白。他就只是一個人，只是這樣而已。

九十九號公路就在房子旁邊，由一百碼的汙土和一排巨大的針葉林隔開。它們與一排小巧的鐵絲網牆正後方有一塊空地。從今往後，費歐娜將會用與第一次截然不同的目光注視圍繞在那塊地周遭的開放空間。一度開闊怡人的區域而今變為破綻畢露的闖入點。這並非他們原先的計畫，然而經歷紀念日週末發生在他們身上的事件後，她和菲利普花了三千美金（遠超出他們的負擔能力），在新家周圍蓋了一道磚牆。

薛比發現前門廊上有房產公司的已售出標示。調查的其中一個關鍵方法就是盡可能從受害者之中找到共通連結。警探給了受害者詳細的問卷，小心檢驗他們給哪些項目打勾。偏好的區域、背景的重疊性是否很高，包含學生和教育相關工作，醫療從業人員及軍人。有許多人頻繁光顧同一家披薩餐廳。但目前為止最常出現的元素就是房地產。珍的案件，亦即薛比調查的第一起攻擊，是在一九七六年的十月。他注意到**二十一世紀房地產**的標示就直接立在對街的草坪上。數名受害者不是才剛遷入，就是正要搬走，或是住在新出售的房子旁邊。十年過去，下個十年又要開始，案件變得更加複雜。房地產這個因素始終如一、持續出現，但這個因素究竟有何重要（如果它真的很重要）？真相持續晦暗不明，直到某個房產經紀人從一個上鎖的信箱不意間拔出鑰匙，並且不小心撞見東區強暴魔最後一個為人所知的受害者，一個已經死亡、身分不明的美麗女孩。

費歐娜和菲利普於紀念日週末遭到攻擊後的夏天，東區強暴魔從沙加緬度消失了。在十月來臨之前他都不會回來。可是那時薛比早已從案子中被除名，重新發派回巡邏工作。他與高層的激烈衝突更加公開。這種高度引人關注的案件等同吸引政治階層遊戲的磁鐵，而這是薛比永遠玩不了的。他懷疑部門中有貪腐行為，且對此直言不諱。當他在一九七二年初次成為警探，他的老闆雷．路特探長抱持的是散漫卻積極的哲學。路特是這麼指示的：出去外頭培養線人。那些無人知曉的重罪犯搞不好永遠不會被舉報。去耕耘你自己的案子，不要等著接受分派。這個哲學跟薛比的性子很合，對上司的意見獻殷勤則不然。他強調自己沒有因為這次轉調而不滿。因為這些追捕，他承受很大壓力，也因內訌而精疲力盡。承辦東區強暴魔這種高度關注的案件表示你得進行持續不斷的監視，而薛比對此極為火大。他內心深處的驕傲青年依舊存在，滿懷希望地站在治安官部門審查委員面前，卻因為人家認定他缺少必須的部分，就這麼隨便將他打發走。

費歐娜遭受攻擊過後數日，她發現自己跟東區強暴魔一樣口吃了。凱洛．戴利在其中一名女性受害者家中發起一次會面。費歐娜回想起許多低聲交換的談話內容——「妳做得很好」或是「我五天都沒有離家。」戴利把幾個男性的錄音播給她們聽，但費歐娜印象中沒有任何一名受害者認出那些聲音。之後有一段時間，她對於人身安全變得不太理性。晚上她不肯在菲利普回家前靠近屋子後方（也就是臥室所在處）；她有時會在車子的駕駛座底下擺上膛的槍；她發現自己累積許多緊繃的能量。某晚，她利用這力氣拿吸塵器狂打掃，最後燒掉了一根保險絲，整間屋子和後院陷入黑暗，她立刻歇斯底里。費歐娜的鄰居是一對稍微年長的夫妻，知道之前發生過什麼事。他們馬上衝過去幫她修好保險絲。

攻擊過後不久，菲利普在休假時走去另一位受害者的家自我介紹。他直到一年後才把這件事告訴費歐娜：他和另一位丈夫有時會在一大清早見面，一起開著車到處檢查院子和空地。時而加速、時而慢下，尋找沿著圍籬鬼祟潛行者的身影。這兩個男人間的羈絆不需多言，畢竟沒有多少人跟他們有一樣的經歷，也不會了解當你面朝下趴在床上，手被綁住、嘴被塞住，你的妻子在另一個房間低聲嗚咽——那種毀天滅地的憤怒。他們獵捕的是一個面目不明的男人，但這都無所謂，這只是一種繼續向前的行為，他們不受任何約束，只是想實際上做點什麼。只是這樣。

有一篇文章的摘錄也許能讓大家稍微了解一九七〇年的沙加緬度是什麼模樣。該文於一九七九年二月二十八日登在一份現已停刊的近郊週報，當地人稱之為《綠報》。頭條即是：**三起強暴審判浮上檯面**。小標則是「**大眾的質疑**」。文章第一段寫道：「公設辯護律師辦公室將會試圖向大眾證明，東區強暴魔使得三名被控犯下多起強暴案的男人，無法在沙加緬度郡得到公平的審判。」

一九七九年二月，東區強暴魔十個月沒在沙加緬度郡出手。有徵兆顯示他轉移陣地，開始潛伏在東灣。然而，報導中提及公設辯護律師辦公室正對沙加緬度的居民進行電話調查，試圖評估「此區因東區強暴魔而生的恐懼氛圍究竟到了什麼程度。」公設辯護律師辦公室擔心東區強暴魔壓倒性的惡名會影響參與陪審團遴選的人，使得陪審員因此判他們的客戶有罪——也就是羊毛強暴犯、正午強暴犯及大學城強暴犯。他們會被誤導，覺得這是在懲罰那個身分未明的罪犯。此人的名號仍能帶來相當程度的恐懼，使得許多接起電話接受民調的民眾一聽到打電話來的人的問題，直到掛掉都放不下那五個字——「東區強暴魔」。

如果你知道七〇年代的沙加緬度是什麼模樣，你就會明白，描寫三名連續強暴犯的文章被第四個蓋過、第五個在逃的連續強暴犯根本沒人提。早鳥強暴犯從一九七二到七六年初在沙加緬度肆虐，之後似乎就銷聲匿跡。整整四年，他擅闖民宅、性侵將近四十名受害者，然而用Google搜尋出來的參考資料卻還是跟東區強暴魔有關。

一名女性寫了電子郵件給我。她深信自己還是少女時曾跟東區強暴魔有一回近距離接觸。她和一個朋友走捷徑前往位於亞登長廊的中學，那是在沙加緬度郡東區的一個社區。她還記得那天早上很冷，應該不是一九七六就是一九七七的秋天或冬天。他們決定走一條沿溪的水泥路，結果卻走進了死巷，來到一個圍了鐵絲網籬笆的後院。當他們轉身，約二十英尺的地方站了一個男人。他戴著黑色的滑雪面罩，遮住了整張臉，只露出眼睛。他開始朝他們走來，一手收在外套裡。這個女人的腦子動得很快，立刻伸手在籬笆上到處找鎖。籬笆門推開後，兩人一邊尖叫一邊跑進後院，這家的屋主注意到騷動，立刻出來把他們趕進屋裡。她還記得當時被調查員詢問的經過。之所以寫信來，是要告訴我那名戴著面具的男人跟我在雜誌文章中描述的東區強暴魔體格不同。她碰到的人肌肉非常結實；她這麼寫道：「壯到很誇張的程度。」

我把郵件轉給薛比，他已經從沙加緬度治安官部門退下。「她很可能真的看到了東區強暴魔，」他回信。「不過關於肌肉的描述聽起來很像理查．基斯林。」

理查．基斯林？我搜尋了這個人——又看到另一個曾在沙加緬度區域肆虐的連續強暴犯。他跟東區強暴魔一樣戴滑雪面罩，也在強暴妻子時將丈夫綑綁起來。

出問題的不單是沙加緬度。美國的暴力犯罪率在整個六〇到七〇年代穩定上升，八〇年代達到最高峰。《計程車司機》[18]一片於一九七六年二月上映，這部冷酷而暴力的電影大受歡迎，算是為那個時代做了個總結。這樣的結果一點也不意外。我跟許多來自沙加緬度（及其他地區）的退休警察交談過，當他們回想一九六八年到一九八〇年，都不約而同覺得是特別晦暗的時期。但沙加緬度與其他地方不同。那是一座由涉過河流、越過積雪山脈來到此處的開拓者創建的城市，並以堅強的生存本能聞名。

但我的重點不是要宣揚這場災難，而是要強調其獨特之處：在這個容納強悍當地人也充斥暴力犯罪者的城市，有這麼一名與眾不同的掠食者。

這也許能稍微描繪出沙加緬度在一九七〇年的樣貌，以及與東區強暴魔有關的一些訊息。這樣一來，在我告訴某個心存懷疑的當地人說，我在寫一個來自沙加緬度的連續強暴犯時，不會再有人問到底是哪一個。

18（譯註）Taxi Driver，導演為馬丁．史科西斯，黑色驚悚電影。

維塞利亞

〔**編輯筆記：**以下章節是由蜜雪兒的筆記和早期文章〈追隨凶手的腳步〉（In the Footsteps of a Killer）之草稿拼湊而成。此篇是蜜雪兒為《洛杉磯雜誌》（*Los Angeles Magazine*）所寫的文章，原於二〇一三年二月發表，之後在網路上補增內容。〕

一九七七年二月底，星期五早晨，當理查．薛比的電話響起，他正坐在沙加緬度郡治安官部門的辦公桌前。電話另一端是維塞利亞警局的范恩警長。范恩認為自己可能握有對東區強暴魔調查有用的潛在資訊。

從一九七四年四月到次年十二月，維塞利亞持續遭到一名年輕罪犯的詭異竊盜案侵擾，他們將此人稱為掠劫者。這名掠劫者在不到兩年的時間出手超過一百三十次，但是，自從一九七五年十二月後就再也沒有任何活動，而東區強暴魔在沙加緬度的的連續犯案正好在六個月之後展開。再者，這兩個罪犯之間似乎有許多相似處。這說不定是個值得一探的角度。

掠劫者犯案數量之大，與他的詭異度成正比。他往往在一個晚上襲擊多戶人家——有時四家，有時五家，曾有一次多達十幾家。掠劫者將同樣四個社區重複當作目標；他偏好一些私人物品，像是相片或結婚戒指，但留下更有價值的東西。調查員發現他似乎對護手霜情有獨鍾。

然而，他是個帶有邪惡氣質的變態，並對居家環境有挑剔之處。要是家中擺了家人照片，他會扯下來，或遮起來；有時打破相框，有時把整張照片偷走。他會從冰箱拿出柳橙汁，潑到從更衣間拿出來的衣服上，像個壞脾氣的討厭小鬼。他會徹底破壞整個地方，好像這才是他最主要的目的，並非竊盜——於是才得此綽號。此外，他會把現金從原本藏放的地方移出，留在床上；他堅守原則，偷一些沒價值的小東西和訂製首飾、存錢筒和藍籌印花票[19]；他會拔掉家電和收音機時鐘的插頭；他喜歡拿走一對耳環中的一只。掠劫者的惡意滿滿。

掠劫者犯下的竊盜案中是有性癖成分的。證據在於他喜歡翻遍女性的貼身衣物，到處亂丟，或擺成特定模樣。其中一案，他把那些衣物疊放在嬰兒床裡。在另一個現場，他把男性內衣整整齊齊在走道上放成一列，從臥室一路延伸到浴室。他就是有本領在屋裡找到任何能用來當成潤滑劑的物品——而他特別喜歡凡士林深層滋潤護手霜。他也相當狡詐，幾乎都會留下一個以上的可逃脫點。這麼一來，如果屋主在他完事前回來，他就有多個逃離的選擇。他會把香水瓶或噴霧罐之類的東西放在門把上，做成他自己的臨時警報系統。

一九七五年九月十一日清晨時分，掠劫者的犯罪路徑朝著駭人的方向急轉直下。

約莫凌晨兩點，紅杉學院新聞傳播系的教授克勞德．史奈林十六歲的女兒驚醒，發現有人叉開雙腿騎在她身上，戴著手套的手緊緊罩住她的嘴，刀壓在她的頸子上。「跟我走，不准尖叫，不然我就拿刀刺妳。」戴著滑雪面罩的入侵者以粗啞的聲音低聲說。當她開始抵抗，他便拿出了槍：「不准尖叫，不然我就射妳。」他帶著她從後門出去。

而史奈林被聲音驚醒，跑到露臺上。

「你在幹什麼？你要把我女兒帶到哪裡去？」他吼道。

這名入侵者瞄準後開了一槍，正中史奈林右側胸口，讓他轉了一圈。接著他又射出另一槍，這顆子彈打在史奈林身體左側，從手臂一路穿行，最後洞穿他的心臟和兩片肺部。史奈林踉踉蹌蹌走進屋中，不到幾分鐘就死去。攻擊者先狠狠踢了受害者的臉三次才逃走。他是一名白人男性，約五呎十吋，有著「憤怒的雙眼」。那名差點慘遭毒手的女孩這麼告訴警方。

彈道測試結果得知，他犯罪時使用的手槍是彌勒[20]的點三八，而且是十天前掠劫者犯下竊案時偷的。調查員也在該年二月得知，克勞德．史奈林有一次回家時發現女兒窗戶底下窩了個偷窺狂。他一路追著那名嫌犯跑，但在黑暗中失去他的蹤影。

19（譯註）Blue chip stamps。六〇年代中期，藍籌是銷售贈品券的公司。印花票類似集點的概念，可以兌換藍籌公司提供的贈品。

20（譯註）Miroku。原是為日本警方研製。一九四五年美國佔領日本後該手槍也出口至美國。價格低且操作簡易。

證據堅定不移指向掠劫者。夜班警力大量增加，更指派監視小組去進行夜間盯哨。其中最需注意的是曾三度被當作目標，位於西卡威大道的一棟房屋，這是掠劫者出沒極為頻繁的區域。十二月十日，警探比爾．麥格溫在屋外嚇了掠劫者一跳，嫌犯翻過籬笆，追捕緊接著開始。當麥格溫發出警告鳴槍，嫌犯舉手做投降狀。

「天啊！別傷害我！」他用詭異且刻意的高頻嗓音尖聲喊叫。「看到了嗎？我把手舉起來了！」那名娃娃臉的男人稍微轉過身，一副賊頭賊腦，接著從外套口袋抽出槍，迅速對著麥格溫發射。麥格溫往後一倒，一切突然陷入黑暗。子彈正中警官拿的手電筒。

一九七六年一月九日，維塞利亞的警探比爾．麥格溫和約翰．范恩早早起床，往南開三小時的車到派克中心，該處是洛杉磯警局在市中心的總部。不久前，麥格溫跟一個罪犯正面對峙，該罪犯讓當局無計可施，簡直顛覆了邏輯法則。平心而論，追捕他也耗盡了維塞利亞所有警力。他偶遇掠劫者一事被認為是該案件一大重要突破，因此安排了洛杉磯警局一支特別搜查小組讓麥格溫接受催眠，希望能獲得一些新線索。

這兩名維塞利亞的警探在派克中心見了洛杉磯警局隊長理查．山斯壯，他也是催眠小組的領導人。他們對山斯壯簡報細節，麥格溫畫了一張他跟掠劫者發生對峙的社區圖表。一名警方畫師根據麥格溫給的資訊繪出模擬素描。小組接著到三〇九號房間集合，圖表和模擬圖就放在麥格溫面前的桌上。早上十一點十分，催眠開始。

山斯壯平靜地鼓勵麥格溫放輕鬆：不要交叉雙腿、不要捏著拳頭、深呼吸。他引導警探的記憶回到一個月前，一九七五年十二月十日傍晚。那個晚上有五、六名警官部署在惠特尼山中學附近的社區。有些定點躲藏，有些步行，有一名待在無標記的車輛裡。這樣協調布局進行盯哨的目的是為了要「揪出、逮捕」他們最大的敵手，維塞利亞掠劫者。

前晚，麥格溫接到一通有點特別的電話。來電者自稱是住在西卡威大道的漢利太太＊，因為鞋印的事打來。她想問他記不記得有要她在附近確認鞋印？

他記得。

七月時，漢利家十九歲的女兒唐娜＊在後院遇到戴著滑雪面罩的入侵者。申報這起事件後，麥格溫建議她定期檢查後院，看看有無鞋印。假使有，立刻通知他。這回，他們的確看到了。

基於這條訊息，麥格溫第二天傍晚被指派到這一戶人家盯哨。

當麥格溫坐上派克中心的椅子，在催眠治療師的引導下，他的神智緩緩回到那晚。

他選擇待在西卡威大道一五〇五號面向前方的車庫，他有個感覺，認為掠劫者可能會再回到漢利家；他的網球鞋印就出現在唐娜臥室窗戶底下。

晚上七點，麥格溫設好簡易監視設備，讓車庫門保持敞開，所有光源都關掉。他坐在黑暗中，透過側邊窗戶看著鄰居家的房屋，但也緊密注意著經過車庫的每個人。一小時過去，沒有動靜，接著又過了半小時。

然後，大約八點半時，一個彎著身體的身影鬼鬼祟祟經過窗戶。麥格溫靜靜等待。那個身影出現在車庫門口，到處觀望，各種可能性在麥格溫腦中盤旋。是屋主嗎？還是他的警官同僚？但他的雙眼已經適應了黑暗，可以看到那道身影穿著一身黑，頭戴海軍毛帽。

當那個身影沿著車庫側邊移動，朝建築物後方過去，麥格溫仔細觀察：目標有著巨大而笨拙的身形、詭異的比例。麥格溫走到外頭、跟上去，在那個身影撥弄著側門時把手電筒光照到那人身上。

麥格溫處於催眠狀態時，同事范恩記下他對接下來情況的描述：出乎意料的對峙、一路跑到後院的追捕、女人般的尖叫。

「天啊！別傷害我！」

「是個女的嗎？」催眠師山斯壯問麥格溫。

「不是。」他說。

麥格溫用Kel-Lite手電筒死死地照著那個逃走的人影，不斷對他大吼，要他停下。掠劫者顯然陷入歇斯底里，一次又一次尖叫著說：「天啊！別傷害我、別傷害我！」他一下逃這邊、一下跑那邊，最後翻過一片矮矮的木籬笆，跳進隔壁院子。麥格溫抓住槍套裡的警用左輪，往地面開了一發警示鳴槍，掠劫者嚇得動彈不得，轉過身來，舉起右手做投降貌。

「我投降，」他顫抖著聲音說：「看到了嗎？你看，我把手舉起來了。」

因為在催眠過程中想起那個瞬間，麥格溫進入更深層的恍惚狀態。他對那張被手電筒光線照亮的臉孔非常執著。

「像小孩，圓圓的，看起來像軟軟的小孩子。」

「連鬍子都不用刮。」

「膚色很白，柔軟，圓圓的娃娃臉。」

「像小孩。」

站在籬笆前的麥格溫一定十分興奮。足足十八個月累垮人的追捕終於要結束，眼下距離逮捕罪犯只有咫尺之遙。這名罪犯是如此狡猾、不見蹤影，好多位警官都忍不住想，自己在追的難道是一抹幽魂嗎？但維塞利亞掠劫者是真人，而且是個壞蛋。然而，這名邪惡敵手的真面目卻一點也不嚇人。他像塊白麵包似的，麥格溫想，一副倒楣樣，到處踉蹌，用高音的嗚咽哀求麥格溫別傷害他。麥格溫沒想傷害他。他信仰虔誠，而且是一切照規矩來的老派警察。他之所以會這麼興奮，是因為知道噩夢終能結束，這卑鄙小人完蛋了。麥格溫上前靠近籬笆，打算逮捕他。

但掠劫者只有舉起右手表示投降，左手卻從外套口袋抽出一把鋼藍色左輪，沒有瞄準，直接對著麥格溫胸口開了一槍。幸運的是，麥格溫將手電筒舉在身前一個手臂的距離——這完全是在警察訓練中得到的肌肉記憶。子彈打中透鏡，射擊的力量道使得麥格溫往後一倒。他的搭檔聽到槍聲，立刻警戒起來、衝進院子，看見麥格溫一動也不動地躺在地上，以為他被射中，馬上朝著他認為掠劫者可能逃亡的方向跑去，同時以無線電呼叫支援。但是他突然又聽到身後有動靜，急忙四下張望——那是麥格溫。他臉上有被火藥燒傷的斑斑痕跡，右眼通紅，除此之外毫髮無傷。

「他跑了。」麥格溫說。

分別來自三個組織的七十名警官封鎖了整整六個街區的範圍，卻一無所獲。那個體型詭異、像個孩子的男人逃了，消失在暗夜，有如被黑暗吞沒的飛蛾，只留下一襪子的收藏幣和珠寶，兩本放藍籌印花票的冊子。

麥格溫對掠劫者的外貌和詭異舉止有清楚的描述，與先前維塞利亞居民在近距離碰見的那個無所不在的偷窺狂一致。

他們認為他白天絕不會跑到外頭。此人皮膚蒼白，少數幾個見過他的人特別形容了他的氣色。在維塞利亞，要維持這種魚肚似的膚色是很難的。這裡是加州中部一個務農小鎮，夏季氣溫最高可達華氏一百度[21]。如果你知道維塞利亞的人口幾乎都是黑色風暴事件[22]的難民後代，或許就能了解蒼白膚色為何讓他如此與眾不同。維塞利亞當地居民依隨大自然定下的生理時鐘。他們還記得驚天動地的洪水，乾旱來臨也在意料之中。他們會靠在小貨車上看著四十英里外燃燒著叢林與林地的野火落下的塵埃。所謂的戶外不只是一種概念，而是嚴峻的事實。太陽晒傷就能直接了當傳達熟悉與信任。那表示：我知道種橘子樹籬是什麼意思，我知道「砍棉花」指的是拿鋤頭把棉花樹旁的雜草劈掉；我曾乘著輪胎內胎從聖約翰河往下漂，腳上沾的含鹼土壤在水中溶成淡淡咖啡色。

他的蒼白散發著當地人不熟悉的樣貌。就是因為少見，所以才這麼可疑。這暗示他過著離群索居的生活，時間全用在圖謀不軌上。維塞利亞警局裡追捕他的人不知道他是誰，也不知道他躲在哪裡，但他們知道他會在夜晚到處晃蕩，也有可以將他引出來的好點子。

對於那些將臥室窗簾拉起來的青少女而言，他就像暗影中閃過的一道光，而且是會讓她們暫停動作的雜散光。可是夜晚時分實在很難看清，直到一九七三年秋，一名住在西費斯特的十六歲少女葛蘭達*正要拉上窗簾時不意低頭一看，發現灌木叢中有個像月亮一樣發著冷冽光線的圓形物體。因為好奇，她打開臥室窗戶，想看得更清楚。那張月亮般的圓形物體卻回了她一眼，左手還捏著一把螺絲起子。

他就那樣消失了。那雙冷酷的小眼原先在的位置只剩黑暗。那兒好像有什麼東西掠過的聲音，好像某種尾巴強壯的生物避開了光線；灌木叢沙沙響，籬笆傳來撞擊聲，攀爬聲響漸漸微弱——但都無所謂了。一聲痛苦的喊叫掩蓋一切。在一九七三年時，維塞利亞的商家晚上九點

21（譯註）約攝氏三十七度。

22（譯註）Dust Bowl。三〇年代，北美發生一連串沙塵暴事件，因乾旱和數十年的農業發展引發。發生時能見度可能僅有一公尺。

就都關門了，發生的糾紛多半是男人聚在灌溉水渠那裡爭搶水權。然而，那個聲音是絕對不可能錯認。電影呈現不出真實事物的效果，在攝影棚裡也不可能重製：對話停下，頭猛抬起，因恐懼而耳膜咚咚響。少女在夜晚不顧一切的瘋狂尖叫是最清晰的提醒：有恐怖的事情發生了。

那名陌生人的蒼白臉孔並非唯一令人不安的特徵。潛行者事件過後一週，葛蘭達的男友卡爾*在她家外面等她。那是早秋的傍晚，氣候仍暖，天已經黑了。葛蘭達的家跟維塞利亞西南部惠特尼山中學附近那些中產階級的屋子差不多：一層平房，五〇年代建造，紮實堅固，約一千五百平方英尺，並不是特別大。卡爾坐在草坪上，被陰影遮住，與屋前明亮的觀景窗透出的光線照到的位置形成對比。卡爾從那個被遮住的位置看到對街沿著運河的小路冒出一個人。那人從容地走著，卻在看到某個東西時突然停了下來。卡爾跟著他那雙目不轉睛的眼神看向窗戶：是葛蘭達。她穿著露背背心和短褲，正在起居室裡跟母親講話。接著，那人雙手雙腳趴跪到地上。

葛蘭達在臥室外面目擊到潛行者時，卡爾正在她家。他一路把那人追到鄰居家院子，接著便在黑暗中失去他的蹤跡。卡爾知道自己看見的是同一個人。但即使知道此事，他也沒因此做好心理準備，接受之後發生的事：那人跪在地上，彷彿被窗戶看到的景象吸引，開始以軍中那種匍匐前進的姿勢爬向葛蘭達的家。

卡爾不動，維持著在黑暗中看不清的狀態。他任憑那人一路迂迴前進到前方籬笆：他顯然不知道卡爾就在那裡。要達到最大驚嚇效果，就得選在最精準的時刻開口。卡爾一直等到那人微微起身、越過籬笆窺看窗戶。

「你在那裡做什麼？」卡爾喊道。

那人嚇得往後彈，尖叫了一些聽不懂的話，驚慌拔腿逃跑，動作活像雜耍演員。葛蘭達說那個潛行者有點胖胖的，卡爾也認同他確實有點分量，斜肩粗腿。他跑的姿勢很怪，而且並不特別快。最後，那人切往左側、一頭鑽進鄰家單面裝了紗窗的內室，這場追擊戰便瞬間結束。卡爾就這麼杵在內室前方，擋住通路，那人也就這麼被困住了。街上的燈光讓卡爾有機會近距離觀察這名在他女友家潛行的人。他大約五呎十吋，一百八十到一百九十磅，有著短胖的腿和雙臂。他的頭髮是金黃色，梳至頭頂，髮質細緻，塌鼻，耳朵短小有肉，雙眼斜視。他的下唇稍微凸出了些，臉圓圓的，沒有表情。

「你一直看我女友的窗戶想幹嘛？」卡爾問。

那人別開眼神。

「好吧，班，看來我們被那傢伙逼到這裡了。」他興奮地大聲說話，好像想把同夥叫到身旁。

可是那裡根本沒人。

「你是誰？你在這裡做什麼？」卡爾問。

因為沒得到回答，卡爾靠近了些。

「別來煩我，」那人說：「滾開。」

他的語氣現在變得遲緩平板，帶了點奧克拉荷馬口音。

卡爾又上前一步，那人則將一手伸進口袋。他穿著一件棕色棉質外套，有著編織的袖口。那是幾年前受歡迎的樣式，但早就退了流行。

「別來煩我，」他不帶情緒地重複。「滾開。」

卡爾注意到那人手插的口袋隆起。只需毫秒就能推斷出細節，於是卡爾本能退後。這種感覺太詭異，也太令人不安。轉瞬間，他瞥見那張眼神呆滯的面具底下有一整片黑暗的線路正在運轉。那個生了一張圓臉的笨蛋，穿著退流行的衣服，語調扁平，有著奧克拉荷馬的那種土包子口音，然而看動作卻能斷定他藏著一把槍，這完全是另一個人。卡爾讓到一邊。當那人從他旁邊走過，他發現他的臉很蒼白，而且異常光滑。卡爾確定他至少二十五歲。對於這類人，他們維塞利亞的人會說他已經「是個大人」，可是詭異的地方在於，他好像根本不需要刮鬍子。

卡爾看著那人往北走到索沃街。他每幾秒就回頭確認卡爾沒跟著他。即便如此——即便他因多疑與恐懼，肢體語言神經兮兮，那張蒼白的圓臉仍是呆滯平滑無表情，像顆蛋似的。

更久之前，一九七三年九月，法蘭．克里瑞*在她位於西卡威大道的家前方有過一次詭異偶遇。她要上車時聽見一個聲音，抬頭一看，見到一個淺金色頭髮、皮膚光滑的圓臉男人從她後院冒出來。他慢跑到街上時，注意到克里瑞，於是轉身喊道：「珊蒂，晚點見！」然後才往北跑上一條垂直相交的路，消失在她視線中。法蘭跟她十五歲的女兒夏莉*說了這件事，夏莉才說，她一個禮拜前看到某個跟這傢伙很像的人偷窺她臥室窗戶。潛行者會再這樣騷擾她們兩個月，最後在十月再去那裡一次。

一九七三年到一九七六年初，該社區有許多十幾歲女孩和年輕女子撞見這個窺窗者，都符合該外貌描述。

不過，一九七六年十二月中旬，那張根據比爾．麥格溫撞見掠劫者的事件製作的模擬畫像登上當地報紙後，他再也沒在維塞利亞出手過。

然而，關於掠劫者的調查全速向前猛衝。要讓未解連續案件有所進展，就必須往後回顧，像是仔細鑽研先前的報告，各種後見之明就像用了放大鏡看一樣，也得重新聯絡受害者和目擊者。有時模糊的記憶會再次清晰，被忽視的線索也得到重新檢視。有人會記起某個本來似乎無須舉報的事件，他們會拿到些名字，但不見得有數據。電話也絡繹不絕打來。

一九七七年與沙加緬度當局聯繫過的維塞利亞警探，在兩名罪犯之間至少注意到十數個相似處。例如：兩名罪犯都會破壞現場，偷走小飾品和個人訂製的珠寶，卻留下更有價值的東西。兩人採取的手法都類似：騎在睡著的受害者身上，一手蓋住他們的嘴。兩人都用家中現有的物品製造臨時警報系統，使用類似的手法破門入侵，以撬挖工具在門柱周邊挖出缺口，從旁繞過門鎖扣板。兩人都會跳過籬笆，都大概五呎九吋，都從屋中拿走錢包，然後把內容物丟在外頭。這份清單令人嘆為觀止。維塞利亞的調查員認為他們掌握到了某些線索。

而沙加緬度郡治安官部門的人比較兩起連續案件，看見了無法忽視的差異。就先說幾個吧。九個犯罪手法中有六個不合：鞋印不一樣，鞋子尺寸不一樣，東區強暴魔不偷藍籌印花票，而體型描述打從根本就不同。畢竟，對掠劫者的描述偏向辨識度極高的外表：身材特大號的孩子，四肢和手指粗短，光滑蒼白的氣色。東區強暴魔的體型約在中等身材到瘦小，一名受害者甚至說他「很弱」。在夏季，他明顯晒黑。就算掠劫者減了重也不可能這樣變換身型。

維塞利亞方不同意，便去找了媒體。一九七八年七月，《沙加緬度聯合報》刊登了一篇文章，裡面宣揚了兩者有連結的可能性，沙加緬度治安官部門因想法保守而受到批評。第二天，沙加緬度治安官部門反擊媒體，譴責《聯合報》不負責任，並控訴維塞利亞警局為了出名不顧一切。

然而，沙加緬度地方警局對於兩者有關的可能性仍持開放態度。理查．薛比時不時也會在大街四處打探。沙加緬度治安官部門跟當地的公營事業公司要來員工名單，是一九七五年十二月至一九七六年四月間從維塞利亞地區轉調過來的。他們找到兩名，但隨後都排除嫌疑。

四十年後，官方意見仍有分歧，只是稍微溫和了點。肯．克拉克，沙加緬度目前的調查領導人，他相信這兩起連續犯案是同一罪犯所為。FBI表示同意，康特拉科斯塔郡調查組長保羅．霍爾斯則不這麼想。霍爾斯迅速評論道，「矮胖子可不會神奇地變成高瘦子。」

橘郡，一九九六

羅傑·哈靈頓逐漸建立起堅定不移的信念，儘管其中參雜許多令人不快的元素。一九八八年十月《橘郡海岸》雜誌報導引用了他說的話。那是在他的兒子和媳婦遭殺害八年後。他說，他非常確定殺人動機就藏在派蒂過往人生的某處，而非基斯。他們不過結婚幾個月，乍看派蒂似乎沒有任何缺點，但他們對她的過去究竟了解幾分？因為一個細節，他可以確定這對夫妻一定認識凶手：床單。凶手花了時間拿被子蓋住他們的頭。

「不管幹這件事的是誰，一定認識他們，而且心存愧疚。」羅傑這樣跟雜誌說。

從前的未解案件最後往往是由一通意料外的電話解開——轉盤撥號電話的刺耳鈴響彷彿代表某人臨死前的懺悔，或情報來源給的可靠消息。但屬於基斯和派蒂·哈靈頓或曼努拉·衛騰的這通電話從未響起。反之，突破點卻化身為三根收在牛皮紙袋、十五年來沒被動過的玻璃管而出現。

沒有人比羅傑·哈靈頓更恨不得聽到案情有所突破。殺害他兒子的凶手那張空白臉孔占據了他心理地圖好大的一塊空白。《橘郡海岸》雜誌鉅細靡遺述說他對殺害基斯和派蒂的凶手進行的搜索，最後引用了他說的一句冷酷而直言不諱的句子收尾。

「我活著只為了這件事，找到他之前我都不打算離世。」

一九九六年的十月與十一月，那三根能使謎團更接近破解的試管被打開，並進行檢測。到十二月，結果出來了。橘郡治安官的調查員已準備好要打電話通知各個家庭，但羅傑·哈靈頓再也沒有機會得知消息。他早在一年半前，也就是一九九五年三月八日過世。

如果羅傑活著，就能得知凶手的更多過往歷史，然後他就會發現，他認為兒子和媳婦的頭被床單蓋住的理由其實是錯的。那並非自責。上回凶手將夫妻擊打致死時弄得一團狼籍，他只是不想被基斯和派蒂的血噴到。

一九六二年一個週日早上，一名英國報童在路邊發現一隻死貓。這個十二歲的男孩把貓放進自己的袋子，一起帶回家。這裡是盧頓，倫敦以北三十英里的一個小鎮。男孩在午餐前還有些時間，於是把貓放在餐廳桌上，開始用自製工具組解剖，工具組中包含一把以削尖別針做成的解剖刀。一股腐敗惡臭開始瀰漫到整個房屋，讓男孩的家人非常不高興。要是貓被取出內臟的時候還活著，那麼這則軼事的主人大概就是泰德·邦迪。這起事件使得前述提到的男孩——一名茁壯中的科學家——成為連續殺人犯最大的敵手，創造出他們最害怕的武器。這個人叫亞歷克·傑佛里斯。一九八四年九月，傑佛里斯發現了DNA指紋分析。他的發現完全改變了法醫科學和刑事司法。

如果拿第一代DNA技術跟現在相比，兩者差異大概就像拿康懋達64古董電腦比智慧手機。當橘郡的犯罪實驗室在九〇年代早期引入DNA檢驗，犯罪學家處理一件案子就要花上四週。用於檢驗的生物樣本必須弄成適合大小——打個比方，血跡要有二十五分錢那麼大——而且還要完整。現在只要隨便幾個皮膚細胞，花幾個小時就能揭露一個人的遺傳指紋分析結果。

一九九四年的DNA鑑識法讓FBI當局得以維護國家資料庫，而DNA整合檢索系統，簡稱CODIS（Combined DNA Index System）也誕生了。若要解釋現代CODIS運作的方式，最好的方法就是把它想像成一座巨大法醫科學金字塔的最頂端。金字塔底層是全國各地數以百計的當地犯罪實驗室。實驗室從犯罪現場採取未知的DNA樣本，以及一些特定的可疑樣本，輸入本州的資料庫。在加州，輸入的樣本每週二會自動上傳。各州也負責從監獄和法院採到的大量DNA。資料庫隨後會收集所有採到的樣本，並將整個辨識流程與州內資料比對跑過一遍。在那之後，樣本就會上傳到國家級資料庫，直達CODIS。

快速、有效、滴水不漏。但在九〇年代中期，資料庫才剛發展起來，可就不是這樣了。當時的犯罪實驗室做DNA鑑定分析用的是RFLP，全名為限制片段長度多型性（restriction fragment length polymorphism），這個費力的過程最終會變成一個嗶嗶叫的裝置。但橘郡實驗室向來都以領先群雄為人所知。一九九五年十二月二十日，《橘郡紀事報》一篇標題為〈檢察官的目標：陳年謀殺之幽魂〉的文章如此解釋。當地檢察官與警探及犯罪學家通力合作，初次將陳年未解案件的DNA證據送到加州司法部門在柏克萊的新實驗室。四千份已知的暴力罪犯（其中還有不少性犯罪者）的DNA檔案都在此歸檔。加州的DNA資料庫還在初期發展階段，而橘郡正在幫助它成長茁壯。

六個月後，一九九六年六月，橘郡拿到第一個「懸案匹配結果」，從犯罪現場取得的DNA證據和資料庫中一名身分已知的重罪犯配上了。這第一個匹配結果就十分了不起。它辨識出一名叫傑瑞·帕克的囚犯是謀害五名女性的連續殺人犯。帕克的第六個受害者懷了孕，並從攻擊中存活下來，但她足月的胎兒死了。這名懷孕受害者的丈夫受了傷，導致嚴重記憶喪失，為此坐了十六年冤獄。他立刻無罪釋放。匹配結果出來時，帕克只差一個月就要出獄了。

橘郡治安官部門和犯罪實驗室的人大為震驚。這是他們第一次將DNA上繳到才剛起步的州資料庫，結果一次解決了六起謀殺案！總是沉悶灰暗的證物室突然宛若撥雲見日，一道光射在數十年如一日的厚紙板箱上。那些陳年證據數十年無人碰觸，逕自凋零。每個箱子都是一個時間膠囊——帶著流蘇的包包、刺繡的短袖束腰外衣——都是被暴行強奪生命者的物品。證物室中的未解區全沾染著一股失望，那是永遠都劃不掉的待辦事項。

而今，每一個人都浸潤在各種可能性中，感覺暈陶陶。你可以召喚出一九七八年拼布被子上某塊痕跡的主人，也能夠逆轉力的流向。如果你犯下謀殺、消失身影，你留下的不只痛苦，還有一個缺口，一片巨大且超越任何事物的空白。在那扇不會開啟的門後方，永遠會有身分不明的凶手在轉著門鈕，但在得知他身分的瞬間，他的力量就會蒸發殆盡。我們會知道他那些平凡的祕密，看見他被銬上腳鐐手銬、渾身冒汗地被帶入燈光燦亮的法庭，某個高高坐在幾尺之上的人面無笑容地俯視著他，手敲小木槌，在經歷千辛萬苦後，終於一個字、一個字清晰地說出他的真實姓名。

名字。治安官部門需要的就是名字。證物室裡那些被遺棄的箱子裡裝滿了證物。棉花拭棒保存在試管中，內衣、便宜的白床單、每寸布料和棉花棒尖端的每一毫米都承載著期待。除了能讓人立馬遭到逮捕外，還有其他可能。不符資料庫中已知罪犯的DNA取樣證據，說不定能和其他案件的檔案配對成功，並藉此發現連續殺人犯。這種資訊可以讓調查聚焦、提供能量。他們一定要著手實行。

犯罪實驗室的員工以電腦進行大量複雜運算。一九七二年到一九九四年間，橘郡調查了兩千四百七十九件凶殺案，並解開其中一千五百九十一件，留下近九百件未解案件。重新檢視懸案時，他們發展出一個策略：含有性侵元素的凶殺案優先，因為這些凶手多半是累犯，並會留下某種可挪做DNA分析的生物材料。

洪瑪莉是其中一名接下懸案調查苦差事的犯罪學家。吉姆．懷特把她找到旁邊。十五年後，他依舊沒有忘記過往的懷疑。

「哈靈頓，」他說：「衛騰。」

這兩個名字對洪瑪莉而言沒有任何意義，因為在謀殺案當時，她還沒進實驗室工作。懷特鼓勵她優先處理這兩件案子。「我一直認為那是同一個人。」他這麼跟她說。

這裡簡單以非技術性的方式解釋一下所謂DNA鑑定，應該可以幫助理解。DNA，也就是去氧核醣核酸，是區別每個人類擁有的獨特性的分子序列。你身體裡每一個細胞（紅血球除外）都有一個包含你的DNA的細胞核。負責處理的法醫學家會先從生物樣本（精液、血液、毛髮）抽取可用的DNA，分離、放大、最後分析。DNA由四個不斷重複的單位組成，而讓我們跟其他人有所差異的正是這組序列——你就把那想成人類的條碼好了。條碼上的數字代表遺傳標記。在DNA鑑定早期，只有很少的標記能取得並分析。今日共有十三組標準CODIS標記。兩個單獨個體擁有同樣人類條碼的可能性（同卵雙胞胎除外），大概是十億分之一。

一九九六年晚期，當洪瑪莉去證物室取回哈靈頓和衛騰的強暴檢驗包，DNA鑑識正經歷令人興奮的變化。州資料庫仍使用傳統程序，也就是RELP，但這種方式需要大量DNA，而且無論在哪個方面都不再受到重視。拿這種方式來處理懸案並不理想。但橘郡犯罪實驗室最近結合了新技術：聚合酶鏈鎖反應—短片段重複序列，也就是PCR-STR（polymerase chain reaction with short tandem repeat analysis），這比RFLP快得多，而且是今日法醫鑑定的主幹。RFLP和PCR-STR之間的差異，就像手寫複製數據對上高速影印機複印，PCR-STR在懸案上表現得特別優秀，尤其懸案中的DNA樣本往往非常稀少，且品質因時間而變差。

最先出現以法醫科學解決謀殺的例子出現在一本書中。《洗冤錄》，一二四七年由宋慈撰寫。他是中國的一名法醫兼偵探。作者講述的是一名農人被發現遭鐮刀殘忍地劈砍致死。當地知府的調查原地踏步，便召來村裡所有壯丁，拿著自己的鐮刀在外面集合，再命他們將自己的鐮刀放在地上，往後退幾步。當炙熱的陽光照下，傳來一陣茲茲聲，一大團亂竄的金屬綠色蒼蠅飛落，就像是同時注意到同一個東西那樣落在其中一把鐮刀上，滿滿爬在上頭，而其他鐮刀上一隻也沒有。知府知道血液殘跡和人體組織會引來綠頭蒼蠅，那把被蒼蠅覆蓋的鐮刀主人感到羞愧，低下了頭。就此結案。

現在的方法已不再這麼原始，離心機和顯微鏡取代了昆蟲，從哈靈頓和衛騰的強暴檢驗包中取得的未知男性DNA也屈服於犯罪實驗室最敏銳的工具之下：限制酶、螢光染料、熱循環儀。但法醫科學的進步其實只是找了個比較新穎的方式，讓綠頭蒼蠅被染血的鐮刀吸引。他們的目標其實跟十三世紀的中國農村一樣：以生物證據的必然性，讓人產生罪惡感。

洪瑪莉出現在吉姆．懷特的門口，他正在自己的桌前。

「哈靈頓，」她說：「衛騰。」

他滿懷期待地抬頭。洪瑪莉和懷特這樣的犯罪學家是井然有條的人，因為他們必須如此。他們的成果往往在法庭上遭辯護律師猛烈攻擊。他們時常帶著一張證據板（上方可能寫著「鈍器」），這也常讓他們跟警察關係緊張。警方每每控訴他們為了自我保護而太過謹慎。警察和犯罪學家需要彼此，性格上卻又非常不同。警察靠的是行動，他們的腿靜不下來，桌上堆滿不想去處理的文件。他們比較想待在外頭，熟悉惡人的舉動一如肌肉記憶。打個比方，如果他們靠近壞人，那人突然往右一轉，很可能身上藏了把槍；他們知道哪種毒品會在指紋留下燃燒痕跡（古柯鹼），也知道一個人沒了心跳還可以活多久（四分鐘）。他們能憑拳頭闖過混亂場面，對骯髒跟粗口習以為常。這工作會帶來傷害，反之，警察工作也會帶來傷害。當黑暗的念頭流竄全身，如染料在水中擴散，他卻會在這時被叫去安慰死去女孩的家屬。對一些警察來說，從混亂轉換到舒適狀態變得越來越困難，於是他們乾脆連同情心都一起拋棄。

犯罪學家則是隔了一層橡膠手套繞著混亂打轉。犯罪實驗室是死氣沉沉且控管嚴謹的地方，沒有什麼明快的談笑。警察近身與人生中各種混亂搏鬥，犯罪學家則將其量化。但他們也是人，處理過的案件細節會一直記在心裡。打個比方，就像派蒂．哈靈頓的嬰兒毯子。即便已是成人，她仍每晚跟那一小塊白色毯子睡在一起，蹭著毯子的絲織邊緣尋求安全感。當時那塊毯子就躺在她和基斯之間。

「同一個。」洪瑪莉說。

回到工作崗位前，吉姆．懷特放任自己露出一個微笑。

幾週後，一九九六年即將結束，洪瑪莉在自己桌前掃視電腦上的一份excel表。那是大約二十幾件未解案件的彙整，裡面的DNA檔案都成功建立起來了。該表格將案件編號和受害者的名字與檔案交互參照，檔案由五個PCR點位或標記組成，之後會用於鑑識。例如，在「THO1」的標記下，你可能會看到「8, 7」這樣的結果，諸如此類。洪瑪莉知道哈靈頓和衛騰的檔案可以配得起來，但當她掃過工作表，另一個檔案讓她突然停住。她看了那個序列好幾遍，並拿來跟哈靈頓和衛騰的比較，以百分之百確定。這不是她的想像，是真的一樣。

那名受害者是十八歲的珍奈．克魯茲，屍體在一九八六年五月五日於她家人在爾灣的住處發現。完全沒人認為克魯茲也跟哈靈頓或衛騰有關，即便克魯茲住在諾斯伍德，跟衛騰同一區，兩家只有兩英里距離。這不只是五年以上的時間跨度，或珍奈比派蒂．哈靈頓和曼努拉．衛騰年輕十歲。她是不一樣的。

爾灣，一九八六

［**編輯筆記：**以下章節是由蜜雪兒的筆記拼湊而成。］

珍奈・克魯茲的短暫人生跟她的死相較，並沒有比較不悲慘。她的親生父親早早缺席，使她痛苦地經歷一個又一個的繼父與替代者，大多都以各種方式虐待她。比起扶養女兒，她母親對參加派對和吸毒更感興趣——或至少珍奈是這麼認為。

她常到處搬家：從紐澤西到塔斯廷，到箭頭湖再到新港灘，最後到了爾灣。

她十五歲時到最好的朋友家中過夜，遭朋友父親下藥迷姦。珍奈告訴自己的家人，他們便跟那男人對質。但他是附近海軍基地的軍人，而且否認此事。當珍奈的家人繼續質問，他就唆使幾名軍人同僚去威嚇他們不准追究。這起犯罪就這樣被壓下。

在接下來的歲月，珍奈開始叛逆。她穿一身黑，她輟學，她開始自殘，她吸古柯鹼——多半是想要減肥，而非找樂子。她的母親把她送到各個地方，從YMCA營會到猶他州的就業工作團，還去住短期精神病院。

她在就業工作團拿到高中學歷，然後回爾灣，註冊一間當地學院的課程，同時養出不斷輪替的性伴侶名單，大多是比她年長個幾歲的男性。她開始在鹿兄餐廳當女服務生。這是一間走出奇老鼠[23]風格的家庭餐館，以卡通《鹿兄鼠弟與好伙伴》中的麋鹿角色命名。

有個玩笑是這麼說的：爾灣的座右銘就是「十六碼郵遞區號，六種房屋配置。」或者「爾灣：對於米黃色，我們有六十二種名稱。」珍奈斷斷續續徘徊在她的黑白世界，尋找令人眼花繚亂的色彩。可是她追尋的刺激與戀情從未來臨。

一九八六年五月三日，她的母親和繼父離家到墨西哥坎昆度假。

第二天傍晚，珍奈向一名鹿兄餐廳的男性同事表示自己因為父母不在感到孤單，那位同事就去找她。他們坐在她的臥室地上，她讀了幾首自己寫的詩給他聽。當她播放一捲四十五分鐘的錄音帶，裡面錄了她在諮商時間抱怨自己亂七八糟的家庭，這名同事抱著一點能發展關係的希望乖乖待著。但外面傳來聲音，好像是鬧門還是大門關了起來，嚇了他們一跳。珍奈從窗戶偷看，然後把百葉窗關上。「我想只是貓吧。」珍奈一邊偷看窗外一邊說。一會兒後，那聲音又傳來。這次是在車庫的方向。

珍奈再次予以忽略。「只是洗衣機啦。」

這名年輕同事想起第二天得上學，沒過多久就離開了。珍奈給了他一個純友誼的道別擁抱。

為了一名潛在買主，琳達・辛*在五月五日下午離開塔貝不動產的辦公桌，去拜訪爾灣的一個家庭。那棟房子坐落在恩西那路十三號，是棟三間臥室、兩間浴室的單層平房，已待售好幾個月。屋主及她四個孩子——包含兩個已成年的女兒——和她的丈夫還住在裡頭。在諾斯伍德其他居民眼中（包括一英里外哥倫布街三十五號的那家，五年前一樁很快就被遺忘的未解案件中，一名二十九歲家庭主婦在床上遭鈍器打死），這房子看起來沒什麼特別。

恩西那路十三號的房子後方接著一座公園，而且是死路盡頭倒數第二棟，整個被圍籬包起，只有中間開了個缺口，通到一塊未開發的地產，彷彿標記著文明世界到此為止：一里又一里的橘子園和廣闊的原野將諾斯伍德與附近的塔斯廷、聖塔安娜隔絕。才不過十年前，同樣的這片橘子園就在恩西那路十三號和周遭社區目前的位置。二十年後，剩下的橘子園幾乎都敗給了都市化，巨大的購物中心和整齊劃一的住屋發展計畫將城市其餘部分全蓋過去。

辛抵達恩西那路十三號，按了門鈴。雖然車道上停著一輛米黃色雪佛蘭，屋裡卻沒有任何動靜。所以她再按一次，還是安靜無聲，就像她在下午稍早打電話到這家卻完全無人回應的情況。於是她便轉往上鎖的信箱取鑰匙，自己進了門。

23（譯註）Chuck E. Cheese。美國連鎖餐廳，餐廳內有遊樂場，可讓孩子用餐與玩樂。

她四處打量，發現餐廳的燈還開著。廚房裡頭，一盒牛奶就立在早餐桌上，有份報紙打開到求職版。她把名片放在餐桌，然後走到家庭室，透過通往後院的玻璃滑門窺看。她看到幾把休閒椅和軟躺椅，上面蓋著垂下的毛巾。她去到主臥房、轉動門把——但門鎖了起來。第二間臥室似乎是小孩的，當辛進入走道盡頭最後一間臥室，看到床上躺著一個一動也不動的年輕女性屍體，有條毛毯蓋住她的頭。

一陣衝擊的恐懼感竄過琳達．辛全身。她領悟到自己可能不是房裡唯一的人，而且在錯誤的時間來到錯誤的地點，還看到了不該看的景象。那女人很顯然不是睡著，而是昏迷——說不定是用藥過量——但也可能是死了。辛從恩西那路十三號落荒而逃，回到自己的辦公室，告訴老闆諾姆．普拉圖*她目睹了什麼。他叫她再打電話到那家一次，她照做——打了兩次，但無人接聽。

琳達和諾姆將情況告訴二十一世紀房產的同事亞瑟．霍格*與凱洛．諾斯勒*，這兩人負責房產銷售。他們心存懷疑，便迅速去恩西那路十三號看看狀況，進屋也確實發現了一具年輕女子的屍體：毫無疑問地死透了。霍格打給警方，告訴他們他找到一具年輕女子的屍體，腦袋凹了下去。

爾灣警員巴瑞．愛尼納第一個抵達現場。他進入那房屋時，亞瑟．霍格立刻上前——他從廚房冒出來，急匆匆地告訴他：「臥室裡有具屍體，臥室裡有具屍體。」

他重複了這句話好幾次，而愛尼納則朝走道底最後一間臥房走去，床上就是那名赤身裸體的年輕女子。之後我們會知道，此人就是珍奈．克魯茲。她全身冰冷，而且沒有脈搏。屍體面朝上躺著，胸口和臉都被毯子蓋住，毯上有醒目的一大塊暗色痕跡，很可能覆蓋在受害者頭部的位置。愛尼納緩緩將固執黏在受害者臉上的毯子剝起，露出她前額一塊巨大的傷口和鼻子上的瘀血，以及一張名副其實的血面具。她的三顆牙齒被敲掉，兩顆在頭髮裡找到。

她雙腿間有乾掉液體的碎屑，後經實驗室分析得知是精液；她身上找到幾簇藍色纖維，表示某人壓在她身上時布料被扯了下來。

房子東側發現網球鞋的鞋印，現場沒有找到繩索或武器。

事後確認，後院一根沉甸甸的紅色管鉗不見了。

警方調查了鄰近社區，卻只蒐集到少許有幫助的線索。謀殺前晚，洗窗戶公司一名挨家挨戶推銷的員工在發黃色宣傳單。鄰家一個小孩有聽到那個恩西那路十三號的女孩被打死，打電話告訴警察說在附近空地看到一根損壞的球棒。警方跟著男孩去到該地點，結果看到一隻蝸牛在那根棒子表面爬行，還一邊分泌黏液，棒子上根本沒什麼痕跡——上面都長草了，很顯然已被扔在那裡自生自滅好一段時候。

有個鄰居聽到珍奈的雪佛蘭的車聲（因為消音器很吵，很好認），於晚上十一點十五分左右開進來，大概是她同事離開房子的半小時後。鄰居聽到引擎熄火，其中一扇門「砰」一聲關上。

那天早上凌晨四點和五點三十分，分別有兩名鄰居觀察到「誇張的亮光」從屋裡散發出來。

珍奈的姊妹蜜雪兒接到電話時，正在麥瑪斯度假。「珍奈被殺了。」

因為通話不太清楚，蜜雪兒不敢置信地把她聽到的話再重複一遍：「你說珍奈被抓了嗎!?」

聽第二次時，那個字就比較清楚了。

調查負責人賴瑞．蒙哥馬利和同事開始詳細調查珍奈的活動，發現她遭謀殺前的人生中有一長串年輕男子來來去去：有YMCA營會認識的蘭迪．吉爾*，此人曾跟珍奈有過性關係，並在她遭殺害當晚打電話給她。據聞他有酗酒問題，珍奈遭謀殺前兩週跟他分手。還有馬丁．哥梅茲*，他坐過牢，是在珍奈先前工作的地方認識她的，兩人很快發展出性關係，但最後他變得太黏人又太控制狂，珍奈便跟他分手。菲利普．麥可斯*，救生員，珍奈才剛開始跟他約會。她被謀殺前一天他跟她出去過。麥可斯跟珍奈上過床——雖然他一開始否認。

然後是大衛——大衛．戴可*。他跟珍奈在YMCA營會認識，當時他是輔導員，她則是營隊學員。他最後一次見到她是在她死前兩天。大衛．湯普森*——別跟朗恩．譚普森*搞混了，他是最後一個看到她活著的男孩。朗恩也跟她一起在鹿兒餐廳工作。還有戴夫．科瓦斯基*，又是另一個男友。他在珍奈死亡當天去她家找過她，告訴珍奈他愛她。他送給珍奈一支精工錶象徵愛意。她屍體旁也找到了這樣物品。

另外也有一些怪咖和邊緣人，像布魯斯．溫特*，一個古怪的傢伙，曾在珍奈被謀殺前短暫去了她家。珍奈通訊錄上他的條目還伴隨著手寫的註記：「討厭鬼、混帳、王八、死gay。」

然後還有一個來自首的。

湯姆．西克爾*開著他的廂型車，乘客座上坐著他的朋友麥可．馬丁尼茲*，兩人剛看完電影要回家。開車途中，馬丁尼茲突然轉向他，說：「我有些話不吐不快。」但西克爾對於接下來的內容完全沒有心理準備。

「我殺了她，」馬丁尼茲彷彿正將肩上重擔一口氣卸下。「我殺了珍奈。」

他看起來認真到不行。

「你知道我那邊那把鐵的嗎？」

「我不知道你說的『鐵的』是什麼。」西克爾回答。

「算了，沒差，」馬丁尼茲繼續說：「我只是想知道自己有沒有種殺人。都是從浴室開始的，我先跟她吵起來，然後就用那個鐵的打她。」

西克爾問他有什麼感覺。

馬丁尼茲對他說：「什麼感覺都沒有，感覺很普通。」而西克爾試圖藏起自己的雞皮疙瘩。

「我想知道我有沒有種殺死珍妮佛，」馬丁尼茲解釋道。珍妮佛是他的女友。「我才不管我會不會被關上二十五年，這裡沒有死刑，我殺了珍奈，我願意付出代價。」

馬丁尼茲跟西克爾說，他在珍奈死前一週有去過她家。他見到她的父母，知道他們要出遠門，珍奈會自己一個人在家。

「我從大五運動用品店買了單發散彈槍，」馬丁尼茲坦白。「我要拿來一槍轟了珍妮，因為她非死不可。」

西克爾盡最大努力不要回應。

「我做完之後會去跟警察自首，」他保證道：「我週六就要做。」但他沒說是哪個週六。他們分別之前，馬丁尼茲告訴西克爾，他說要殺珍奈只是開玩笑。

「我只是想看你會怎麼反應。」

而西克爾的反應是：他去找了警察——他去找了麥可．馬丁尼茲一點也不陌生的那名警察。馬丁尼茲先前曾因涉嫌持有大麻、竊盜店家、入室竊盜及人身攻擊遭逮捕，而且兩度自殺未遂——一次是喝通水管藥。入室竊盜和其中一次人身攻擊的起訴來自珍妮，也就是馬丁尼茲想殺的那個女友。

到最後，就在珍奈遭殺害前晚，馬丁尼茲實行了這一連串犯行。凌晨一點，馬丁尼茲醉醺醺地從玻璃滑門闖進珍妮佛的公寓，與她正面對峙，因為他無論如何都要知道，為什麼一週前兩人在卡樂星速食店不期而遇時她不理他。馬丁尼茲帶著迷茫的雙眼和蹣跚的腳步，表白自己對珍妮佛的愛，又同時攻擊她的宗教信仰。她請他離開，他不理會。馬丁尼茲的一臉茫然證明了他根本沒聽見她跟他講的話。

「妳怎麼不打給我？」他不停地問。

然後他便離開了房間。珍妮佛以為他走了，小心翼翼下樓，卻發現馬丁尼茲在廚房。他拿著一把菜刀，正把一塊餐巾切成一條條。她認為他打算把她綁起來，便開始尖叫。他抓住她，用手摀住她的嘴，把她拖到臥室、丟到床上。她又是尖叫、又是反抗，最後把他逼出公寓。不過只是暫時。

當馬丁尼茲回去找鑰匙，珍妮佛又開始尖吼著命他離開。他一把將她打倒在沙發，往她的嘴揍了兩次、腦袋一次，最後才頭也不回地離開。

六月二十一日，麥可·馬丁尼茲在園林市自家附近遭到逮捕。

在巡邏車回警局的路上，馬丁尼茲堅持說道：「我本來是要自首的，是湯姆設計害我。不是我幹的，這不公平！為什麼是我！」

他開始發脾氣。「你們這些傢伙有足夠證據關我還是怎樣？我不覺得你們有，因為我沒……我三年沒見珍奈了。

「反正你們搞不好早就有足夠的證據，」馬丁尼茲繼續說：「反正我就是墨西哥裔，我完全沒錢，負擔不了辯護律師，會是公設辯護律師幫我，他就會告訴我接受十五到二十五年的刑期。我很可能會被判一級謀殺——而且是預謀殺人——那就會是二十五年。是說你們到底打算怎麼起訴我？一級還二級謀殺？這不公平，為什麼逮捕我？」

錄音帶繼續跑，警察就讓他繼續胡說八道，反正他是在挖自己的墳墓。

「好，我鍋都背了，這是不是——這看起來就是預謀一級謀殺是不是？背黑鍋的很多都是無辜的人，多半是黑鬼和像我這樣的老墨。你至少應該抽個血吧？然後你就發現我是無辜的，最後抓到真正犯人。如果我是無辜的，我可以告湯姆嗎？我也不認為自己可以逃得過，我覺得蒙哥馬利只會有什麼用什麼，但那就很夠了。」

警局有一個黃金海岸實驗室來的技術員抽了馬丁尼茲的血，接著有個CSI警員協助採取毛髮樣本。

七月初，麥可．馬丁尼茲血液樣本的實驗室結果回到蒙哥馬利手上：他的嫌疑排除。那名同事也排除了。距離DNA鑑定初次出現在法醫鑑識的版圖還有一年時間，但血清學率先起步——血清，以及其他體液的研究——並讓調查員能提出一些見解。

殺死珍奈的凶手擁有非常罕見的基因構造。他是一名非分泌者，也就是其他體液中（如唾液、精液等等）不會分泌血型抗原。非分泌者占總人口大概百分之二十。而他的PGM（Phosphoglycerate mutase，磷酸甘油酸變位酶，一種蛋白質酶）類型也不常見。橘郡犯罪實驗室一名法醫學家通知克魯茲案的一名調查員，他表示像凶手這樣既是非分泌者又屬此種PGM的人，總人口中大概只有百分之一。

這不會影響到他的生理外貌，健康和行為舉止也不會有所不同。他就只是擁有罕見的遺傳標記。

能獲得這個鑑識結果，調查員心懷感謝——但他們需要的是面孔與姓名。他們非常確定答案就在與珍奈有直接接觸的生活圈中。該理論堅定認為案件是她交往過的其中一位年輕男性幹的。

十年後，當殺害她的凶手ＤＮＡ檔案完成，馬丁尼茲和其他踏入珍奈生活圈的男友及男性友人確定排除。檔案跟原先的每個嫌犯都不符合。反之，卻與一個身分未明、並犯下另外三起謀殺的凶手相符。

洪瑪莉有科學家的客觀性格，也沒那麼容易受到驚嚇。但哈靈頓／衛騰／克魯茲案結果相符，她的沉著大受打擊。她睜大了眼，瞪著那張工作表。

「實在太不可置信了。」她對著自己的電腦螢幕說。

文圖拉，一九八〇

治安官部門組織了一個特殊懸案小組，專門處理突然匯入的新線索。全郡執法機構中的未解小組（Countywide Law Enforcement Unsolved Element，又稱CLUE）成員從一九九七年一月開始將懸案的檔案整個翻查過一遍。同時，洪瑪莉把哈靈頓／衛騰／克魯茲的DNA檔案傳真給全國上百個犯罪實驗室，但沒有得到回應。

調查員賴瑞．普爾在一九九八年二月由性犯罪組轉進CLUE。普爾是從空軍退下來的，個性一板一眼。他的道德觀中沒有灰色地帶。他敬愛上帝，憎惡粗口。當警察被問到在這行最喜歡的部分，他們回想起的大多是去當臥底的時光：釋放最狡獪的人格，不知道下一刻將會發生什麼，腎上腺素也隨之湧上。普爾從沒做過臥底，也很難想像他能做到這件事。曾有一次，在另一個州，他訊問一個被判死刑的連續殺人犯某個南加州女子的事，警方懷疑是他殺害的。普爾建議凶手告訴他該去哪裡找屍體——因為這麼做才正確，無論是看在良知或女子家人的分上。凶手開始跟他交涉協議，想在加州監獄獲得好一點的待遇。不如用轉押來換資訊？

普爾整理好文件，然後從桌前站起。

「你一定會死在這裡。」說完，他便從門口走出去。

懸案很適合他。這些案子是那些急躁又渴望踹門的警察永遠無法填滿的空白。但普爾有辦法。他慣性失眠，而且喜歡在腦中「發號施令」，反覆思量著那些充滿挑戰的調查。然後在過一段時間之後，也許在刷牙或上車的瞬間，答案便降臨面前。走實戰的警察有辦法坐在一名剛剛燒死全家人的父親面前跟他交談，好像兩人是那種會在看棒球時一起喝啤酒的好麻吉。他們願意接受某種程度的道德模糊地帶，或者至少假裝自己可以。像普爾這樣的人就是假不了，懸案對他來說十分完美。他在治安官部門是十二年的老手，但在凶殺案調查上相對生澀。那個裝了三個案件（哈靈頓、衛騰及克魯茲）的厚紙板箱就是他的新任務。裡面有四段被奪走的人生和一個沒有五官的怪物。普爾對自己說，他會持續對自己「發號施令」，直到找到那人為止。

普爾在哈靈頓檔案的一個報告邊邊發現一組潦草寫下的文圖拉警局案件號碼。他打過去詢問，他們告訴他那是萊曼和夏蓮·史密斯謀殺案。這在文圖拉是人盡皆知的案子。萊曼是一位知名辯護律師，就快獲得最高法院法官的職位；而夏蓮也令人印象深刻——因為她是他的前祕書，後來成為第二任妻子。一九八〇年三月十六日星期日，蓋瑞·史密斯，萊曼第一次婚姻的十二歲兒子，他騎著腳踏車來父親家給草坪除草。前門沒鎖，鬧鐘的聲響暫且將他吸引到主臥室。金色地毯上到處散落樹皮碎片，一根細窄的木頭躺在床腳，床單底下有兩個形體，就是他父親和繼母的屍體。

調查員被洪水般的線索淹沒。史密斯位於山丘頂的房屋俯瞰文圖拉港，該處光鮮亮麗，卻暗藏各種不安定與戲劇性元素。有緋聞，還有跟純潔無瑕沾不上邊的交易。他們迅速將焦點縮小到萊曼一個朋友兼前生意伙伴身上：喬．愛爾西普。愛爾西普曾在史密斯夫妻遭殺害前晚拜訪過他們，酒杯上找到了他的指紋。更糟的是，他的牧師告訴警察，愛爾西普其實對他懺悔了。愛爾西普遭到逮捕。警方和原告律師進入預審階段，自信滿滿。當他們看到愛爾西普的辯護律師是理查．哈那瓦就更高興。哈那瓦在警察之間最出名的事蹟就是常為酒駕司機打贏官司。他特別喜歡把風馬牛不相干的東西兜在一起，以及做些不合邏輯的論述。

「就在那短短的午餐時間中，我不禁思考：所謂的『強壯』到底是什麼，」有一次，他在愛爾西普的法庭上如此宣布。而對於案件中的反方論述，他是這麼說的：「就像旅館前的長地毯，事件將會一點一點揭露開來。」

他們認為，哈那瓦看來笨拙的嘩眾取寵花招藏有地雷。匿名線人建議他去調查那名牧師的過去，而他找到了數十年的過往歷史——範圍還遍及全國——從印第安那到華盛頓。這名牧師詭異地不斷尋求警方保護，老想在調查中插上一手。當哈那瓦喜孜孜地開始講述這段故事，史密斯案其中一個調查組長蓋瑞．艾金森警長預料到牧師定會陷入崩潰和恐懼。牧師堅持自己在舉報愛爾西普後就不斷遭受生命威脅，警長便給了他一支警方無線電。一天下午，無線電傳來牧師嚇壞又喘著大氣的聲音。「他在這裡！他要來對付我了！」他大喊著說。艾金森正好在電報路和維多利亞大道交會處，距離牧師家只有一個街區的距離。他衝了過去。牧師正站在前門內，一語不發地把無線電抱在胸前，因為看到艾金森這麼快趕到震驚不已。

「他跑了。」他小聲地說。

哈那瓦結辯時成功地將整個犯罪現場渲染成令人毛骨悚然又戲劇化的畫面，比較像某個陌生神經病幹的，而非史密斯一家的熟人。他講述拿來綑綁的窗簾繩子，木棒是如何以駭人的方式敲破他們的腦袋，還有屋中沒有任何光線，這也表示這場暴力衝突很可能是發生在全然的黑暗中。還有浴室窗戶——站在那裡就能清楚看到臥室全景。距離窗戶幾碼外有個柴堆，凶手在那裡拿了塊二十一吋長的木頭。

預審之後，文圖拉郡的地區檢察官因證據不足釋放喬．愛爾西普，調查團隊又回到原點，團隊意見也出現分歧。一半認為凶手認識史密斯一家，另一半認為是隨機的性衝動犯罪。多年來，史密斯的檔案就擺在調查員休息室的架子上。十年後，這起案件被放逐到了證物保管室。

賴瑞．普爾對文圖拉警局解釋道，橘郡治安官部門有一起未解的連續殺人案（牽涉四名受害者）與史密斯案有著相似之處。他請他們將史密斯案還剩下的所有法醫證據送到橘郡犯罪實驗室。當洪瑪莉打開文圖拉警局的包裹，裡面有幾片載玻片，她立刻心一沉。強暴檢驗包照例會有的棉花拭棒是抹在載玻片上的，因為在顯微鏡下，載玻片能比較容易找到精液。但通常裡頭應該也要有拭棒才行。犯罪學家總是希望能檢驗的生物材料越多越好。

一九九八年二月十七日，普爾收到洪瑪莉的報告。她從載玻片上的精液成功取得DNA檔案。萊曼．史密斯可以從來源中排除。

那個DNA檔案與哈靈頓、衛騰及克魯茲的檔案相符。

文圖拉警局的一些老警員拒絕相信此事。幾年後，電視節目《懸案實錄》有一集訪問了羅斯．哈斯警探，史密斯案的負責人之一。「我想我真的是太震驚了，」他回想DNA之間的關連。身為對科技不信任的守舊人士，他不禁猛搖頭。

「我無法相信，」哈斯說：「不敢相信。」

哈斯回想他的理論：凶手站在房屋北側的浴室窗戶外，透過這個孔洞看見萊曼和夏蓮的臥室，並且因他見到的某個景象怒氣上衝——很可能是某種親密行為。

「我認為那是他們的熟人。那個人透過窗戶、看進臥室，見到某件事，並被觸怒，促使他進了屋子、幹下那種事。」

關於站在窗外，哈斯很可能是對的——憤怒也可能沒說錯，但熟人則否。夏蓮．史密斯只是個不幸的替身，代替某個貪婪且高傲的女人——母親、女學生或前妻。在凶手的白日夢中，這些人形成一個圍繞著他、非難著他的圈圈。她們刺耳又帶蔑視的言語總是逼得他不得不屈服。抓起木頭的動作是從激動轉化成的恨意，是法官施加的無情嚴懲，而這名法官就是他病入膏肓的腦子。

屍體數量停在六具，他們晚了快二十年才了解他的手法、他如何進化，還有他會到處移動。繪製犯罪地圖跟傳染病很像，你得找出零號受害人。在文圖拉之前，他在哪裡？有人挖出一篇舊新聞報導，就是那些懷疑除了文圖拉的案件外，聖塔芭芭拉也和橘郡有關的文章。**警方表示雙屍案件或有關連**，《聖塔安娜紀事報》一九八一年七月三十日的頭條這麼寫道。快二十年後，三郡再次比對資訊，並發現些許差異——聖塔芭芭拉兩個男性受害者明顯在做出反擊動作時遭到射殺——可是類似的地方真的太多了，很難懷疑它們之間毫無連結。鬼祟的徘徊、偷窺；在夜晚攻擊熟睡的中產階級受害者；鈍器擊打致死；預先裁剪並帶到現場的繩索；網球鞋印。在這個往北四十英里的小鎮發生的雙殺案，實在有許多相似之處。

［**編輯筆記**：在所有獨立調查中，文圖拉的案件無疑最為錯綜複雜。蜜雪兒原先打算盡可能涵蓋到所有細節。但是，由於她較晚才提出申請，索取一份非常難入手的檔案，這本書中只有稍微提及文圖拉案。

二〇一四年，蜜雪兒付給文圖拉地方法院一千四百美元，以取得喬．愛爾西普預審的紙本紀錄。全部有兩千八百零六頁，而且都得從微縮膠片印出來。蜜雪兒之後回想，辦事員把那疊剛從歸檔資料印出來的熱騰騰文件交給她時臉上的表情，對方用某種參雜困惑與嘲笑的眼神望著她。

這份紀錄裡充滿吊人胃口的資料，間接暗示了一些正式報告才會記述得更詳實的物品，讀了之後只是讓蜜雪兒更想要文圖拉的檔案。二〇一六年一月，當她跟橘郡治安官部門借調三十幾盒金州殺手的資料，才總算是親手碰到檔案。她過世時，大多檔案都讀遍了——檔案最初將焦點放在誤導偵辦的喬．愛爾西普身上，但她沒有時間將這些細節寫入書中。

如果想了解史密斯案的調查，以及起訴喬．愛爾西普的案件更詳細的資料，柯琳．卡森（Colleen Cason）的系列報導〈無聲目擊〉（The Silent Witness），二〇〇二年十一月由《文圖拉之星》（Ventura County Star）刊出，是相當不錯的參考資料。」

戈利塔，一九七九

［**編輯筆記：**以下章節有部分是由〈追隨凶手的腳步〉的多篇草稿拼湊而成。］

琳達早上下班時，那個男人朝她靠近。「我的狗昨晚在妳家後院被刺傷了，」他說。那人很年輕，約二十出頭歲，五官長得有點像小精靈，好像有些躁動。他們站在戈利塔的柏克萊路，他指著距離他們位置約兩百英尺遠的一座橫過小溪的人行橋，表示他和他的狗奇莫就是從那邊過來的。奇莫掙脫狗鍊，而他悠悠哉哉跟在後面。戈利塔是個市郊住宅區，以安全聞名——甚至安全到無趣的程度——然而很少有人敢挑戰晚上獨自跑到聖荷西溪。一陣細細的峽谷風從林木茂密的山脈吹下，穿過小鎮東側，鑽進巨大而低垂的樹林——梧桐、赤楊和尤加利樹，樹身上碎裂的皮彷彿被爪子抓過、薄得像紙。那裡沒有光，唯一的聲音來自矮樹叢，還有不見身影的動物尋找食物的沙沙聲。

但奇莫是一頭保護欲強的大狗，一百二十磅重，德國牧羊犬和阿拉斯加雪橇犬混種。男人從沒想過這隻狗會出什麼事。當他離開人行橋、進入住宅區，看見奇莫衝到琳達家和她隔壁鄰居的房子中間，那裡一定有什麼東西吸引牠的注意力，畢竟奇莫很好管閒事。從那男人站的位置看來，柏克萊路五四〇〇號沒什麼動靜。最早在六〇年代，整個戈利塔都是海一樣的一整片胡桃樹叢和檸檬園，在特定的一些孤立地帶——尤其是毗連小溪的地方——你可以盡情感受古早時期的模樣。沒有引擎發動聲，沒有電器嗡鳴，只有猶如毯子覆蓋般悄然無聲的黑暗，以及從一層樓的農場小屋發出的疏落幾點燈光。唯一能提醒大家這裡是一九七九年早秋南加州近郊的證據，就是某家車道上有輛上頭頂著衝浪板的福斯麵包車。

一聲淒厲的吠叫劃破寂靜。沒過多久，奇莫重新出現。小狗踉踉蹌蹌走到人行道，倒在那男人腳邊。男人把牠翻過來，見到肚子上長長一條傷口不斷湧出血來。

但奇莫活了下來。在瘋狂敲了好幾家門後，男人終於找到電話，打去求救。一名急診獸醫以七十針縫合傷口，在小狗身上留下從胸骨延伸到肚子末端的疤痕。但那人實在不知道是什麼東西讓牠受傷的。琳達表示能理解，工作可以先放下。她找來隔壁鄰居幫忙，三人一起小心翼翼徹底搜查側院和後院，看有無利器的蹤跡，例如割草機的刀刃或圍籬斷掉的碎片，任何可能會割傷狗的物品——只是他們什麼都沒找到，真是太奇怪了。而更怪的是琳達大淹水的屋前草坪。在奇莫受傷時，顯然也有人轉開了她的水管，讓水就這麼淌流。

琳達一直不曉得狗主人的名字。他很禮貌地謝過她，然後就離開了。她幾乎都要忘了這件事，直到另一個人在一九八一年七月在她家屋外朝她走來，還帶了個問題。奇莫受傷後一年半至今，許多事情都改變了。黃色的犯罪現場封鎖線在這社區三度拉起，對這麼小的區域而言著實不尋常——這地方甚至還不到兩平方英里——而且這裡這麼有人情味，副警長還用感性的語氣給老是跑出酪梨園哈草的青少年取了個綽號：紅眼幫。

這裡是聖塔芭芭拉，是雷根總統占地六百八十八英畝的度假牧場所在處，也是受走嬉皮路線的有錢業餘人士歡迎的度假勝地。在這裡，你可以整天穿著人字拖，或在布置好的牛仔競技場裝模作樣一番；你可以在此享受按照歷史保存、不受誇張俗豔廣告牌汙染的西班牙建築。（經過重視美觀的民間領袖多年來的呼籲，總算是把那些牌子給禁了。）一九五〇到一九九一年，連接洛杉磯到舊金山之間漫漫四百三十五英里的一〇一號公路，路上唯一的停止標誌就是聖塔芭芭拉的四座紅綠燈。理由為何？那就看你要相信誰了。是因為當地人怕高速公路擋住海景？又或是因為它們希望觀光客光顧當地商店？還是他們覺得應該要鼓勵人們暫停一下、思索人生——那麼，還有什麼地方比聖塔芭芭拉更適合呢？——這裡是美國的里維耶拉[24]，寧靜地坐落在高低起伏的山脈與太平洋之間。誰不想在這人間天堂暫停一下、亂晃一陣？但最後發現其實沒有人想。意外事件多如牛毛，週末交通水泄不通，而這些四處亂晃的車甚至帶來極為嚴重的汙染。

調查員好像猜得到他是在哪一晚頓悟自己必須更加小心。他們知道是哪個晚上令他改變。

24（譯註）Riviera。地中海知名避寒地。

這是他們第一起能同理他的案子，不斷重複的狀態終於停止：一九七九年十月一日，奇莫遭刺不到一週。那晚，刺眼的手電筒光以及年輕男人咬緊了牙的低語驚醒戈利塔安妮皇后巷的一對情侶。他命令女人把男友綁起來，這個入侵者接著把她也綁起來。他到處翻查，先打開抽屜再用力關上。這人又是罵髒話、又是出聲威脅；他問錢在哪裡，但注意力沒放在上頭。他把女人帶進起居室，讓她面朝下趴在地上，往她頭上丟了一件網球褲遮眼睛。她聽見他進了他們家的廚房，聽見他自顧自喃喃念誦。

「我會殺了他們、我會殺了他們、我會殺了他們。」

一股腎上腺素湧上，使她掙脫束縛、逃出前門、高聲尖叫。她被綁在臥室的男友也得以跳入後院。當他聽到入侵者靠近，立刻身子一低，滾到一棵橘子樹後面，千鈞一髮避開手電筒搜尋的光束。

這對情侶的隔壁鄰居正是一名FBI探員。他被女人的尖叫驚動，及時從屋中出來，見到一個人忿忿地踩著一輛偷來的十段變速銀色Nishiki腳踏車過去。羊毛襯衫、牛仔褲、刀子皮套、網球鞋——還模糊見到一抹棕色頭髮。那名探員開車追擊，過幾個街區後，在聖派西歐道上，他的頭燈照到那名腳踏車騎士。當頭燈照到嫌犯，他丟下腳踏車，翻過兩棟房子中間的圍籬。

那對情侶只能給出很大概的描述：白人男性，深色頭髮，髮長到衣領上方，五呎十吋到五呎十一吋。他們猜測那人大約二十五歲。

在這之後，他的手下再也沒有能存活下來描述他的受害者。

—◆—

屍體在臥室裡。

一九七九年十二月三十日早晨，聖塔芭芭拉郡治安官副警長回應了佩奇那大道七六七號的一通電話。這是骨外科醫生羅伯・歐夫曼在某獨立公寓大樓的住處。歐夫曼的好友彼得和瑪蓮・布萊迪*跟他和他的新女友亞莉珊卓・曼寧約好一起打網球，兩人照約定時間前來，卻發現通往公寓的玻璃滑門是開的。他們走進去，喊著歐夫曼的名字，卻沒有回應。彼得越過起居室，悄悄觀望通往臥室的走道。

「有個女孩沒穿衣服躺在床上。」他如此對妻子報告。

「走吧。」瑪蓮不想打擾。他們打算離開。

但才走了幾步彼得就停下來。情況有些不對勁。他剛剛不是大聲喊了歐夫曼嗎？他又轉回頭，回到那間臥室看個仔細。

當副警長抵達現場，瑪蓮・布萊迪正站在外頭哭。

「裡面死了兩個人。」她說。

黛博拉・亞莉珊卓・曼寧躺在水床右側，腦袋轉往左側；她的雙手手腕被白色尼龍繩綁在身後，歐夫曼跪在床腳處，一手緊抓著同樣的一條繩子。撬痕顯示犯人是用螺絲起子強行闖入屋中，時間可能是在這對情侶熟睡的夜半時分。他也許亮出了一把槍，表示是要來這裡搶劫：曼寧的兩枚戒指被發現藏在床墊和床架之間。

攻擊者很可能將繩子丟給曼寧，命她把歐夫曼綁起來，而她也照做，但沒有綁很緊。調查員認為，在某個時間點——也許是在犯人綁完曼寧的雙手後——歐夫曼就掙脫束縛，試圖反抗。

鄰居報告，他們約凌晨三點聽到槍聲擊發，接著是一段停頓，然後聽見另一聲槍響。歐夫曼背後和胸前被射了三槍，曼寧唯一的傷口位於後腦杓左上方。

歐夫曼床頭櫃上有本書，《屬於你的權利：堅定自信指南書》（Your Perfect Right: A Guide to Assertive Behavior），作者是羅伯特．E．艾爾伯提（Robert E. Alberti）。此時正值佳節，前門掛著綴了紅色花朵的綠色花環，入口通道有一棵裝在桶裡的松樹。當局在處理犯罪現場時還繞過了一隻用玻璃紙包起來丟在露臺上的火雞殘骸。他們判斷凶手大概是在途中打開了冰箱，自顧自吃了歐夫曼醫生剩下的聖誕節晚餐。

不管這名凶手是誰，在那個晚上都勤奮不懈地進行著狩獵。調查員追蹤到他的愛迪達跑鞋留下的星星圖案，知道他在歐夫曼公寓周圍到處轉。他們也注意到佩奇那大道七六九號踩得一團糟的花床，隔壁這間公寓無人居住，裡頭有蹲坐過的證據，浴室中最清楚。那裡還留下一段尼龍繩。

謀殺發生幾小時前，有報告指出鄰近遭搶劫和闖入。一對住在溫莎庭園的情侶（該處距歐夫曼公寓約半英里）約在晚上十點十五分把車子開回自家，看到一個人從他們家起居室朝後門跑去。當他們進入屋內，便聽見他跳過後面籬笆的聲音。「戴著深色漁夫帽、穿深色外套的白人男性」——這是他們唯一確定的描述。那人殘忍地揍了他們家貴賓狗的眼睛。

謀殺發生後，調查員不斷在各個地方發現尼龍繩的碎片：沿著聖荷西溪的泥土小徑，安妮皇后巷草坪——雖然他們無法確定安妮皇后巷的繩子是在什麼時候留下。而在過去幾戶的地方，正住著兩個月前差點步上歐夫曼與曼寧後塵的那對情侶。警方報告中，這些元素一應俱全：尼龍繩，撬門痕跡，及愛迪達慢跑鞋的鞋印。

戈利塔，一九八一

黛比．多明哥印象中最近一次跟母親雪莉說話——不，那根本不是說話，是互吼——，是一九八一年七月二十六日星期日，聖塔芭芭拉夏日正炎。散發潮溼尤加利樹氣味的海岸霧氣已然消失，太平洋正漸漸升溫，浪頭白沫的誘人翻騰聲響朝柔軟的沙灘及彷彿無邊無際、綿延數百英尺的棕櫚樹而去。頭髮直順、隨隨便便就一身肌肉的美少年帶著衝浪板，踩著當地人稱為「衝浪跳步」的步伐跑向海水。這是聖塔芭芭拉的魔幻時刻。當黛比不在格蘭納達劇院打工，就想全心享受這種時光。她熱愛東海岸的能量，尤其是打排球的景象。不過有個問題，也是因為這樣，那天下午，黛比才會在州立大街的一臺投幣電話前煞住十段變速腳踏車。她從牛仔短褲口袋挖出硬幣，她的母親接起電話，黛比開門見山地說：

「我得去拿我的泳衣。」她說。

而母親冷若冰霜的回應嚇了她一跳。

「不行。」雪莉說。

黛比眼底冒出一股熊熊怒火。她緊抓著電話，手指都要陷進去了。此時母女關係又回到原點。

四天之前，安那卡帕街一三一一號轉角一棟不起眼的小房子，那裡是克萊因瓶收容所的總部。這是一個收容問題青少年的組織。黛比七月中旬來到那裡，她是個帶上匆忙打包的行李、騎腳踏車逃家的小孩，還有能敏銳偵測規則及藐視規則的雷達。但克萊因瓶不算什麼門禁森嚴的設施，光是看到那堆種滿蕨類植物的編織吊籃就會知道。這是愛麗絲．米勒（Alice Miller）《幸福童年的祕密》（*The Drama of the Gifted Child*）一書最受歡迎的時期。那是一本心理勵志類暢銷書，主要道破的是即便是外表看起來最健全的家庭，依舊可能隱含有害的教養方式。米勒督促她的讀者檢視可能存在童年中的虐待事件，「找到屬於自己的真相。」她如此點燃了某種談話療法的熱潮。克萊因瓶的諮商師會用陶瓷馬克杯喝茶，對這些不善辭令的青少年保證，沒有哪一種感覺是太平凡或太丟臉，不能分享給別人聽。

除了指定的雜事外，這裡還有一條規矩：孩子可以隨意來去，但必須簽署協議、參與諮商療程。工作人員會為雪莉和黛比安排一起會晤一位諮商師，幫她們解決問題。

多明哥家看起來應該是個能成功調停的理想案例。她們並非兩眼無神的吸毒者，一副遭壓力與忽略蹂躪過的慘況，完全不是這樣。她們母女都是五官精緻的美女，有著類似的愜意海灘風格：妝容很淡，平底涼鞋，印花上衣，再加牛仔褲。黛比有時綁辮子，或在側邊夾髮夾裝飾；雪莉三十五歲，是個瘦如竹竿、長得像娜塔莉．伍德[25]的女子。她的一舉一動散發正經卻又好相處的氛圍，畢竟她的工作是辦公室主任；黛比的身材更豐滿，眼睛又大又藍，而且就跟大多數青少年一樣，比起長遠的未來，她看的是眼前的事物。兩人都散發健康且發自內心的自信與鎮定。

見面的時間來臨。大家落坐，交換一些隨意而幽默的談話。黛比和雪莉在沙發上坐定，姿態輕盈，有如兩隻落在電線上的鳥——但才剛坐下就爆發了。她們的爭執中滿載憤怒，緊咬著對方不放，立場即使互換，也還是一方充滿懷疑、另一方忿忿不平。她們不需要聽誰好言相勸。界線、規矩、男友、不尊重。黛比根本想不起諮商師是男是女，只記得大吼大叫之間房中好像模糊有第三個人存在，那人應該目睹了一切，卻無能得嚇到說不出話。最後黛比就這麼突兀地跑走了，就跟之前一樣，這個深色頭髮的女孩旋風般將行李款進一個包裡，騎著腳踏車逃離。她再兩週就要十六歲了。

雪莉看著這城市將她女兒的身影吞沒，不禁滿懷擔憂。聖塔芭芭拉這城市可不老實，它會騙人。浪漫愛情的承諾隨處可見，可能發生的危險朦朧難辨。一九二五年一場十九秒鐘的地震震碎聖塔芭芭拉市中心大多地區，城市經過重建，變成一個風格統一的西班牙殖民風都市——白色灰泥牆壁，傾斜的紅磚屋頂，還有鍛鐵裝飾。一心維護市容的民間領袖讓房屋保持低矮，排除廣告看板的存在。這整個地方都散發著溫和的小鎮氛圍。三十二年來，每天都有個希臘移

25（譯註）Natalie Wood（1928-1981），美國知名演員，曾獲金球獎及奧斯卡最佳女主角，代表作為《西城故事》（*West Side Story*）。

民（他又叫「賣爆米花的」）會在斯特恩碼頭底用自己的旅行車販賣風車和爆米花，夜晚綻放的茉莉花氣味會飄入因傍晚炎熱而打開的窗戶，浪濤的吼聲輕搖人們入睡。

然而此處依舊潛藏不安，有著高低起伏的暗流翻攪。經濟衰退掏空市中心許多生意。州立大道南端尚無針對酒類的開瓶法。晚上會有搖搖晃晃的醉漢趁著休息時間去撒尿或嘔吐，同時對彼此叫囂。舞廳變了，鄉村和迪斯可音樂淘汰，換成更憤怒的龐克樂。當地報紙報導，有個匿名男性對著接起電話的小孩（年紀從十一到十五歲都有）說他們死定了。另一個打電話的（搞不好是同一個人）對女人說，要是她們不順從他的要求，他就傷害她們的丈夫。當地警察為這個身分未明的詭異傢伙取了綽號，叫「下流電話男」。

一〇一公路和州立大道上都有停止號誌。一〇一公路是貫穿加州的主要南北向道路之一，超過十年來，總有彷彿花花綠綠遊行隊伍的嬉皮在路上舉起搭便車的牌子，要前往聖地牙哥或尤瑞卡之類的地方。這實在是聖塔芭芭拉的一大傳統，也因此德士古加油站一直都備有油性馬克筆，讓搭便車的人能拿來寫自己的紙板牌。

但近來要不注意到這現象也難。儘管那些嬉皮身穿「愛之夏」長袍，手拿鈴鼓，卻再也不年輕了。只要靠近些，就能看到他們不只歷盡風吹日晒，還受過人生每個階段的挫敗，令他們的雙眼失去光芒。越來越少看到寫著目的地的牌子，有些人就只是整天在那裡繞圈圈。

聖塔芭芭拉洋紅色的九重葛可以讓你不去注意此處的細微裂痕。雪莉希望黛比不要在外面受到什麼傷害。每個母親腦中都會有一長串跑馬燈，跑的是可能降臨在自己孩子身上的可怕事件，而且預感多半會應驗——因為沒道理不應驗啊——尤其是對青少年而言。他們一開始會將父母視為神，其後才會當他們是一般人。不過在此時此刻，孩子是暫時將他們看成障礙，一扇不退讓又很麻煩的門。

沒錯，套句克萊因瓶的話，「有危險」的人的確是黛比。漂亮的逃家青少女很少能得到美好結局。但這次不一樣。

沒待在家，反而讓黛比．多明哥保住了性命。

雪莉知道她跟黛比相處不來只是暫時的崎嶇，是路上的一個突起障礙，最終會有辦法彌補。她們會在黛比也有個青春期小孩時一笑置之。可是現在她需要解答。她是個辦公室主任，所有人都說她像個「老媽子」。不過目前看起來這個老媽子不但當不了媽，也管不了自己的女兒。

「妳是怎麼做到的？」當雪莉和最好的朋友艾倫*坐進艾倫家擺在後院的按摩浴缸喝酒，她問她。艾倫領養了三個女孩（都是青少年），跟她和丈夫住在一起。那些女孩有的從小吸毒、有的被丟棄在門口。雪莉不禁讚嘆她們有多乖巧。

「管教。」艾倫說。

就艾倫的看法，雪莉要管教黛比的念頭來得太晚了。她一直不夠積極。艾倫無時無刻都堅持要知道女兒身在何處，而那些女孩也清楚這點。如果她們蹺課，不是艾倫會出現在學校，就是她丈夫漢克。他們會拿著一張海報，讓所有人都知道他們是逃學小孩的保母。因為有在社交圈中臉面丟盡的風險，她們一直乖乖守規矩。

反觀雪莉，她給黛比很寬裕的空間。她一直很有耐心——直到黛比違反宵禁時間或根本不報備。雪莉天生就比較樂觀又平靜，她相信黛比的行為只是典型的青少年，因此不太願意板起面孔裝嚴厲。這階段會過去的，她這麼說。黛比出生時雪莉只有十九歲，當時也比較快樂。母親和女兒會一起在購物中心試穿衣服，或去兩人最喜歡的餐廳——龐邱維拉——吃午餐。陌生人以為她們是姊妹時，兩人都很開心，為了這個猜測咯咯竊笑。那陌生人馬上就會發現自己搞錯了。當然啦，這兩人怎麼會是姊妹呢？一定是朋友吧。

就是因為這樣，數個月來緊張氣氛不斷上升，直到黛比竟對她吼著說：「我才不管妳的什麼規矩！妳根本毀了我的人生！」雪莉的回應竟有種無力且不太確定的意味——儘管她說的是事實——「但我是妳媽媽。」

引爆整個衝突過程的因素是離婚。雪莉．葛蕾斯．史密斯高中時認識羅傑．丁恩．多明哥，他在海巡處當電子工程師、比她大兩歲。一九六四年九月十九日在聖地牙哥，他們在雪莉滿十八歲後沒多久結婚。黛比次年八月出生，差不多一年後，兒子大衛也來到世上。羅傑離開了海巡處，當了衛理公會的牧師，然後再改當中學教師。一九七五年，一家人搬到聖塔芭芭拉。

黛比還記得，自己人生最初的十二年都沐浴在溫暖而昏黃的光線中。雪莉會分送自家烤的甜餅乾，中午在瀑布公園野餐。她很喜歡有年輕的父母，而不是那種遠遠坐在公園長椅上看你的爸媽。他們能把你高高舉起，放到攀爬架上，還會在沙灘上跟你一起爬上石頭。雪莉和羅傑都是在陽光下長大的人，身體條件佳，表現出來的舉止也是如此。「上中學之前，我都不知道什麼是憤世嫉俗。」黛比說。

但在婚姻路上的某個階段，雪莉和羅傑之間的關係出現緊張。聖塔芭芭拉郡治安官部門有份一千一百五十七頁的報告，大部分記述雪莉人生的細節。在第一百三十頁，羅傑質疑兩人的婚姻，特別是他們在聖塔芭芭拉的社交生活。他回想起那些戶外野餐。他說，他們喜歡去索夫昂，那是附近一座雅致的丹麥村。在訪談中間，他將「我們」改成了「她」。雪莉喜歡跳舞，她喜歡「派對」。我們並不清楚引述這些發言的是羅傑還是訪問者，然而其中就是飄著一股責難語氣。雪莉沒有吸毒也沒有酗酒，「派對」二字感覺比較像是描述她的愛好。羅傑只要有柳條籃和草地上的毯子就心滿意足，但不知道什麼時候開始，雪莉想要的更多。他們在一九七六年十二月分居。

羅傑搬回聖地牙哥，黛比和大衛則將時間分配給兩個地方。在這個分裂的家庭裡，黛比逮到機會開始挑撥父母。她測試他們的底限、無視家規。只要稍有反彈，她就收拾包包，表示要去跟另一個家長住。數年來，她有如乒乓球似的不斷往返，在聖地牙哥和聖塔芭芭拉之間來回，至少轉了五、六次學，有時還是在學年中間。一九八一年七月，黛比一度優秀的成績一落千丈，因為她迷戀上聖地牙哥一個年紀較大的男友。雪莉和羅傑一向很少在什麼事上有共識，但這次他們一致同意這是個壞消息。

再怎麼穩定的家庭，都會被處於叛逆青春期且目中無人的青少年撼動。雪莉的人生又持續變動、壓力不斷，更是沒帶來任何助益。六月，由於經濟嚴重衰退，特姆工業——一間製造電腦相關家具的小公司——遣散她和艾倫。雪莉在兩人尋找新工作時帶頭租借了一臺ＩＢＭ電動打字機，認真修改兩人的履歷。而她第一個決定就是搬家。

數年來，雪莉和孩子（當他們不在聖地牙哥跟爸爸住時）都住在蒙特斯托租賃的家庭旅館。但五月的時候，雪莉父親的表親（家人都稱她芭芭拉阿姨）打來說要將她在戈利塔的房子出售，搬去佛雷斯諾。芭芭拉阿姨不希望房子在待售時沒有人住。那麼，雪莉和孩子們願不願意來幫忙看房子？

芭芭拉阿姨住在托特路，戈利塔東北方一個林木茂盛的安靜區域的死胡同，鄰近聖荷西溪。屋子有木頭屋頂板，獨棟式度假屋，在車庫上方加蓋了二層樓，外加有百葉窗的窗戶。對鄰居而言，那裡又稱「紅色大穀倉」。而讓雪莉下決定的最大理由其實是純然的巧合：艾倫就住在托特路對角。

六月上旬，雪莉和孩子在搬家公司的幫忙下將行李拖進托特路四四九號。沉甸甸的尤加利樹垂落在那兒，這裡的靜謐不是平和寧靜的那種，而只是一種自然的固定狀態，同時也沒有讓黛比安分一些。她真正活躍的地方是在聖塔芭芭拉的米沙區，或者回去跟她在蒙特斯托的朋友一起玩。這裡的一切感覺都很暫時，是臨時的。房地產經紀人會帶人來看屋，他們的草坪上有個標誌，寫著**山塔那地產／待售**。黛比想念她在聖地牙哥的男友各種的壞習慣，並因為打電話給他而累積了一張鉅額電話帳單。才不過搬進去幾週，她就跟雪莉狠狠大吵一架，接著就盡可能把東西全塞進袋中，跳上腳踏車揚長而去。

大多夜晚，雪莉會走到對街的艾倫家，兩個好友會開一瓶酒，跳進按摩浴缸。她們會談論雪莉和羅傑為了孩子的撫養費吵架，談找工作，還有戀愛。雪莉開始實驗性地刊登交友廣告，參加專門的約會活動。她曾在市中心餐廳去過一些尷尬的約會。有個人打電話到雪莉工作的地方找她，原因不明地留了「馬可波羅」這名字。當她記下留言時忍不住笑了出來，但沒有太多表示。艾倫知道雪莉想要再婚，她的這位朋友對自己竟會離婚其實很驚訝，她是個老派的浪漫主義者，渴望著那種印在薄薄明信片上的愛情——一對自帶光芒的情侶在日落時分手牽著手走在海灘上。

離婚之後，是有出現一位可能贏得雪莉芳心的男人，但她對此格外慎重。艾倫從沒有見過他，因為這段戀情比艾倫和雪莉的友誼要早。但有一次，她看到那男的在雪莉工作時溜進她辦公室。他比雪莉年輕很多，模樣體面，個子很高，整個人乾乾淨淨，有著濃密的深色頭髮。艾倫只知道他們數年來維持著斷斷續續的關係，但雪莉最近決定結束了。該是時候往前邁進。

這兩個女人多半是在談雪莉跟黛比的問題。愛是很辛苦的，艾倫說，需要付出代價。「得狠下心。」她建議道。

雪莉確實照著她的話做了。兩人在克萊因瓶發生衝突四天後，黛比打給雪莉。黛比心中掛記著一件事——不是道歉，也並非談和，而是一件泳衣。她把那泳衣留在托特路的房子裡。

「我得去拿我的泳衣。」她說。

「不行。」雪莉說。

「什麼？」

「我說不行。」雪莉說。

「那是我的泳衣！」

「那是我的房子！」

黛比憤怒地對著電話咆哮，雪莉也吼回去。州立大道上的人全放慢了腳步，注意這場鬧劇。黛比才不管那些看戲的人怎麼想，她因憤怒而渾身顫抖，並靠著一股失控的力量，把腦中能想到最惡劣的話就這麼說了出口。

「妳他媽的為什麼不能滾出我的人生？」她尖吼道，狠狠摔了電話。

第二天約凌晨兩點三十分，黛比在借住的朋友家接到一通電話。打來的是黛比在格蘭納達劇院的同事。她母親的朋友艾倫打到劇院找黛比，並且留了話，叫黛比一定要立刻打給她。黛比做好了心理準備，承受這躲不開的罪惡感勒索。艾倫鐵定會數落她怎能這樣對待母親。艾倫的第一句話沒有讓黛比太驚訝，她可以想像艾倫站在那兒、手叉著腰，一臉批判地噘起嘴。

「妳得回家。」艾倫說。

「我才不回家，」黛比說：「想都不要想。」

對於接下來發生的事，艾倫和黛比的記憶全然不同，但兩人都記得黛比立刻領悟自己得馬上回去，因為事態緊急。回程路上，黛比坐在她朋友的福斯麵包車前座，各種可能的狀況在心中瘋狂旋繞。她印象最深的就是托特路上拉起來的黃色犯罪現場封鎖線，那條線不只包圍了街道，還有街道西側的第二棟房子：紅色大穀倉，芭芭拉阿姨的房子。

看到向來空盪無人的死胡同此時擠滿數十人，真的很奇怪。制服警察、穿著正裝的警探、媒體，這片嘈雜散發出緊繃而混亂的氣氛。人們急忙走動，又是聚在一起、又是轉開分散。他們一臉焦躁、亟欲獲得資訊。不知怎麼，黛比被帶著從封鎖線下越過，她茫然穿越這片吵鬧。

妳他媽的為什麼不能滾出我的人生？

當她看到母親的車——棕色得勝280z——停在車道上，心臟跳得激烈。

然後她又認出了另一輛停在房子前面的車：白色卡馬龍，有著兩條黑色賽車飾條。

「葛雷格呢？」黛比沒有特別問誰，只是到處尋找他的身影，並提高了音量。「我要跟葛雷格講話！」

死胡同裡的大批人馬全部凍結，朝她轉過來，每個人都揚起眉毛。他們靠近她時全都重複著一句話，當黛比朝著希望有母親在的地方過去，漂浮在如夢似幻的恍惚狀態，那詭異且刺耳的和聲加了進來。

「什麼葛雷格？什麼葛雷格？什麼葛雷格？」

〔編輯筆記：以下段落是由蜜雪兒的筆記及發表在《洛杉磯雜誌》數位版，作為〈追隨凶手的腳步〉後續篇章的〈作家剪輯版〉之片段重組而成。〕

葛雷格的全名是葛雷格里．桑切斯，二十七歲的電腦程式設計師，於七〇年代末認識雪莉．多明哥，當時兩人都在寶來公司工作。一九七七年到一九八一年，兩人斷斷續續約會，也分了又合、合了又分好多次。因此，當他們終於斬斷關係，黛比認為他們只是進入另一個冷靜期。

葛雷格比雪莉小七歲，這項特質有時顯而易見。葛雷格非常認真地想裝成大人。他騎重機，開的卡馬龍上塗裝了賽車飾條，他在少棒聯盟和少年足球組織當教練，公寓裡有一間空臥房，配備了你能想到的各種尖端音響設備。葛雷格身材健美，也總是打扮入時。他跟雪莉一樣把自己打理得很好。他們都有某種程度的一絲不苟，家境不豐，但把自己擁有的一切照料得很妥善。整整四年，他們的情感軌跡毫無疑問是個封閉迴圈。她在等他長大，他則等她放鬆一點。最終，他們都受夠了，開始跟別人約會。

一九八一年六月，寶來公司宣布要結束聖塔芭芭拉的分公司。桑切斯打算前往東岸，去他們的佛羅里達分公司尋找工作機會。下個月，當黛比住到克萊因瓶的庇護所，葛雷格跟她聯繫上，邀她吃午餐。

葛雷格和黛比一直很親。他像家人，不太像是父親的角色，畢竟他的年紀落在雪莉和黛比之間，比較像哥哥。他人很有趣，也對她很好。他老愛叫她黛伯拉D。

「葛雷格，我可不叫黛伯拉。」她提醒他。

「沒事沒事，黛伯拉D，」他戲謔地說：「不用擔心。」

在那個七月中旬的下午，兩人吃完漢堡後，葛雷格告訴黛比他要搬去佛羅里達的大新聞。他解釋說自己想親自告訴她，而不是讓她之後才知道事實——因為他知道她會因此崩潰。不過，就算直接從本人那裡聽到，也沒有讓她比較不沮喪。

「我跟妳媽求婚了好多次，」他無可奈何地說：「她永遠不會嫁給我。」雪莉覺得自己對葛雷格來說太老了，而黛比認為這個主因實在是荒謬到不行。

但黛比不知道的是，葛雷格早就跟別人在約會了。

他五月時認識了塔碧莎．席佛*，兩人住在同一棟綜合公寓，葛雷格以前跟她的好友辛西亞*約過會。辛西亞一直跟葛雷格保持朋友關係，最後把他介紹給塔碧莎，兩人開始一同出遊，關係迅速深入發展。不到三個禮拜，葛雷格對於關係在短時間內變得這麼認真有些驚訝——甚至還有某種程度的警戒。

但時機過了，他們的人生都處於變動不斷的狀態。塔碧莎秋天要開始在加州大學洛杉磯分校念口腔醫學，中間過渡期時會離開聖塔芭芭拉，搬回聖地牙哥的家過暑假。葛雷格的工作狀態則晦暗不明，而且正在考慮搬到佛羅里達。

「在我人生的這個時間點好像不適合定下來。」葛雷格跟她說。

「那什麼時間點才適合？」塔碧莎反駁。「等你下葬之後嗎？」

葛雷格在七月二十三日從佛羅里達回來，立刻打電話給塔碧莎，因為他決定要繼續待在加州了，佛羅里達距離他的朋友和家人實在太遠。由於她的生日再過幾天就要到了，他邀她來聖塔芭芭拉過週末。

塔碧莎在週六開車上來，兩人一起度過一天，他暗示要求婚。第二天晚上，她出現在他公寓門口，他卻在最後一分鐘改變計畫，讓她措手不及：傍晚他要去找個朋友。

那個朋友就是雪莉．多明哥。

雪莉．多明哥的一個鄰居聽見了槍聲，接著在夜半之中傳來一個聲音——是女人的聲音，以不帶情緒且控制得當的聲調對著某人說話，好像在講一些類似「放輕鬆」的句子。這很可能是多明哥這輩子說的最後一句話。

調查員隨後建立起理論，認為臥室門板刮過毛地毯發出的可疑聲響驚動了桑切斯，讓他發現入侵者。他跟凶手很顯然有過一番搏鬥。

一名熟悉案件的警探回想鄰居聽到的女人聲音：雖然鎮定，但有點走音。「她惹毛他了。」他說。

這次凶手帶走了繩索。他進化了，他消除了證據。

星期一早上，一名房地產經紀人來到托特路四四九號，讓未來的買主和家人看看這個房產。他逕自進屋，並在進入主臥室時發現一對男女的屍體。他立刻把客戶帶出房屋，打給警察。

兩名受害者都全身赤裸。桑切斯的屍體以面朝下的姿勢半塞在更衣間。凶手從上方架子扯出一疊衣物蓋住他的頭。屍體附近有手電筒——電池上有桑切斯的指紋，表示那是家裡本來就有的東西。

桑切斯被射中臉頰，很可能是在掙扎或對抗凶手時遭到射殺。但那不是致命傷，被不知名凶器毆打的二十四處鈍器擊傷才是。多明哥則在床上，臉朝下伏在一池血海中。她被同一種凶器擊打致死。蓋在她身上的是跟壁紙配成一套的床單，她的雙手交叉在背後，好像曾被綁住，手上的綑痕也支持了這個論點。

調查員發現樓下客用浴室的小窗是打開的。那裡的紗窗被拆掉，藏在一棵杜松樹後的灌木叢中。雖然窗戶對成年男性而言太小，不可能進得去，但他們推斷凶手是伸手搆到窗戶，打開外面浴室的門。

處理犯罪現場的警官從走道上滿是灰塵的園藝工具架上輪廓發現，似乎最近才有兩樣工具被拿走。其中一個很顯然是水管鉗，隨後，雪莉的前夫從輪廓認出另一個不見的很可能是一種叫填草器的園藝工具。但無論是填草器或水管鉗，都不知去向。

警察挨家挨戶地調查鄰居。隔壁鄰居申報，大約在凌晨兩點十五分被狗叫吵醒，他和妻子從窗戶看出去，沒看到什麼需要擔心的景象，於是回去睡覺。

兩個十三歲的男孩告訴警察，他們在距離犯罪現場一個街區的地方看到有人站在一棵大樹後，那時約是晚上九點五十五分，他們在社區裡走路。男孩認為那人是男性，但無法確定。在陰影之中，那最多只是個空白的人影。

藍恩和凱洛・葛西恩*表示，當晚他們出門散步時遇到一件奇怪的事。約莫晚上十點半，他們在大學道上朝西走去，注意到一個陌生男子好像在跟蹤他們，而且越來越逼近。當他們轉上柏克萊路，該名人士就越過街，繼續與他們平行前進。

那是一名白人，應該快二十歲或二十出頭，約五呎十一吋，身材細瘦，明顯的金色直髮，長度直到脖子。他鬍子刮得很乾淨，穿著太平洋海灘風格T恤加藍色長褲，材質是燈芯絨或牛仔布。

同晚約十一點，譚美・史特勞布*和女兒卡拉*正在梅里達路上慢跑，此時兩人瞥見一個帶著德國牧羊犬的可疑年輕男子，直盯著其中一棟房子的車庫。他一動也不動地背對他們，彷彿凍結在原地。那個人顯然是二十幾歲或三十出頭，五呎十吋，體型結實；頭髮是金色，身穿白色或米黃網球褲加淺色T恤。之後，警方完成了嫌犯模擬圖。

警探得知，謀殺發生前的下午，房地產經紀人卡蜜．巴多*曾帶人到紅色大穀倉看屋。當她在招呼另一團人，一個約三十五到四十歲的白人男性走了進來，一聲不吭就這麼開始逛這房子。她還沒來得及從談話中抽身，那人又離開了。

看房結束，巴多檢查房屋，注意到廚房裡有些金屬碎片。在回想的過程，她突然頓悟，那看起來就像房子後門的門鎖裝置。

巴多對那名來看屋的怪訪客是這麼描述的：明亮的藍眼睛，淺棕色短髮——捲捲的，感覺被陽光晒過。他膚色健康，站挺約五呎九吋，穿著鱷魚牌綠色襯衫和褪色的Levi's牛仔褲。她與聖塔芭芭拉治安官部門的像畫師會面，畫出模擬圖。

一開始，警察考慮販毒者闖入屋中殺死兩人的可能性。但和受害者熟悉的人都對這想法嗤之以鼻，覺得太過荒謬。這兩人並不碰毒。警探接著把焦點放在雪莉前夫身上。經歷持續不斷的盤問之後，他們盤查他的不在場證明，確認無誤。

多年來，當地人將那位鬼影般的人物封為小溪殺手，一起未遂的攻擊及兩起雙屍命案都必須算在他頭上。而因為這三對被當作目標的情侶都沒結婚，有人推斷凶手是宗教狂熱分子，特意要將他判定活在罪惡中的人揪出來懲罰。同時，聖塔芭芭拉的調查員則持續認為凶手是當地的小混混，名叫布瑞特．格拉斯比。

格拉斯比在一九八〇年初次被聖塔芭芭拉調查員看做潛在嫌疑犯。他是當地人，最出名的就是他的下流行徑和火爆脾氣。只要講到他，沒有人有一句好話。他是個邪惡的混蛋、熟練的強盜。格拉斯比甚至跟羅伯．歐夫曼稍微沾上了點邊：在歐夫曼的辦公大樓工作的工友遭到暴打，和格拉斯比一起混的一些惡棍涉有重嫌。格拉斯比住在目標區域中，能拿到點三八的史密斯&威森——與用在歐夫曼／曼寧凶殺案中的是同一種槍枝。但彈道測試將槍排除，也沒有物證能將格拉斯比跟任何一起案件連起來。

一九八二年，布瑞特．格拉斯比自己也跟兄弟布萊恩一起遭人謀殺。兩人當時正在墨西哥度假，當他們走向聖胡安德阿利馬海灘，以為自己要進行毒品交易，可是一到那裡就遭到搶劫和槍擊——其實那是一個陷阱。聖塔芭芭拉治安官部門認為，得為歐夫曼／曼寧及桑切斯／多明哥雙殺案負責的人就是格拉斯比，即使橘郡的懸案小組透過犯案手法將案件跟原始暗夜尾隨者（Original Night Stalker）的案子連起來，他們還是這麼堅持。這名凶手犯下的最後一起為人所知的案件是在一九八六年，格拉斯比都過世四年了。

二〇一一年，在先前的失敗嘗試多年過後，桑切斯／多明哥犯罪現場的地毯上又重新提取到降解的遺傳物質，成功獲得DNA檔案，並毫無疑問地將戈利塔的案件跟東區強暴魔及暗夜尾隨者連了起來。

一如喬．愛爾西普，事實最後證明，布瑞特．格拉斯比不過是另一條掩人耳目的假線索。

從沒有人告訴黛比．多明哥，殺死她母親的凶手可能也造成了其他受害者。她直到二〇〇〇年上半才發現這件事。當時，有線電視上的真實犯罪節目開始對暗夜尾隨者案件進行剖繪，而黛比在德州擔任獄政人員。經歷近十年的甲基安非他命毒癮，她已經不碰毒七年了。母親遭到謀殺後，她的人生完全脫軌。

當年七月的那天，當十五歲的黛比初次得知母親死訊，她打給外婆，告訴她自己的母親死了。

「黛比，」她的外婆回答。「開這種玩笑很不妥。」

之後，她幾乎是立刻搬到聖地牙哥。母親那邊的家人漸漸離開了她的生活。媽媽死後不久，她聽到一個將永遠糾纏她的家族八卦。「琳達，」她的外婆跟她阿姨說，「不是妳遇害我真的很高興，如果是妳的話，我真不知道該怎麼辦。」

多年來，黛比不斷試圖聯繫外婆和阿姨，希望能再續親情。但她們從來不回應。

橘郡，二〇〇〇

橘郡治安官部門的老人們看著賴瑞．普爾皺起的眉頭，注視釘在他隔間上方板子的受害者照片，還有包圍著他、堆積如山的紙夾，有如一座陰鬱的森林。

「那傢伙一定死了，」他們會毫無起伏地對普爾說，猶如重複昨晚籃球比賽的得分。「又或者被判無期徒刑。那些傢伙才不會停手。」

「那些傢伙」指的就是瘋子、連續殺人犯還有禽獸，隨你怎麼叫，只要有常識的人都知道，最最暴力的連續殺人犯絕不會休息，除非他們因死亡、殘疾或坐牢而被迫停手。普爾的目標最後一次出手是在一九八六年，如今已是二〇〇〇年。

「所以說，你為什麼這麼在意？」老人們會這樣挖苦他。這種態度令他心懷怨恨，也點燃了他追求正義的心，令他更堅持心中的信仰：他絕對要逮到那傢伙。

聖塔芭芭拉還沒拿到DNA，但犯罪手法足以讓普爾將該案連同克魯茲案一同算進連續謀殺之中。一九七九年十月一日至一九八六年五月五日，十具屍體，兩名生還者。這些案件的範圍讓調查員工作量大增。他們決定先不聯繫媒體，直到線索用盡。他們不想讓凶手聽到風聲。

普爾也同意老人的意見，這種多產又暴力的傢伙很可能遭控重罪，正在某處服刑。他清查逮捕紀錄：偷窺狂、可疑人士、強盜、強暴犯。他們在巴爾的摩挖出一名前科犯的屍體；一場空。什麼都沒有。

普爾依舊將這道搜索令放在腦中。某天，他回想起警校培訓快結束時初次見到的解剖場景。屍體從屍袋中拿出來，放上金屬解剖臺。這名死亡的男性身高五呎十一吋，深色頭髮、肌肉發達——而且雙手雙腳綁在一起。他穿著女鞋、絲襪、女用內褲及塞了東西的胸罩，死因是甲苯中毒。他深陷在自慰達到高潮時的狀態，同時從襪子吸膠。普爾可以在內褲上看到射精痕跡。那個畫面讓個性死板的普爾留下深刻印象。這樣一回想，他不禁思考：有沒有可能，他們的凶手在沒有受害者時會實驗性的綑綁自己？他回想那場解剖。那是在一九八六年十月，也就是最後一起謀殺過後的五個月。

他挖出那個手腳綑綁在一起的男人的過往：沒有犯罪紀錄，跟其他犯罪地點也毫無連結。他也火化了。**如果他就是我們要抓的人，普爾想著，我們就死定了。**普爾搜刮一九八六年五月五日到十二月三十一日南加州每個郡的法醫報告，開始進行梳理，但整理不出任何線索。一陣子後，看來去找媒體似乎也不那麼壞。

二〇〇〇年十月一日，《橘郡紀事報》的一版刊登了第一篇關於DNA連結的文章：**DNA顯示本區或有連續殺人犯**。當時大家都說普爾辦公室至少有九十三個該案件資料的夾子。

「我們的凶手其實才是『原始』暗夜尾隨者。」普爾說。

他的用意只是想指出他們這位凶手犯下的罪，比理查．拉米雷茲犯的案要早。拉米雷茲又名暗夜尾隨者，從一九八四到一九八五年，這人讓南加州活在恐懼之中，可是最讓他苦惱的就是無論如何擺脫不了這混淆的綽號。就是從那時起，才有所謂的「原始」暗夜尾隨者。

那篇文章的開頭就是針對凶手可能身在何方的推測。死了？被關？計劃著下一場謀殺？不過報導對他的過去則沒講什麼。私底下，有非常多橘郡調查員懷疑凶手來自戈利塔，因為那是謀殺開始之處。普爾的一個同事，賴瑞．蒙哥馬利甚至開車到那裡，花了幾天時間去尋訪（在職及退休的）小學老師，範圍遍布聖荷西小溪鄰近區域。他去問他們在六〇年代中期是否有教過問題青少年的印象，或因虐待小動物而令人憂心的男孩。他獲得少少幾個姓名，但這些人都安然無恙地長成正常的一般人。

一九七九年十月一日的那起攻擊的確有著某種青少年的氛圍，挺像是當地小混混幹的。被偷的十段變速車、屋裡隨手抓的牛排刀。但是當時忽視的其他證據，顯示這樣的經驗是來自其他案件，而非那種在各個集團四處流離，滿嘴吹牛又沒幹過什麼小壞事的傢伙吸毒後做的蠢事。他應該是個不與人交往、孤僻，但有些強迫症的人——因為疏離，迫使他開始以青澀的犯罪技巧做點什麼。那個晚上，他不只是撬開那對情侶家中的門鎖，而是將整個門框扯掉、扔過籬笆。

還有另一件事：他竟有能力騎著十段變速腳踏車避開荷槍實彈、開車追捕他的ＦＢＩ探員，外加同時趕來的一大隊警察。史丹．羅斯，那名追捕他的ＦＢＩ探員，隨後因為沒有對那人開槍受到當地警察諸多責難。羅斯因這些奚落怒髮衝冠，可是對自己的選擇依舊堅定。他只不過聽見一名女性的尖叫，看到一個騎著腳踏車的普通白人男性。當羅斯對他大喊或按喇叭，他就加速。如果要對他開槍，還缺少一些決定性的條件。

羅斯不是算命的，他無法預測未來。那人把腳踏車丟在人行道上，拔腿奔進聖派西歐道五四一七和五四二三號中間，翻過籬笆。而當他再次出現，會變得更殘暴。繩結會綁得更緊，也不再需要喃喃對自己加油打氣。他會成為一個完全成熟的凶手。遭到追捕的那晚，他顯然是狂踩著腳踏車從羅斯面前脫逃——但是他也奔向了另一個層次，另一種內心境界，每日的細瑣雜事消失不見，強迫性的幻想越過意念邊緣，現身掌控大權。

羅斯是不可能開槍沒錯，但這不代表他不會時不時重建當晚的每個細節：重新發動車時錯失的幾秒、迴轉、約五十碼外腳踏車上的人影與他車燈右側邊際融為一體，燈光猶如一道指令。那人丟下腳踏車，拔腿飛奔。要是羅斯能夠預知那人將來會變成怎樣，絕對會拿起點三八特種槍瞄準目標，當場將他拿下。

所有人都同意，一九七九年十月一日，就是這名未來的凶手一腳跨過危崖的一晚。

神祕潛行者最後將會把目標鎖定在教會橡樹區和帕特森交界，一個位於東北方的社區兩英里半徑範圍。聖塔芭芭拉的三起攻擊都在鄰近聖荷西小溪處。這條河流始於長滿月桂樹的山中，曲折穿越東戈利塔，最後流入太平洋。小溪近郊那段完全是《頑童歷險記》中哈克夢寐以求的小天地：覆蓋苔蘚的石頭、邋繩、被樹頂葉篷籠罩的小混混的菸屁股。普爾看著戈利塔地圖上的犯罪地點，對凶手如臍帶未斷般怎麼也不離開小溪的行為感到印象深刻。

戈利塔的攻擊值得注意的原因還有其他。這名罪犯想傳達的訊息是「控制」，這也從綑綁和突襲的手法中表現出來。在白天，他可能是個過目即望的魯蛇，但在他所闖進的屋中，他掌控全場，防靜電面罩更給人恐怖的印象。他有時會把牛奶和麵包忘在廚房，這個瘋子展現出自信而從容的姿態。

然而，這名高明的罪犯總在戈利塔失去控制。他在那裡出手三次，三次都栽了大跟頭。他從沒成功性侵女性受害者。在第一次攻擊中，她逃脫了；在第二跟第三次，男性受害者反抗，然後被射殺死亡。他很可能擔心槍聲會引來警察，所以迅速殺了女性受害者逃走。

回溯凶手的獵捕進化史就像倒著看某部驚悚電影——然而倒帶非常重要。「罪犯的過往比未來更脆弱，」大衛．坎特（David Canter）在他的作品《犯罪之影》（Criminal Shadows）中如此寫著。他是英國首屈一指的犯罪心理學家。坎特認為，解決連續犯罪的關鍵，與其確立犯人在最近一起犯罪後的去向，不如查出第一起犯罪前發生了什麼事。「在他都還沒犯罪前，也許連自己也不曉得他真的會出手，」坎特寫道，「所以他可能不會像後來那樣小心。」

他後來的小心程度無庸置疑。他是個觀察者，永遠都在算計。打個比方，以文圖拉為例。他在聖塔芭芭拉和橘郡多次出手，卻只在文圖拉出手一次。為什麼？因為喬．愛爾西普因史密斯謀殺案遭逮是一大新聞。如果這個倒楣鬼要幫他背黑鍋，他為什麼要再冒風險到文圖拉犯下另一起雙殺案，讓大家懷疑愛爾西普可能無罪？

而在戈利塔——聖塔芭芭拉西邊的好鄰居，近年才剛發展起來，又還沒有那麼上流——那裡發生的三起擅闖民宅，並沒有讓治安官辦公室放棄案件保密的做法。一如許多歷史悠久的機構，聖塔芭芭拉治安官辦公室發展出某種組織文化，最為人知的就是與世隔絕和萬事保密。即使警探看見犯罪現場時頸後汗毛都要豎了起來，但這份工作需要他在面對大眾時依舊保持撲克臉。因此，一九八一年七月三十一日，星期五下午，治安官辦公室的警探O・B・湯瑪斯就努力擺出這個姿態。他是回應托特路四四九號求救電話並第一個抵達現場的警員。案發五天後，他開始調查那附近。調查行動包含去敲居民的門，問他們有無目擊到不尋常或可疑的事件，並不需要讓大眾陷入恐慌。湯瑪斯問了問題，但對於發生的事沒有透露多少。從他臉上的表情，你不會知道他看到了什麼。

琳達住在距離托特路一個街區的地方。當湯瑪斯警探敲她的門，拿出寫字板，立刻觸動了她的記憶。她記得那隻受傷的狗、淹水的草坪，以及她和鄰居家的後院完全找不到可能割傷那隻動物的利器，非常詭異。她告訴湯瑪斯警探此事，他則問她，是否記得事件發生在什麼時候。琳達先回想一下，然後確認自己的日記，表示是一九七九年九月二十四日。

他們立刻注意到這個日期有多重要：那是第一起攻擊發生的前一週。對於他們要找的嫌犯，警探所知甚少，最多只有那些見到他遁入黑暗的目擊者給的資訊：成年白人男性。他們不知道他是被什麼事物吸引到這列陷入沉睡的孤立排屋，但他們知道其他事情：他帶著刀。因為從第一個現場逃跑時，他掉了一把。他會在夜晚潛行。因為他們跟著他的鞋印，發現他鬼鬼祟祟地從一家跑到另一家尋找受害者。還有，他喜歡小溪。也許他是利用矮樹叢和樹籬使自己來無影、去無蹤。也許他和那個地方有些淵源，像是小時候曾在這些覆蓋青苔的石頭與盪繩間玩耍。不管原因為何，鞋印和他掉下來的預先切段的繩索，在在顯示他到過那裡，而他入侵的三戶人家都有同一個特徵：靠近小溪。

從琳達和湯瑪斯警探所站的位置可以看見糾纏的樹林，以及與小溪平行的白色木頭矮圍籬。夜晚，奇莫從那條人行橋冒出來，內建的雷達立刻注意到大半夜那裡有個不該出現的生物，而接下來會發生什麼事，也就非常清楚了：小狗突然一個急轉，衝進房子之間到處嗅聞，潛行者嚇了一大跳，無庸置疑非常火大，於是狠狠割了牠一刀，讓牠滾遠點。也許他身上沾到了奇莫的血，所以拿琳達家的水管洗掉。在他出手前，鄰居家多半會有他去過的跡象，而往往只有在回想時，才會頓悟到這些令人不安的小細節。

多年後，Google地球發明，懸案調查員建立數位地圖與時間軸，詳實記載嫌犯橫越加州的暴力路徑。沿聖荷西溪分布的亮黃色圖標代表他在戈利塔東北出手的地點。三十五年來，這社區沒變多少。如果再進一步縮小範圍，就會看到那晚他出現在後院的第一個徵兆：狗吠。他的鞋印深度顯示他時常待在同個位置很長一段時間。或靠在牆上，或縮在花園裡。當奇莫在前方嗚嗚哭嚎，主人到處敲門，然後一輛車呼嘯開來，將他們載走，你應該不難想像他站在黑暗後院中的模樣。他再次在夜色中靜靜沉澱，鬼祟地在屋間行走，打開水管將鞋上噴到的汙漬洗掉，接著悄悄溜開，稀釋的摻血水流就這麼消失在他身後的草叢中。

康特拉科斯塔，一九九七

「EAR（East Area Rapist，東區強暴魔）是什麼？」保羅・霍爾斯問。

約翰・莫鐸克嚇了一大跳，他已經好幾年沒聽見這縮寫了。

「為什麼問？」莫鐸克問。

兩人正飛往加州犯罪學家協會召開的會議，中間隔著一條走道。此時是一九九七年，莫鐸克剛以康特拉科斯塔治安官犯罪實驗室主任的身分退休，專長是槍枝與工具痕跡；而霍爾斯在滿三十歲前幾年於加州大學戴維斯分校主修生物化學畢業，沒有多久就接下代理警長兼犯罪學家的職位。他一開始是專攻法醫毒理學，不過很快就明白自己的熱情落在犯罪現場調查，接著他的好奇心又蔓延到顯微鏡外。他開始跟著調查員到處跑，儼然是個困在犯罪實驗室裡的懸案調查員。他很喜歡在證物室中亂晃，抽出一盒盒古老的未解案件，他最喜歡的其實是故事、陳述與照片，以及心不在焉的調查員在邊緣草草寫下的片段想法。實驗室不容許模稜兩可，老案件的檔案中則充滿模糊地帶。那些謎題在召喚著他。

「保羅，你不該管這個。」不只一名犯罪學家同僚如此斥責他，但他不在乎。他有恍若優秀鷹級童軍的天賦，能陶醉在自己最想做的事之中——而霍爾斯知道，他最想做的就是當調查員。當機會出現，他就慢慢朝著那個領域轉換跑道。

儘管莫鐸克和霍爾斯有年齡差距，兩人依舊能看出對方與自己有共通處：他們都在科學方面表現傑出，但使兩人拉近距離的其實是故事。當霍爾斯結束實驗室工作，他會坐下來，打開那些懸案資料，看著那些黑暗而脫序的人類行為，一面感到驚嚇，一面備受吸引。他一直將懸案放在心中。身為一名科學家，實在很難容忍狀態未明的事件。在吞下一箱又一箱古老的未解案件後，他注意到一個模式：最一絲不苟的犯罪現場報告上，總有一個人的簽名：約翰．莫鐸克。

「檔案櫃裡有一些被推到一旁的檔案夾，上面有大紅字母寫的EAR標記，」他對莫鐸克解釋道。霍爾斯還沒開始鑽研那些檔案，不過可以看出這些檔案不是隨便推到一旁，甚至還散發出一股神聖感。

「EAR就是東區強暴魔，」莫鐸克說。那名字顯然一直存在他腦中，重要的程度並未隨著時間消滅。

「這個我不知道。」霍爾斯說。

航程剩下的時間，在三千英尺高空，莫鐸克將這故事告訴霍爾斯。

他是個高知名度的潛行者，最初還沒什麼警察認得他。一九七六年六月中旬，他出現在東沙加緬度一名年輕女子的臥室「露烏」——他只穿著T恤，沒有其他衣服了。他手上有刀，還低聲出言恐嚇並破壞房屋。他強暴了她。這是一起不幸的事件，但一九七六年的沙加緬度有非常多暴力變態。滑雪面罩和手套表示他還有點腦子，可是犯下這種事的通常是那些被媽媽拎著脖子帶到警局、醉醺醺的青少年。

然而，沒人被揪去自首，卻發生了更多強暴案。十一個月二十二起。他的手法辨識度高，從未改變。一開始的普通搶劫招數變成確保對方順從的制服手段，塞住女性的嘴變成他的犯案特徵。她們的雙手雙腳遭到一再重複綑綁，用的多是鞋帶。他會性侵，但避開碰觸乳房與接吻，原因不明。他會毀壞屋子以刺激情緒，在東沙加緬度陷入恐慌時仍開開心心提高犯案風險。他專挑睡著的情侶，在被綁起來的男人背上疊盤子，威脅如果聽到盤子掉下來，就要殺死他的妻子或女友。東區強暴魔是臥房中的怪物，是知道得太多的陌生人——屋中配置、有幾個小孩、工作行程。他的滑雪面具和粗啞的假聲暗示第二人格的存在，但這又是誰的第二人格？

沙加緬度治安官部門陷入撞牆期，而且撞得很用力。他們阻止了許多同樣外貌特徵的年輕白人男性，卻阻止不了對的那一個——又或者，他的確被阻止了？而這就是問題所在。專案小組所有的調查員在心中都有自己認為的嫌犯樣貌，但每個都不一樣：穿軍裝外套的金髮毒蟲、騎腳踏車的摩門教徒、橄欖色皮膚的時髦房地產經紀人。

凱洛．戴利是專案小組的主要女性調查員。第二十二起強暴發生後，她又一次在凌晨三點帶著瀕臨崩潰的受害者前往醫院，她發現自己腦中竟冒出一個黑暗的想法：**我愛我丈夫，但我恨男人。**

使理查・薛比夜裡無法入睡的是不斷接到的舉報電話——而且都相當可信。每通電話都說看到一名可疑的潛行者，只要一被目擊，就會「悠悠哉哉走掉」。

這可惡的變態十分從容。

社會大眾開始在警長眼中瞥見恐懼。東區強暴魔盯上了他們、盯上了所有人。日落製造出共同的恐慌。可是他不可能不被抓到，按照機率法則，最終一定會抓到他的。可是誰想來當這個守株待兔的笨蛋？

接著，經過整整兩年（一九七六到一九七八年）的恐懼支配，一如他神祕出現在東沙加緬度，他也神祕地消失了。

「哇，」霍爾斯說：「後來發生了什麼事？」

莫鐸克想起當時的霍爾斯還是個十歲小孩，沒有意識到這起案件造成的龐大社會癱瘓。案件的那些千迴百轉、希望落空，沒有結果的線索。霍爾斯跟案子的連結只有那些標著紅色ＥＡＲ的檔案。

「他重新出現在東灣，」莫鐸克說：「他找上我們。」

霍爾斯開始詢問一些年長朋友和同僚關於東區強暴魔的事，當他發現這起案件有多廣為人知，不禁驚訝不已。人人都有自己的理論。他的代理治安官還記得直升機在頭頂盤旋，逡巡的聚光燈穿透一整個安靜的小區；一名加州大學戴維斯分校的教授說，他跟妻子的第一次約會就是在一次防強暴夜間巡邏；霍爾斯的一個同事悄悄對他坦承，自己的妹妹是其中一名受害者。

一九七八年十月到一九七九年七月間，也就是他消失在北加州後，大東灣地區發生了十一起東區強暴魔案件，包含聖荷西兩起、佛蒙特一起。過了二十年後還想取得進展，是一項令人望之生畏的挑戰。因為一些案件是由當地警方處理，所有組織（包含沙加緬度郡）都已將證據銷毀。這是證物室的標準程序，案件已過訴訟時效。所幸康特拉科斯塔治安官辦公室——也就是霍爾斯工作的地方——留下了證據。被放到一旁的檔案並非僥倖，是因為先前心灰意冷的康特拉科斯塔警長保證會將一切保持原樣。這與警察的嘉獎勳章是全然的相反。東區強暴魔是一大失敗。如果人腦真如專家聲稱，是世上最厲害的電腦，那麼，老警員希望這份東區強暴魔的檔案能吸引到那些既年輕又願意刨根挖底的腦子——越快越深入就越好。有時，難辦的案件就像接力賽。

「腦子比較蠢的那些我們什麼時候抓都可以，」警察老愛這麼說。一百箱檔案中，他們至少可以隨口說出九十九箱這種類型的——除了一箱以外。那箱案件之棘手，搞不好會讓你提早嚥氣。

一九九七年七月，霍爾斯開始著手將東區強暴魔的強暴檢驗包從證物室拿出來，看能從中提煉出什麼證據。康特拉科斯塔治安官辦公室的犯罪實驗室還沒有加州其他實驗室那麼先進，他們的DNA程式相對而言還是新設備。不過，儘管只有三個檢驗包，還是可以萃取出一些物

質做出基本檔案。霍爾斯領悟，即便東區強暴魔的犯罪手法如此特別，也無疑跟北加州的攻擊有關，但要是他能夠以科學上的真確性推斷出某個人的確犯下康特拉科斯塔三起疑似東區強暴魔的案件，就能重啟調查。這麼一來就可以挖出過往的嫌疑犯，對他們進行取樣。

複製DNA的過程花了點時間，但當結果出爐，的確證實符合：一如預期，康特拉科斯塔三起案件是同一個人犯下的。霍爾斯現在握有東區強暴魔最基本的DNA檔案，等到實驗室有了更好的設備，這個檔案的等級還可以更上一層樓。於是他開始鑽研檔案本身。先前他專注於科學層面，暫把這放到一旁。他漸漸抓出東區強暴魔的模式：選一個社區潛行觀察、蒐集資料、打電話給受害者。發想高明的計畫。

霍爾斯彙編了一張過往嫌疑犯名單，然後找上退休警探賴瑞．克萊普頓。克萊普頓在連續事件達到最高峰時，曾是康特拉科斯塔東區強暴魔專案小組一員。從克萊普頓的名字在報告中出現的次數，霍爾斯可以得知他才是實質上的領導者。他要不是個工作狂，就是把這件事看得很重要。

打給退休警探問未解懸案可能得到各種反應。有些人會覺得受到抬舉，但大多是會覺得有點煩。他們說不定正在藥局排隊等領心臟病的藥，或是在漁船上安裝龍骨的排水塞。你禮貌又熱心的舉動，等同浪費他們人生的每分每秒。

克萊普頓接了霍爾斯的電話，一副「我剛剛才說到東區強暴魔」的語氣——而且搞不好已經連續講了好多好多年。這通意料之外（而且令人愉悅）的電話，自然而然延續了克萊普頓談論不輟的話題。

克萊普頓生於新斯柯細亞，像個又高又瘦、一臉誠實的農場老闆，就是約翰．韋恩在西部片中會願意對他挖心掏肺的那種角色。他講起話有點怪癖，因為他不太停頓。克萊普頓很少遲疑，只是說起話比較簡要而有自信（但還是可以稍停一下）。

霍爾斯想知道，在以前的嫌疑犯中，有沒有哪個克萊普頓比較有印象或比較特別，應該重新徹查──雖然有，但他略顯冷淡地給了霍爾斯一些名字。霍爾斯後來發現，克萊普頓真正希望他做的是按照自己過往的一個預感去追線索，因為當時頂頭上司不讓他這麼做。

今日，跨區合作隨處可見，但七〇年代晚期的情形令人非常沮喪。警察唯一能聽到其他組織案件的方式，除了透過電傳打字機外就是八卦愛好者。東區強暴魔在一九七九年夏天消失在東灣，克萊普頓的老闆差點因鬆了一口氣而跳起舞來。然而克萊普頓卻驚慌不已。他看得出那傢伙在進化，這個人一定得從受害者眼中看到更多恐懼才能興奮起來。先前他說的那些要殺死受害者的威脅話只是表面上裝模作樣，現在他把話講得更狠，但行為卻更散漫，好像有人解除了他的禁令。克萊普頓對此非常憂心。東區強暴魔需要的可不是解除禁令。

八〇年代早期，克萊普頓接到吉姆．貝文斯的電話。他是沙加緬度治安官部門的一個調查員，兩人在是東區強暴魔專案小組一起工作時熟起來的。貝文斯努力想離案子遠一點，因為它一直結不了，弄得他賠上婚姻。但他想告訴克萊普頓自己聽到的謠言：聽說聖塔芭芭拉有幾件案子（一起是凶殺案）很像東區強暴魔幹的。於是克萊普頓打電話過去。

對方十分小心翼翼。「這裡沒那種事。」他們這樣跟他說。

好幾個月後，在一個全州的訓練研討會上，克萊普頓正巧坐在一名聖塔芭芭拉的調查員旁邊，兩人因而小聊了一下。克萊普頓裝笨，假裝自己想聊聊工作。

「不久之前發生的那件雙屍凶殺案怎麼樣啦？」他問。

即便一面將細節聽進耳中，他也沒洩漏心中感受到的惡寒。

「保羅，我告訴你，」克萊普頓說：「去聯絡南部的，從聖塔芭芭拉開始著手。我聽說那裡好像有大概五具屍體呢。」

「我會的。」霍爾斯承諾。

「我知道，一定是他。」克萊普頓說，然後就掛了電話。

二十年後，霍爾斯打到聖塔芭芭拉，再次吃了閉門羹。治安官部門否認有任何類似他形容的案件。但在對話快結束時，話筒另一邊的警探要不是回想起了什麼，就是對於打迷糊仗改變了心意。

「去試試爾灣，」他說：「我想他們有些類似案件。」

霍爾斯打去爾灣，這通電話將他帶到橘郡治安官部門，也因此讓他跟犯罪實驗室的犯罪學家洪瑪莉接上了線。霍爾斯解釋說，自己最近取得一名被稱為東區強暴魔或EAR的不知名白人男性DNA，此人從一九七六年至一九七九年在北加州犯下五十起性侵案件。東區強暴魔的調查員一直懷疑他去了南邊，並在那裡犯下更多案件。霍爾斯急促而快速地背誦出他的犯罪手法：針對中產至中上階級、住平房的家庭下手；趁夜晚侵入家中；挑選熟睡的夫妻、情侶；綑綁；強暴女性受害者；有時隨手竊盜。比起更有價值的物品，更喜歡個人訂製並對受害者有特殊意義的首飾。戴滑雪面罩使得辨識外型更為困難，不過證據顯示他穿九號鞋，血型A，是非分泌者。

「聽起來跟我們的案子非常像。」洪瑪莉說

在霍爾斯跟洪瑪莉交談的年代，兩人的實驗室使用的是不同的DNA辨識技術。橘郡是STR鑑識的早期採用者。他們可以比對一種基因——DQA1——而且也得到符合結果——，不過他們也只要比對這個就夠了。康特拉科斯塔實驗室也還沒有加入CODIS，這代表他們無法連上跨州或國家資料庫。洪瑪莉和霍爾斯同意保持聯繫，並在康特拉科斯塔實驗室也開始使用新技術時更新資料給對方。

政府資助的犯罪實驗室該遇到的各種光怪陸離的經濟問題，他們都遇到了。遴選出來的官員都知道，砍掉警力預算是不受歡迎的行為，所以砍人時通常會砍在沒那麼明顯的位置——例如鑑識科學家。實驗室設備也不便宜，實驗室主管往往得不斷送出同一份申請才能拿到所需設備。

這也稍微說明了（從以前到現在都兩袖清風的）康特拉科斯塔實驗室為什麼得花一年半才追得上橘郡。二〇〇一年一月，康特拉科斯塔開始啟用STR鑑定，霍爾斯請其中一位同事戴夫．史塔威重新跑一次東區強暴魔的DNA萃取，看看三起案件的疑犯DNA是否還是一樣。史塔威回答說他已經進行了。

「打給橘郡的洪瑪莉，」霍爾斯對他說：「我們現在有一樣的技術。跟她的比對一下。」

在電話上，史塔威和洪瑪莉把標記一個個讀給對方聽。

「就是這個。」當史塔威讀出東區強暴魔的其中一個標記，洪瑪莉說。

「就是這個。」聽到她的一個標記時，史塔威也如此回答。

史塔威來到霍爾斯的辦公室。

「完全吻合。」

二〇〇一年四月四日，這則新聞立刻上了報紙。《舊金山紀事報》的頭條寫著：**DNA將七〇年代數起強暴案變成連續案件**。沒人先通知倖存的強暴受害者報紙會報出這些消息，有非常多人在早餐桌上看到早報，嚇了一大跳。《沙加緬度蜜蜂報》頭版就這麼寫著：**連續強暴案出現新線索：數十年後，DNA證據將東區強暴魔與橘郡的案件連起**。

對其中很多人來說，更不真實的是《蜜蜂報》上的警探：理查．薛比與吉姆．貝文斯。薛比——高個子，板著一張臉，記憶力無懈可擊。還有吉姆．貝文斯——大眼水汪汪，他同僚都這麼用嘲諷的語氣叫他。沒人比貝文斯更討人喜歡，即便他從五十碼遠的地方大步朝你走來，你都會知道被派來緩解情況、擺平一切的就是這個人。

而出現在頭版上的就是他們。而今他們已經是兩個老頭。在警界待上二十五年是很漫長的，而這段漫長歲月帶來的痕跡也顯而易見。這兩人的表情隱約透出了一點什麼：是難為情嗎？還是羞愧？他們各自推測這名終極對手現在的下落。薛比認為他在瘋人院，貝文斯則覺得他死了。

霍爾斯接到了一些記者的電話，享受了這種興奮感幾天。即便如此，他私下仍認為調查才是自己的天職。他晉升為犯罪鑑識學部主管，然而，人生義務召喚著他。他結了婚，有了兩個年幼的孩子，再也沒有時間可奉獻給因為新DNA關連而合成一案的上萬頁案件資料。這般資料量是前所未聞。辦案人員之間的樂觀氣氛高漲。DNA檔案？六十起遍及全加州的案件？他們爭論著到時要是把人抓進小房間，誰可以第一個審問他。

橘郡的賴瑞．普爾是指定的核心組員。對普爾來說，這些DNA關連性的新聞是很棒沒錯，卻也不禁令人氣餒，感覺就像過去幾年他窩在熟悉的小空間中虛耗時光，最後卻發現那只是倉庫中的一個附屬建築物。

他依舊無視那些堅持怪物已死的冷血警察的輕蔑。如果不以外力阻止因性衝動犯案的連續殺人犯，他們是不會停止殺人的。搞不好是哪個很有正義感的屋主在他搶劫時把他射死了，你別再浪費時間。他們這麼說道。

七個月後，幾條來自太平洋西北地區的新聞將證明普爾是正確的。二〇〇一年十一月，媒體焦點轉往另一名蟄伏將近二十年、身分未明的連續殺人犯——而且有些人認為他早已死亡：華盛頓的綠河殺手。最後證實，這名犯案累累、專殺妓女的凶手還很生龍活虎，住在西雅圖郊區。他為什麼歇手了呢？因為他結婚了。

「我是被科技逮到的，」蓋瑞·利奇威對警察說，這句話等同向他們比了個中指。他說的沒錯。他讓自己的臉面變得鬆弛、消去眼中的慧黠，並以這種方式耍了警方好多年。這種笨蛋絕不可能是惡魔般的連續殺人犯，他們這麼想著。因此，儘管有堆積如山的證據，他們還是放他離開。

二〇〇一年四月六日，在東區強暴魔與原始暗夜尾隨者有關的消息登上新聞後兩日，東沙加緬度刺林道一間屋中的電話響起。一名六十出頭的女性接起電話。雖然姓氏已改，但她在那棟屋子住了快要三十年。

「喂？」

那道嗓音低沉，他講話很慢，但她馬上認了出來。

「還記得我們一起玩過嗎？」

第二部分

二〇一二，沙加緬度

［**編輯筆記：**以下是由蜜雪兒的文章〈追隨凶手的腳步〉初期草稿節錄。］

這裡是東沙加緬度一間亂糟糟的中學，擁擠的辦公室中坐在我對面的女人是個陌生人，但我們在見面的瞬間，立刻開始使用各種行話暗語對談，（簡直可說是強暴魔／尾隨者［**EAR-ONS**］版的克林貢語），所以你絕對看不出我們不認識。

「七四年狗被揍的那起搶劫案？」我問。

我將這位女士稱為**社工**。她重新綁起粗粗的馬尾，啜了那罐能量飲料一口。她「年近六十」，有著大而敏銳的綠眼及菸嗓。在停車場時，她將雙手舉到頭頂大力狂揮、歡迎我來。我馬上就喜歡上這個人。

「我真不敢相信那些案子都有關連。」她說。

一九七四年科多瓦牧場的那起搶案是留言板上最新爆出且引發熱議的事件之一，這是A＆E電視臺《懸案實錄》針對強暴魔／尾隨者開的留言板，社工是這個板上其中一名實質領導者。

一開始，當我看到他們對案件的了解有多麼鉅細靡遺，我不禁感到氣餒。不過現在我則是越發佩服。這裡有超過一千個主題，以及兩萬則貼文。

一年半前，我差不多是一口氣啃完賴瑞・克萊普頓寫的《突然一陣恐懼》（Sudden Terror）。這本書充斥雪崩一般大量且直白的案件細節，滿是屬於七〇年代的政治不正確，並在描述過程中塞滿一名實事求是的警察揮之不去的懊悔，十分不搭軋。之後，我找到了這個討論板，這裡有著豐富又有用的案件相關資訊，我震驚不已。向一九九六年十二月二十五日致敬的書不只五、六本，那就是瓊白蕊・藍西[1]謀殺案發生的那晚。但強暴魔／尾隨者呢？明明跨越十年時光、橫越整個加州，甚至改變了加州DNA法條[2]，受害者有六十位，嫌犯在犯案時說話的語法千奇百怪（「我會殺了你，就像我弄貝克斯菲爾德的一些人一樣」），還有一首據傳由他寫下的詩（「渴望興奮」），甚至有錄了他聲音的帶子（簡短而輕聲的嘲弄，是警方裝在受害者電話上的裝置錄到的），卻只有那麼一本自費出版又很難找的書談論這起案件。

我第一次登入強暴魔／尾隨者的討論板，就立刻震懾於如此強大驚人、無所不包的協作調查結果。是的，是有些怪咖，例如有個心存好意的傢伙，堅持主張大學炸彈客泰德・卡辛斯基就是強暴魔／尾隨者（但並不是）。可是大多分析都在水準以上。打個比方，一個很常發文、代號叫PortofLeith的人。他發現在東區強暴魔開始活躍的年代，加州州立大學沙加緬度分校的學期行事曆與他的犯案有關連。這裡還有板友製作的詳盡地圖，從犯罪現場位置、目擊者看見的景象，再到他在達納角丟下血淋淋摩托車手套的地點。更有上百則貼文剖析他與軍方、房地產和醫護人員之間可能的連結。

這些搜查強暴魔／尾隨者的偵探技巧高超，而且認真想用這些技巧把他抓住。我跟一個主修資工的研究生在洛杉磯的星巴克見面，討論他心中的嫌犯人選。見面前，我收到一份七頁的彙整資料，其中包含註記、地圖，以及嫌犯的年鑑相片。我也同意這名嫌犯看起來希望很大。這位學生唯一挑剔的未知細節，就是嫌犯的鞋子尺寸——九或九號半，東區強暴魔的鞋子尺寸比一般男性稍小了些。

留言板的成員性格多半偏執，大量使用假名。他們因性格的緣故發生衝突，對於這種花大把時間在網路上討論連續殺人犯的人來說，或許也沒什麼好驚訝。社工在沙加緬度調查員與留言板社群之間扮演某種守門員的角色，這讓一些貼文的人很不爽，指控她每每暗示自己有機密資訊，又在大家要求她分享時閉口不談。

的確，她時不時會有些新資訊與大家分享。二〇一一年七月二日，社工貼了一張畫有貼紙的圖，她說那是在沙加緬度的一起強暴現場附近某輛可疑交通工具上看到的。

1（編註）JonBenet Ramsey，科羅拉多州小有名氣的兒童選美皇后，六歲時在自家遭人勒斃，成為轟動全美的知名懸案。

2 這起案件促使加州六十九號法案誕生並於二〇〇四年通過。這條法案授權當局能向所有重罪犯，及以特定罪名，如性侵、謀殺、縱火等起訴的成年與少年罪犯採取ＤＮＡ。基斯．哈靈頓的哥哥布魯斯資助此項運動，投注將近兩百萬美元的資金。

「可能來自北島海空軍基地，但無法證實，也沒有紀錄。板上有人覺得眼熟嗎？希望我們可以找到這是打哪兒來的。」

我們。我越是受這個板吸引，這個奇妙且存在感強烈的執法機構就越見清晰。這些網路偵探因為各自的特殊私人理由，受到這起擁有數十年歷史的懸案吸引。這些人用自己的筆電獵捕凶手，而調查員則低調地指引他們方向。

社工開車載我逛了一遍東區強暴魔的熱門地點。我們在麥特空軍基地旁猶如迷宮的簡約度假屋附近繞，穿過林木較茂盛也占地較大的亞登長廊和德戴羅社區。她告訴我，她大約在五年前開始非正式與沙加緬度調查員合作。

「其實我在最高峰時期住過這裡，」她還記得自己那時是個年輕的母親，強暴案件達到十五起時，那股令人脫力的恐懼來到最高峰。

這個曾遭強暴魔／尾隨者肆虐的東沙加緬度社區在建造時並沒有什麼令人振奮的設計。我看到一整個街區一處不漏地塗成米黃色，那種密密實實的謹慎氛圍掩蓋了這裡發生過的慘劇。我們轉上馬拉加路。一九七六年八月二十九日，在那裡，風鈴叮噹響起，一陣強烈的刮鬍水氣味讓一名十二歲的女孩嚇醒，一個蒙面男子站在她臥室窗戶，拿刀撬著紗窗左上角。

「只要仔細去想，就會覺得真的好黑暗。」社工這麼說道。既然如此，她為什麼還要去想呢？

多年前的一個晚上，她躺在床上不斷轉著電視，突然看到《懸案實錄》某一集的結尾，並因瞬間的領悟恐懼得猛坐起身，我的天啊，她想，他變成謀殺犯了。

當時一段不安的回憶不斷糾纏著她，於是她去找沙加緬度警局的一名警探，想知道這到底是不是她的妄想：不是。他證實，在東區強暴魔沉迷打電話給受害者的消息公開前，她就因為有人打騷擾電話申訴了三次。她說，那個跟蹤者「知道我的一切」。現在，她確信打電話來的就是強暴魔／尾隨者。

從遠處看去，美洲河閃耀著湛藍。她覺得冥冥之中有著什麼呼喚她去幫忙解決案件。社工這麼對我說。

「但我也學到一件事：你一定要小心，要照顧好自己，不然可能會被反噬。」

可能？我們過去這四小時來除了強暴魔／尾隨者之外什麼也沒講。當她的丈夫注意到晚餐宴會中她又把話題帶往那個方向，會立刻在桌下踢她一腳，小聲地說：「別又來了。」有一次，我花了一整個下午，盡可能搜查一九七二年里約美國高中水球社一位社員的相關線索。因為在年鑑照片中，他雖然瘦瘦的，卻有一雙粗壯的小腿（在某個時間點，強暴魔／尾隨者據稱有此特徵）。她曾跟一名嫌疑犯吃晚飯，然後把他的水瓶帶回家驗DNA。警方檔案中，嫌犯的姓名紀錄往往是將姓氏置前。在我最低潮、最迷惘的時候，我沒有多想地開始搜查一位名叫「賴瑞・伯格」（Lary Burg）的傢伙，之後眼和腦才重新組字，認出那其實是搶劫（burglary）二字。

我的喉中永遠堵著那聲尖叫。某個晚上，當我丈夫因為不想吵醒我而踮著腳尖進房，我整個人從床上跳起，抓起床頭燈就朝他的腦袋砸——所幸我沒打中。早上，當我看到那盞燈倒栽在臥室地板，才想起自己幹了什麼，不禁瑟縮。接著我便在床單上摸索之前擺筆電的位置，再一次以研讀猶太法典的方式回去研讀警察報告。

然而，聽到社工溫和地警告我不要太走火入魔，我沒有出言嘲笑，只是點點頭。我願意假裝我們只是在兔子洞的邊緣徘徊，還未深陷其中。

與我們一同跳入兔子洞的還有一名三十歲的男性，來自南佛羅里達，我叫他**小鬼**。小鬼有電影學位，暗示自己和家人的關係有點狀況。小鬼很重視細節，他最近不看有線電視播的《緊急追捕令》了。因為「片頭結束後（長寬比）從2.35:1一下變成高清1.78:1。」他很聰明，個性一絲不茍，時而突兀直率。就我看來，他是這個案件裡最值得期望的業餘人士。

熟悉強暴魔／尾隨者案的大多數人都認為，最好的調查線索之一就是他的地理路徑。在那段時間——就說一九四三到一九五九吧——出生、一九七六到一九八六在沙加緬度、聖塔芭芭拉和橘郡居住或工作的白人男性也就那麼多。

但是只有小鬼花費近四千小時針對各種可能性進行資料挖掘，從Ancestry.com到USSearch.com，他對每條線索進行事後搜索[3]。另外還要感謝eBay——他擁有波爾卡公司一九七七年沙加緬度郊區的電話簿副本，以及一九八三年橘郡的電話簿，都數位化到他的硬碟中。

我第一次注意到小鬼的調查內容品質很好，是在我最初對此案產生興趣的時候。當時，我從他在板上發表的文章發現他好像無所不知，就寫了電子郵件，想問他我發現的一個潛在嫌犯。我突然領悟，因嫌犯而生的興奮感與第一次談戀愛那純純（蠢蠢）的感覺實在很像。儘管會響起微弱的警鈴，你還是會因為深信「沒錯！就是那個人！」而拚命向前爬。

我一心只想讓我找到的嫌犯戴上手銬，但小鬼比我多了一年的搜索時間，外加好幾個資料庫。「我好一陣子沒處理那名字了，」他回信道。電子郵件中還有一張穿著毛衣背心的陰鬱書呆子照片，那是我的嫌犯念大學二年級的時候。「他不是我的第一人選。」小鬼寫道。

之後，他強調加害人評估有多麻煩，並佐證如下：如果單純依地緣關係史與外貌描述判斷，最可能的強暴魔／尾隨者嫌犯會是湯姆．漢克斯。（這裡我應該要強調一下，單是因為此人拍攝電視劇《親密伙伴》的日程就可予以排除。）

去年春天，我跟家人到佛羅里達度假，並安排在咖啡店跟小鬼親自碰面。他很有魅力，沙棕色的頭髮剪得整整齊齊，口條清晰，完全不像那種為了與自己毫無關係的懸案而執迷挖掘資料的人。他婉拒了咖啡，但一根接一根抽著駱駝牌香菸。我們聊了一些加州和電影產業的事。他告訴我，有一次他到加州旅行，只為了看他最愛電影的導演版：文．溫德斯的《直到世界盡頭》。

我跟他討論的大多還是我們共同沉迷的事物。這起案子是如此複雜，如果要跟別人講也很

3（譯註）Cold Search。嫌犯以不在現場，是在犯罪現場發現之後數小時或數日，針對周圍區域、住家等進行潛在目擊者調查的行動。

難只提精華重點。我發現，能跟聽得懂行話的人相處實在是輕鬆太多了。對於自己的執念，我們都難免有點想隱瞞，並感到扭捏。最近小鬼參加了一場婚宴，新郎打斷了自己母親和小鬼（他是新郎的老朋友）的對話。「跟她說一下你那個連續殺人犯！」他這麼建議完才繼續往前走。

我則跟他說，我一直在想，根據實驗，被囚禁的動物寧可自己去找食物，也不願吃餵給牠們的東西。對我們來說，觸動多巴胺分泌的控制桿就是案情搜查。但我沒有提的是另一個讓我有點不安的領悟：我們的蒐證行為，跟我們要找的人的強迫行為——踩得亂七八糟的花床、紗窗上的刮痕、惡作劇電話——兩者多麼相似。

但傑夫．克拉帕奇隨口說了一句話，總算讓我覺得自己的幻想沒那麼詭異。他是聖塔芭芭拉治安官部門的警探，那時我們坐在他和他搭檔的強暴魔／尾隨者「戰情室」。那是後方的一間辦公室，裡頭滿是堆疊舊檔案夾的塑膠桶。他右肩上方懸著一張海報尺寸的Google地球版戈利塔地圖，雙屍凶殺案的地點都標在上面，兩起案件相隔十九個月，距離卻只有零點六英里。聖荷西溪從地圖中央迂迴而下，該區巨大而低垂的樹林讓強暴魔／尾隨者得以受其掩護。

我問克拉帕奇，是什麼原因讓他放下退休生活來辦這案。他聳聳肩。

「我喜歡謎團。」他說。

當小鬼為調查中碰到的每位調查員寫簡介，都得到一樣的答案。小鬼用第三人稱寫道，他的興趣「三言兩語難以說明，只能說，這是個答案極簡的大哉問，而他無論如何一定要知道答案。」

最終，小鬼跟我分享了他的代表作，他將之稱為「終極名單」。那是一份一百一十八頁的文件，內含約兩千名男性的名字與資訊，包含出生日期、居住紀錄、犯罪紀錄，甚至照片都有。他是如此周詳——那份名單還有索引——我真是瞠目結舌。有些人的名字底下還有批注（「一心一意提倡騎乘單車」以及「親戚：邦妮」），除非你跟我們一樣，對這名最後活躍時間還在雷根總統任內、如今可能已逝的連續殺人犯非常熟悉，不然這些字句對你不會有任何意義。

「在某個時候，我會不得不放下這一切，繼續過自己的生活，」在小鬼寫給我的一封電子郵件中，他這麼說道。「諷刺的是，在這極度不實際（而且大多數人難以理解）的努力中投入越多時間和金錢，我就越想繼續。這樣一來，我才有機會抓出這個王八蛋，讓這些投資不會白費。」

不是每個人都欣賞網路偵探和他們的努力。最近有個挑釁人士出來引戰，說他認為這些傢伙愛裝警察，滿腦子扭曲又可悲的執念，全是沒受過訓練的好事之徒，病態地著迷於強暴與謀殺。

「**白日夢偵探**。」他這麼寫道。

但我深深相信，會有一個白日夢偵探能解決這起案件。

東沙加緬度，二〇一二

他們看到了：不該有車的屋後空地卻有車頭燈。一名身穿白襯衫和深色褲子的男子，凌晨三點從鄰居籬笆上的洞爬進來。被撬開的門。手電筒光束射進臥室窗戶。有人從排水溝冒出來，悄悄溜進隔壁後院。原本關著的閘門打開。穿著藍色休閒襯衫的深髮色男子站在對街一棵樹下注視他們。院子裡的神祕腳印。某人從灌木叢中突然飛衝出來、跳上一輛腳踏車。更多手電筒光束射進臥室窗戶。下半身穿棕色燈芯絨褲和網球鞋的男人沿屋奔跑，藏到花盆後方。前門有個人口普查員，他想知道這棟一年沒做過普查的屋裡究竟住了幾個人。他們的鄰居，一名三十四歲的男人，只穿著內衣、雙手雙腿被綁住，在凌晨兩點一邊尖喊救命一邊踉踉蹌蹌從屋中出來。

他們聽到了：狗吠。重重踩在火山石小徑上的腳步。有人割破紗窗。空調發出「咚」一聲悶響。玻璃滑門遭破壞。房屋側邊的刮擦。喊救命的聲音。扭打。槍聲。女人拉長嗓門的尖叫。

沒人叫警察。

警察的調查網絡捕捉到了這些事後諸葛。有時候，當警察在鄰居門前停下來問問題，就會被帶去看割破的紗窗或遭破壞的門廊燈。讀了警察報告後，我起先覺得鄰居的毫無反應十分詭異，最後則瀕臨走火入魔——有些沒舉報的可疑行為，分明發生在東區強暴魔於沙加緬度造成的恐慌最高峰的時候。

「他三不五時就在這社區鬼鬼祟祟徘徊，為什麼都沒人說點什麼呢？」我問理查．薛比。薛比第一眼看來強硬，就是那種待在不毛之地普萊賽郡、七十幾歲退休警察典型的模樣。他個子很高，性格謹慎。當然，他左手少了半根無名指，差點害他進不了警界。但他仍有溫柔的一面：例如他淺藍色的襯衫，溫和到我差點聽不清的嗓音，還有午餐時，女服務生跟他說檸檬水賣完了，他沒有發脾氣，只是輕輕微笑，低聲說：「那就換冰茶吧。」薛比自己也承認他在沙加緬度治安官部門仕途不順。他早在一九七六年秋天就著手調查此案，也屬於第一批找到關連的人、判斷出他們要找的是連續強暴犯。

「要說什麼呢？」薛比玩笑似地問。「當時是晚上，他穿得一身黑，悄悄沿著籬笆走，能看到什麼？」

「我的意思是，警察調查時問到了什麼？居民到底都看到、聽到了什麼？」我說。有一件事讓我特別念念不忘，也就是一九七六年九月一日，科多瓦牧場馬拉加路和艾爾卡匹路附近區域發生的第三起強暴。警方調查時匆匆記下了一句話。「多位居民都表示自己聽到尖叫，但沒看外面。」

一九七七年一月，有個住在美洲河往南一點的人家中最近被搶，他瞥到一個年輕男子在偷窺他隔壁鄰居的窗戶。他發出咳嗽聲，想讓那個偷窺者知道他被發現了。於是那個陌生人開溜。這種警示方式好像有點太禮貌。一週後，有個住在往北一個街區的二十五歲女子成為第十一個受害者。當時她已懷孕五個月。

也許七〇年代的象徵就是大家不太想打給警察，我對薛比提出我的猜測，談起越戰之後某種飄浪無根的氣氛。但薛比搖搖頭。他雖沒有答案，不過絕不是那樣。對他來說，居民的消極態度只是案件中他們揮之不去的敗筆之一。從那些沉迷愚蠢政治遊戲的高層、薛比開巡邏車時轉了幾次錯誤且關鍵的彎，再到有人打來通報，說藏在他們家籬笆的一個布袋裡裝了手電筒、滑雪面罩和手套，結果調派員卻指示他們：「把東西丟掉。」

如今薛比住在沙加緬度以北三十英里的鄉間。在那裡，他可以——套句他的話——「像個男人一樣下田工作」。我們在他喜愛的老地方見面吃午飯，正是三十六年前他開著警車，順著沿河蜿蜒的街道巡邏之處。他儀表板的燈光幽暗，唯一的導航就是斷斷續續的無線電，並殷殷企盼著自己轉的方向沒錯。車頭燈的光線可以照到一個戴著滑雪面罩、五呎十吋高的年輕人。在薛比的職業生涯中，再也沒碰到像東區強暴魔這樣的罪犯。他們持續在屋頂上找到一些他從受害者那裡偷來的物品。雖然原因不明，但他把東西扔到了那上頭。之後，當打來通報屋頂上有奇怪腳步聲的電話到達一定數量，薛比頓悟，那些被偷走的東西不是被丟到那裡，而是從口袋掉出來：他在那上頭到處爬。

有些個性自負卻耿直的人會在嚴厲話語還沒說出口前先把眼神飄開，因為會洩漏出在底下翻湧的心軟。薛比就是這種人。他挑了吃午餐的地點，但我能看出，對他來說，這個社區永遠都是他被敵方華麗假動作逆襲的場所，「那個反社會的王八蛋，」這名偷窺狂曾在諾斯伍德道一棵濃密的樹下找到巢穴，從一堆煙屁股和彎來繞去的足跡就能得知此事。這又是另一個居民注意到卻從未通報的微弱跡象。

「大家都說他很精明，」薛比說，他避開了眼神。「但事實是，他不需要隨時那麼精明。」

先前在沙加緬度，我去向《洛杉磯雜誌》做強暴魔／尾隨者報導的簡報，得到一個隨身碟，裡面有超過四千頁數位化的舊警察檔案。我是以老派的交易方式得到這個隨身碟的：雙方都不相信彼此，眼睛一邊死盯著對方、一邊把手伸出來，說好同時將我們的東西放下，讓對方去拿。我手上的是一張稀有光碟，裡面有整整兩小時的訪問錄影。此人與南加州一起凶殺案有關，雖是外圍人物，但還是相當重要。我想都沒想就給出去了；反正家裡有副本。

由於對身分不明的連續殺人犯有著共同的迷戀，我們因此形成某種臺面下的組織，並導致這些地下交易——而且十分常見。網路偵探、退休警察外加現役警察——人人參與。我收到不只一封標題為「以物換物」的郵件。我跟那些人一樣，深深相信自己——只靠我自己——能見到他人所不能見。為了達成這個目的，我得親眼看到每樣東西。

我心中那個虛榮的查案者等不及要回旅館將隨身碟插進筆電。在每個交通號誌前方，我都會去碰後背包最上方的口袋，以確保那個小小的長方形物體還在。我住在市中心J大街的市民旅館。網路上有著鉛條窗格和芥末色條紋壁紙的照片十分吸引我。接待區域的牆上有內嵌書櫃，前臺華麗，而且漆成中國紅。

「妳會怎麼形容這地方的風格呢？」入住時，我問前檯的員工。

「圖書館加妓院。」她說。

我後來才曉得這座大樓的建築師喬治．賽倫也設計了聖昆丁州立監獄。

一進房間，我馬上換穿旅館清爽的白色浴袍。我放下百葉窗、關掉手機，把房中冰箱裡一包小熊軟糖丟進杯子、拿到床上、放在旁邊，雙腿交叉在筆電前方。我將會擁有千載難逢的完整二十四小時，不受打擾也不需要分心——沒有沾到顏料、黏答答的小手伸過來叫我幫忙洗，沒有饑腸轆轆、出現在廚房問說今天晚餐吃什麼的老公。我將隨身碟插進去，整個人轉換到資料處理模式。我的食指壓在往下的按鍵，就這麼讀著——不，或許該說狼吞虎嚥了起來。

警方報告簡直像是機器人在說故事，言簡意賅又一板一眼，沒什麼個人判斷或感情的空間。一開始，那種樸實感的確滿吸引我。不相關的細節被抹去，可是我很確定他的名字一定非常顯眼——我錯了。這種格式簡潔的報告是會騙人的。當我一點一點吸收這些資訊，再簡潔的細節好像都漸漸擠在了一起，變成模糊不清的一團。有些片段從群體中脫離，散發出強烈而令人震撼的感受，而且有時發展會在我意料之外——一名最近剛分居的三十八歲母親在黑暗中奔走，想找兒子的玩具鋸子來鋸斷綁住她發腫雙手的繩子；十三歲女孩被綁在床上，當強暴犯離開房間，她問她最愛的小狗：「你這笨狗，怎麼什麼都沒做呢？」小狗用鼻子推推她，她則叫狗兒躺下睡覺。狗狗照做。

時光飛逝，小熊軟糖都吃光了。由於我的房間在十樓，正好位於一座舉辦婚宴的帳棚上方。從走道進來時，我經過那些身穿海水綠衣裳、正在擺姿勢拍照的伴娘，而此時開始放起了音樂──很吵。我拿起電話打給前臺……可是我要說什麼？難道要說「你們不要那麼開心好嗎？」於是我掛了電話。而事實是，我因為糖分、飢餓，外加花了太多時間獨自在黑暗中咀嚼這整整五十章的恐怖故事（而且敘事語氣活像監理站的櫃臺員工那樣死氣沉沉），因此變得神經兮兮。我一直盯著電腦，雙眼乾澀缺乏水分，有如在飛機廁所裡被真空吸得一乾二淨。庫爾伙伴合唱團的〈慶祝〉與我目前的狀態八竿子打不著。

沙加緬度市位於加州中央谷地以北，沙加緬度河與美洲河在此匯流，這地方有著與生俱來的下水道系統。主因是為了排水──來自山脈或降雨的流量會沿河向下，流入加州三角洲，再匯入海洋。我之所以知道這件事，只是因為警方報告中常出現排水溝和水泥砌邊的渠道。打從一開始──從鞋印、證據、可疑的目擊，他甚至帶了一名受害者到那個地方。這一切的一切清楚顯示東區強暴魔就是走這條路線，一如地底生物，在地下靜靜等待，直至入夜。我因此想到了《黑湖妖潭》中一個代表性畫面。當海洋生物學家凱（由美麗的女演員朱莉．亞當斯飾演）從探險船潛入黑湖，那恐怖的人形生物從下方漂動且纏繞糾結的海草中冒出。我們的視角是由水中往上，見到那生物模仿著她的動作，對她心醉神迷。你等待著她注意到這隻生物，然後因驚慌而在水中撲騰──但他沒被發現。只有一個瞬間，他以長著鱗片與蹼的手爪掠過她一腳，她微微抽動一下，有點不安。

東區強暴魔跟蹤單獨目標，但在讀過警方報告後，會明顯注意到他也尾隨社區居民，而且多半利用沙加緬度渠道與排水溝組成的地下迷宮來去。他偏好一層平房，通常是位於轉角倒數第二棟，靠近綠化地帶的範圍——如開放空地或公園。攻擊前，受害者家附近會有潛行者或非法入侵的跡象。有時，一些不太貴重的私人小物會不見。發生攻擊前，半徑約四至五個街區的範圍會突然響起迅速掛斷的電話——他在進行事前勘查，他在研究這些人，調查他們什麼時候在家。他的手法顯然是先挑選一個社區，找五、六名可能的受害者做目標，也許還會排出優先順序。他會盡可能增加可挑選的對象，並做好基本工作。如此一來，當出手的那晚來臨，他的衝動絕對能得到滿足。

這也就表示，那些因改變行程或幸運逃過一劫的女人本來就不是受害者，她們比較像是怪物眼中在黑湖裡划水、身材姣好、令他執迷的物件。她們只會感到彷彿有什麼可怕生物掠過身邊。

調查報告中，居民證詞占的分量不超過五、六句，卻有如召喚回憶的俳句，提供了特定的時間與地點。問到他們時，他們正在從舞廳回家的路上，或剛在露天影廳看完兩場電影——《大地震》和《航爆死亡角》——或在傑克．拉蘭內[4]運動中心。他們通報丟了兩件五號的女性

4（譯註）Jack Lalanne（1914-2011），美國健身大師。

外套，一件棕色麂皮，另一件是皮革。有個女孩看見一個可疑男子露出有如狼人傑克的眼神。在當時，你會不斷碰到挨家挨戶做生意的推銷員——賣自動灑水器、富樂刷具、個人攝影、畫家。其中一個社區似乎每個人都在早上五點去公司上班。這些人特別注意到一輛型號較新且「閃閃發亮」的車。但在別的社區（多半位於美洲河以北），唯一在家回答警方問題的人很可能是住在雇主家裡的保母。這些居民懷疑的是那些「髒得要死」的車——邊邊凹陷的「破舊爛車」或者「狀況很糟」的車輛。

一九七七年四月，有個男孩把妹妹舉到自己肩上。由於處在有利的制高點，她突然在鄰居家院子看到一名潛行者：一個穿著深色衣服的白人男性縮在灌木叢裡。當潛行者發現自己被看到，立刻拔腿就跑、跨越好幾道籬笆。一個月後，那位鄰居（一名年輕的女服務生）在凌晨四點將丈夫搖醒。「我聽到聲音、我聽到聲音。」她說，一道手電筒光束隨即照亮他們臥室門口。後來她告訴警方，當東區強暴魔威脅要殺死她，她是真心相信他會說到做到。而當她被綁起來、躺在黑暗之中，不禁思考著子彈穿透身體會是什麼感覺。

若將沙加緬度的報告讀過一遍，你會發覺大眾漸漸感受到有個連續強暴犯在逃。從最開始的十幾起攻擊，由完全無感，直到開始有模糊的感受，接著媒體刊登報導，八卦閒聊與各種妄想接續衍生。攻擊發生一年內，受害者講述自己被手電筒燈光弄醒，並且驚覺該死！是他！這

些人告訴調查員，根據聽到的那些東區強暴魔八卦，他們會做出特定舉動。打個比方，他們會裝孬，因為聽說東區強暴魔喜歡受害者擔心受怕的模樣。此時已過了快一整年，居民的無反應再也不是因為沒注意到或懶得行動，而是一種心靈上的堡壘。他們會看到一些什麼，然後鎖上自家門、關掉燈、躲回自家臥室，暗暗希望他別來找他們。「我很害怕，」一個女人坦承。那麼為什麼不打給警察？我的想像裡充滿著「如果……那會怎樣？」的泡泡。

他們沒考慮過鄰居，但他有。我相信對他來說，這整個設局有部分刺激感來自以下遊戲：把人當成點，一個一個連成線。例如，他從第一個受害者那邊偷走兩盒溫斯頓香菸，然後留在第四個受害者的屋外；兩週前從鄰居家偷來的廉價首飾，則留在第五個受害者房裡。第二十一號受害者住在廢水處理廠附近，是扯開喉嚨喊叫就能聽見的範圍，而住在八英里外的一名員工成了下一個受害者。從一名受害者那裡偷來的藥丸或子彈，之後會在鄰居院子找到。有些受害者是名字相同，有的是工作相同。

那是一種力量展示，是無所不在的徵兆。我無蹤無影，又到處都在。你可能覺得自己跟鄰居沒有共通點，不，其實有：那就是我。幾乎無人見得到我的身影。深色頭髮，金色頭髮；體態笨重，體態輕盈；只見背影，只在晦暗光線中驚鴻一瞥。即使你們無法好好照看彼此，這連結仍會將你們牽在一塊兒。

我帶著壞心情離開沙加緬度。我睡不好。當我試圖從旅館前門出去，那群因婚宴宿醉的人全擠在那兒。在機場，我經過一隻紅色的巨大兔子雕像。飛來時不知怎麼我有點心不在焉，完全沒看見這東西。真不知道先前我為什麼都沒注意到。這個五十六英尺長、一萬噸重的鋁製兔子被纜線吊起，很顯然朝著提領行李處往前俯身。在等上飛機時，我在iPhone上搜尋了「沙加緬度，機場，兔子」。有篇美聯社的文章說，藝術家勞倫斯·阿根特被委任為新的航站大樓創作一件代表性的作品。作品在二〇一一年十月揭幕。

「我想玩的概念，是想表現某個來自外頭的東西，就這麼跳進這棟大樓。」阿根特說。

袖扣之終章

［編輯筆記：以下篇章是由蜜雪兒的文章〈跟隨凶手的腳步〉初期草稿節錄。］

在我下單購買袖扣後的那天，我打給小鬼。我跟他說我要求那對袖扣隔夜寄到。

「寄到郵政信箱嗎？」小鬼問。呃，我承認，不是郵政信箱。一幅荒唐可笑的景象閃過我腦海：強暴魔／尾隨者將袖扣轉賣到店裡——而他正好是那兒負責輸入客戶地址的員工。對於一個付了五十美金要求把只值八美金的袖扣隔夜送到的傢伙，他絕對會起疑。

我知道，最好的方式就是把袖扣交給強暴魔／尾隨者的調查員。但這麼做的風險在於，他們鐵定會因為我這種未經許可的擅自調查勃然大怒。巧的是，我最近正好排定跟橘郡的賴瑞．普爾進行第一次訪談。我下定決心，要是訪談氣氛不錯，我就把事情解釋一下，並將裝在方形夾鏈袋中小小的金色袖扣雙手奉上。

問題是，比起其他所有調查員，與普爾碰面在我想像中是最可怕的。大家對他的形容都是難親近又有點冷漠。我知道他十四年來都在辦這件案子，他與受害者基斯．哈靈頓的檢察官哥哥布魯斯在六十九號提案通過中扮演了關鍵角色——DNA證據、未解案件及無罪保護法——該法案於二〇〇四年在加州建立起一個涵蓋所有罪犯DNA的資料庫。如今，加州司法部門擁有全國最大且現正運行中的DNA資料庫。

普爾和哈靈頓認為，靠著DNA資料庫絕對能抓到強暴魔／尾隨者。然而我也明白，當事情不如預期，那份失望該有多麼強烈。我將賴瑞·普爾想像成一個鋼鐵般強硬又不帶情感的警察，他關在燈光昏暗的房中，牆上貼著強暴魔／尾隨者的模擬畫像。

一名戴著金屬框眼鏡、身穿紅色格子襯衫、和藹可親但仍有些拘謹的男子在橘郡電腦鑑識實驗室大廳迎接我。我們坐在會議室，他是電腦實驗室當天的值班警員，偶爾會有同事把頭探進來說些什麼，普爾便會簡短地以「了解」二字回應。

我發現他是個深思熟慮且謹慎的人。他對事物有深刻的見解，個性慷慨寬容，只是被嚴肅堅忍的外貌掩蓋。我見到賴瑞·克萊普頓時，這位退休警探很顯然將解決不了案件的失敗看得很個人，而這讓他夜不成眠。克萊普頓坦承，他會一直問自己：「我到底漏掉了什麼？」

普爾並未展現出同樣的痛楚。起先我認為那是自傲，但後來才明白他是抱著希望；他還沒放棄。

我們結束了談話，我認為他百分百是個將程序放第一的人，一定不會喜歡袖扣的事。可是最後我屈服了——我也不知道為什麼。我開始用超快的速度講話，然後在背包中「唰唰」撈著東西。普爾聽著，表情不露破綻。我把袖扣推過會議桌給他。他接過袋子，非常仔細地檢查。

「給我嗎?」他面無表情地問。

「對。」我說。

他稍微露出一點點微笑。

「我覺得我真是太愛妳了。」他說。

等我回到在洛杉磯的家,普爾已經聯絡到受害者,並用電子郵件將高畫質的袖扣照片寄給他們。袖扣的原主是某個已過世的家庭成員。在東西被偷之前,受害者只持有過很短的一段時間。那看起來的確很像那對袖扣,可是他們非常小心,怕只是自己「太希望它就是那對袖扣」。他們聯絡上另一位更熟悉那件飾品的親屬。幾天過後,普爾打來告訴我最新消息:不是同一副袖扣。

我很失望,但普爾似乎沒很挫折。「我已經不像以前那麼興奮了,」之前他這麼跟我說。十年前,在東區強暴魔和原始暗夜尾隨者DNA相符的驚喜還煥然如新的時候,所有調查資源都任他恣意取用。曾有一次,橘郡治安官部門的一架直升機飛到聖塔芭芭拉,只為去取嫌犯的DNA採樣。當時嫌犯的一舉一動都受到積極監視。普爾那時還前往巴爾的摩挖出一具屍體。這件事是在九一一前,他記得嫌犯的身體部位就打包在他的登機行李中。

最終,提供給懸案調查的資金用罄,調查員紛紛辭職,在偵查每個新發展時,普爾也比較不放感情。就連掛在他桌前的強暴魔／尾隨者肖像畫都謹慎且實事求是——上頭畫的嫌犯戴了滑雪面罩。

「這有用嗎？」普爾說，「沒有。但我們知道他就是長這樣。」

他給我看那疊社會大眾接連不斷寄給他的舉報信件，其中有一張紙，上面有某人駕照頭像的影本，外加一句話「這人就是強暴魔／尾隨者。」（但這人實在太年輕了，不可能是嫌犯。）

普爾估計這些年來他們共檢驗了八千名嫌犯，跑了幾百人的DNA資料。有一次，他們不滿意加州南部一名嫌犯第一次取回來的DNA品質，便又進行了一次測驗。每當普爾遇到可能性特別高的嫌犯，反應永遠是那麼簡潔。

「得把他排除。」

儘管普爾個性內斂，對案件保持樂觀仍有其原因。事實上，經歷過強暴魔／尾隨者謎團中的大風大浪者都同意，目前鐘擺擺盪的方向是朝上的。

洛杉磯，二〇一二

我陷入驚慌。一如多年來，我們家中正在招待五、六名大人和四個十歲以下的小孩，而我那篇七千字文章的第二份草稿星期二就要交了。幾天前，我發出緊急電子郵件，內文簡短而坦白，希望有人能看懂我的求救。「圓麵包。奶油。」每到感恩節，我總會深深思念中西部。然而此時有太陽，而且冷得有些詭異，是屬於加州秋日下午的氣候。你只要專注在朋友的灰色羊毛衫及滿滿一叉送進嘴裡的南瓜派，還有背景傳來斷斷續續的美國橄欖球聯盟球評，就能忘記九重葛與後院椅子上晾著的溼泳衣；你可以想像自己住在一個季節真的有變化的地方。我有點失常，不耐的情緒不停湧上。派頓買了小一號的火雞，讓我過分地大驚小怪。當我們圍坐在桌邊，說出應該感恩的事物，我一瞬間忘了此時是節慶，閉上眼睛開始想要許什麼願。晚餐後，孩子們在沙發上擠在一起看《綠野仙蹤》。我則遠離那個空間。小小孩的情緒往往太過高亢，而我需要的是控制情緒。

那個週六，派頓白天帶愛麗絲出去，而我窩在二樓辦公室修潤、寫稿。大約下午四點鐘，前門門鈴響起。我們一向有很多快遞，事實上，那天我已經應了好幾次的門簽收包裹。因為又被打斷，我感到火大。一般而言我都不去管它，就讓他們把包裹留在門口。為了確認，我會走到我們臥室窗戶往外看——沒有錯，我看到聯邦快遞送貨員的背影，房子前面的閘門在他身後關上。

我不確定這次我為什麼會起身，但在彎彎曲曲的樓梯上，我往下走了幾階，高喊出聲。「是誰？」無人回應。我走到臥室窗戶、往外一看，一個年輕且削瘦、身穿粉紅色襯衫和領帶的非裔小孩從我們家離開。我強烈地覺得他應該是個青少年，而且我可能看過他的側面。我猜他應該是在挨家挨戶推銷雜誌訂閱吧。我任由窗簾再垂回去，繼續回到工作上，沒再多想。

約四十五分鐘後，我起身去拿車鑰匙。我預定跟派頓和愛麗絲在這區我們最愛的一間餐廳見面，提早吃晚餐。確定門有鎖上後，我便朝停在街上的車子走去。當我在走道上走了一半，眼角餘光突然看到一個年輕人的人影閃到左側，在我隔壁鄰居的屋前背對著我，走得非常緩慢。

如果不是他的肢體語言太過反常，我不確定自己會不會注意到他。當我突然從屋裡蹦出，他整個人僵住。那個非裔的孩子很年輕，跟按響我們家門鈴的不是同一個，但衣服樣式很像，是粉藍色襯衫和領帶。他靜止不動，微微朝著我的方向伸了伸脖子。我遲疑了一下，又回想那名推銷雜誌的少年，然後猜測他是否在評估我成為他訂戶的可能性。然而我知道真實情況一定更加詭異。他的肢體語言實在很不對勁。我上了車、開車離開，並拿起電話打給警察。我按下九、再按下一——但我要說什麼呢？有個可疑的黑人小孩？這太種族歧視，而且相當大驚小怪。我掛了電話。他們沒有做任何過度的犯罪行為……可是我仍踩下煞車，使勁將方向盤往左一轉，迅速做了個迴轉回到我們家。這之間絕不可能超過四十五秒，但兩個小孩都已不在街上。當時正是薄暮時分，視線更不清楚了。我想他們應該是去按別家的門鈴，開始推銷商品，說不定還被邀進家中。於是，我朝餐館前進。

第二天晚上，當我聽到門鈴響起，人正在樓上。派頓在前門跟某人打招呼。「蜜雪兒！」他喊著，我便下樓。我們的隔壁鄰居東尼正站在那兒。

兩年半前買下房子時，東尼是我們見到的第一位鄰居。當時我們還沒搬進去，我正跟承包商在房子裡談裝潢，一個四十歲左右、魅力十足的男人從前門探頭進來、自我介紹。我記得他喜歡交際，而且個性謙遜。前一個屋主有點自閉，所以東尼沒看過屋子內部長什麼樣；他很好奇。我說你就進來吧，到處看看。按他外向的個性，我還以為我們最後會變成好友——就是你想像中在新家過新生活時會發生的事。他告訴我他最近離了婚，正值青春期的女兒要來跟他一起住，而且會去上當地的天主教女子學校。他租了隔壁的房子。

儘管我們非常友好，關係卻從未開花結果成真正的友誼。我們會揮手打招呼，偶爾交談。我們一搬進來，派頓和我就聊過應該在後院辦個派對，找大家一起聚聚，跟所有鄰居認識一下。這個起意是好的，可是我們講歸講，卻一直被各種事情打斷。屋子總是在動工，或我們其中一人遠行不在。然而，當愛麗絲的球飛過籬笆、落在他們院子裡，東尼和他女兒都會親切地把球還回來。當我在他們屋前的人行道邊欄發現一隻沒有媽媽的小鴿子，拿柳條籃和樹葉做了個巢，綁在一根樹枝上。東尼走出來對我露出微笑。「妳真是個好人。」他說。我很喜歡他，但彼此的互動減到只剩出入招呼，以及那些夾在溜狗和小孩吵鬧之間的時刻。

我的二樓辦公室面對他們家，兩者之間只隔十五英尺距離。我已經對他們的生活節奏習以為常。我會在下午聽到他們前門關上的聲音，東尼嗓音優美的女兒會開始唱歌。我一直都想告訴她她的聲音有多好聽，可是每次都忘記。

東尼來到我們家門口，是想告訴我們他們昨天被搶了。

「我覺得我好像知道發生了什麼事。」我說，並作勢請他在我們起居室的沙發坐下。我解釋了門鈴和無人回應的狀況，以及我看見的景象。他點點頭。住在東尼家另一邊的年長夫妻看到同樣兩個孩子拖著大包小包從東尼家出來。他們從廚房窗戶進屋，把整個地方洗劫了一遍。警察告訴他，這種竊盜集團在假日週末常用這種手段。按按門鈴，看有沒有人在家。如果沒人回應，就闖進去。

「只是iPad跟電腦，」東尼說：「但我一直在想，要是我女兒單獨在家怎麼辦？這樣會發生什麼事？」

講到女兒二字，他的聲音發抖、雙眼溼潤；我也一樣。

「你不需要解釋，」我說：「這完全是犯罪。」我伸出一手放在他手上。

「蜜雪兒是犯罪作家。」派頓說。

東尼一臉驚訝。

「我根本不曉得妳是做什麼工作的。」他說。

我們三人對彼此承諾，從今往後，我們會相互照料。當我們離家，一定會通知對方，我們會當更稱職的鄰居。我們如此約定。

那天稍晚，我不斷在腦中重複過去幾日發生的事件。我想著起居室中那極為親近的瞬間，想著我們與東尼共有的那股意外湧上的激動。

「我們連他姓什麼都不曉得。」我對派頓說。

我跟愛麗絲有一個夜晚儀式。要哄這孩子睡覺是很麻煩的，而且她老做些可怕的噩夢。每天晚上睡覺前，她會把我喊到她房間。

「我不想做夢，」她說。我把她沙色的頭髮往後拂，一手放在她前額，直直看進她棕色的大眼睛。

「妳不會做夢的，」我對她說，字字清晰又自信。她緊繃的身體放鬆、進入夢鄉。然後我離開房間，希望我對她承諾卻無力控制的這件事能夠成真。

我們都是這樣的，我們都是。我們會基於好意，承諾能給他們保護，卻不是每一次都能實現。

我會照看著你。

但當你聽見尖叫，卻告訴自己那一定只是青少年在玩鬧。某個年輕男子跳過籬笆只是在抄近路；凌晨三點鐘的槍聲只是炮竹，或車子引擎逆火。在嚇醒的瞬間，你從床上坐起，等著你的是又冷又硬的地板及沒有結果的對話，然後你再次倒進溫暖的枕頭，回去睡覺。

之後，你將被警鈴叫醒。

這個下午，我看見東尼蹓著他那隻大白狗，我正在車旁，一邊翻找鑰匙一邊努力回想某件我該做的事，然後抽空跟向他揮手。

我還是不知道他姓什麼。

康特拉科斯塔，二〇一三

康科德

加州康科德城的歷史與撒旦和一連串的誤解有關。謠傳一八〇五年，有些西班牙士兵追趕著一群不願接受傳教的美國原住民，像獵物一樣將他們逼到一座柳樹林附近，也就是今日的康科德城。原住民以濃密的林木做掩護，當士兵發動攻擊，跑進去抓人，原住民卻不見了。嚇壞的西班牙人把那地方稱為「Monte del Diablo」——惡魔之林——「*monte*」一字的古釋義可略譯為「樹林」。多年來，該字變形為更常見的「山脈」（*mountain*）或「山」（*mount*），於是初來乍到的英語使用者轉嫁該名稱，給了附近一座三千八百四十八英尺高、俯瞰東灣整個版圖的山峰，那座山脈便成了惡魔山（Mount Diablo）。二〇〇九年，一名叫做亞瑟．米雅雷斯的當地人送出一份聯邦文件，想把山的名字改成雷根山，因為他覺得這個什麼惡魔的名稱著實令人厭惡。

「這只是因為我是個敬愛上帝的平凡人，」他這麼對《洛杉磯時報》說。米雅雷斯失敗了，但他也不用擔心。康科德位於舊金山以東三十一英里，而且這距離令人非常有感。不管其間隔著怎樣的萬惡蠻荒地帶，全被一一剷平，換成熱熱鬧鬧的各大品牌購物中心。我住的旅館對面是柳林購物中心，有著綿延不絕但門可羅雀到令人憂心的連鎖店及餐廳：平價連鎖服飾、一號碼頭家居用品，以及連鎖漢堡店。我在康科德問到的每個人都提到舊金山灣區捷運——也就是東灣的地鐵系統——有多便利。「二十分鐘就能到柏克萊。」他們這麼說。

保羅．霍爾斯和我約好早上九點在旅館外頭接我，他要為我做一次康特拉科斯塔各犯罪現場的導覽。早晨時分，溫度已達華氏八十幾度，在東灣一年中最熱的月分，可說是極度高溫的一天。一輛銀色的 Taurus 準時開到，一名打扮俐落、短金髮、有些許夏晒痕跡的男子下了車，喊了我的名字。我從沒親眼見過霍爾斯。在我們最近的一次電話交談，他愉快地抱怨自家養的年幼黃金獵犬讓他晚上睡不好覺，但他看起來彷彿這輩子活得無憂無慮。霍爾斯約五十幾歲，面貌沉穩，隨和好相處，走路姿態很像賽馬騎師。他笑起來很暖，與我相握的手勁強而有力。接下來八個小時，我們都在談強暴和謀殺。

當然，技術上霍爾斯不是警察；他是犯罪學家，是該郡治安官犯罪實驗室的主管。但我已和警察混在一起太久，他讓我想起那些人——我說的警察特別指警探。跟他們混了夠久以後，我在這些警探身上注意到一些事。他們聞起來都有些許肥皂味。我沒碰過頭髮油膩的警探。他們擅長與人眼神接觸，氣場之強，著實令人羨慕。他們不會採取嘲諷語調，玩弄詞藻讓他們不自在。如果是高手，會製造出長長的對話空檔，讓你自己去補滿；這是一種問話技巧。在我說出一些令我懊悔不已的閒扯後，深刻體會被人套出所有實情有多容易。他們的表情缺乏變化——又或者是刻意控制。我沒看過臭著一張臉的警探。他們不會瑟縮，也不會瞪大眼，而我的表情可豐富了。我嫁的是喜劇演員，許多朋友都在娛樂產業工作，時常被各種誇大的表情圍繞。也是因為這樣，我馬上就注意到警探缺乏這些特質。他們可以面無表情，卻散發某種愉快又生氣勃勃的神態，對此我欽佩不已。我試著想模仿，卻做不來。但是我漸漸能從他們的無表情看出雖微小但仍能識別的變化——眼睛瞇起、下巴一凜。通常，他們聽到許久之前就排除的理論時就會做出這個反應，有如放下一道簾幕。但是他們連頭也不會偏一下，絕對不會告訴你「我們三百年前就從這個角度查過了」。反之，他們會好好聆聽，然後回你一聲禮貌的「嗯」。

無論是他們的冷淡或實際上的任一方面，警探都和娛樂界的人完全不同。警探所做的是聆聽，他們會去剖析情況，而藝人若去剖析情況，就只是要評估自己在這空間能有多少影響力。警探處理的則是紮紮實實的案件。有一次，我花了一小時聽一個當女演員的朋友分析一則僅僅三行的簡訊是如何傷透她的心。但不管怎樣，我還是能看出警探偽裝上的破綻。不過在一開始，與他們為伍意外令人放鬆。就像逃出一個光線陰鬱、聊天內容全跟競爭脫不了關係的派對，轉而加入一群意志堅定的鷹級童軍會議，跟他們一同等待著下次挑戰。我並不屬於那個一板一眼的國度，卻很享受待在那裡的時光。

東區強暴魔在東灣的第一起攻擊發生在康科德，距離我旅館只要開車十分鐘。霍爾斯和我跳過閒聊，直接投入案件討論。最明顯的第一個問題便是：什麼風把他吹來這裡的？他為什麼不再於沙加緬度出手，卻在一九七八年十月來到東灣展開長達近一年的肆虐？我知道最常聽到的那個理論，霍爾斯也曉得，但他不買帳。

「我不認為他在沙加緬度是被嚇跑的。」他說。

擁護「嚇跑」理論的人指出一事，也就是一九七八年四月十六日，東區強暴魔於沙加緬度攻擊一名十五歲的保母過後兩日，警察釋出馬喬里凶殺案兩名嫌疑犯更清晰的模擬圖——這是一起未解案件，一對年輕夫妻在蹓狗時遭到神祕槍殺。畫像公布後，東區強暴魔不再於沙加緬度出手，只有一起強暴可以算到他頭上，而且直到一年後才發現此事。如果按照這個邏輯，那麼馬喬里案的其中一張照片一定極度精確，會令人坐立難安。

霍爾斯沒被說服。他學過地理剖繪，而且尚稱精通。這是一種分析犯罪地圖的方式，目的是要判定犯人最可能居住的區域。七〇年代晚期，警察很可能會拿著上面釘了大頭釘的地圖傻站在那兒，做些徒勞的推測。今日，地理剖繪是一種專業，有演算法，也有軟體。在掠奪性犯罪中，罪犯住處附近通常會有「緩衝區」，位於該區域內的目標引罪犯下手的可能性較低，因為地點離家越近，感受到的風險就隨之增高。在數起犯罪中，地理剖繪學家對攻擊地點進行分析，意圖推導出緩衝區域，也就是以罪犯住處為中心的半徑範圍。因為犯人就跟普通人一樣，會以可預測且每日固定的方式活動。

「我讀了非常多研究連續犯罪者挑選受害者的模式。」霍爾斯說：「全都涵蓋在他們每天的例行日程裡。打個比方，假設你是連續竊盜犯，你就像普通人一樣每天開車上班。因此，你在家和公司都有個定錨點——可是他們會留心觀察。他們會像我們一樣坐在這裡——」霍爾斯比了比我們停下的十字路口——「並且注意到——那邊可能有棟挺不錯的綜合公寓。」

霍爾斯說，沙加緬度攻擊事件的地理分布模式與東灣走的是完全不同的路線，而這點非常重要。

「在沙加緬度，他的路線縱橫交錯，不過只停留在東北部，就是東邊的近郊地區。地理剖繪學家稱他為『劫掠型』；他會從定錨點分支出去。但是，當他一往下移到這裡，就變成通勤型。他顯然是在六八〇州際公路的狹長區域中上下移動。」

六八〇州際公路是切穿康特拉科斯塔郡中央、全長七十英里的南北向公路。東區強暴魔在東灣大部分的攻擊都發生在靠近六八〇號公路的位置，半數位於某個出口一英里或一英里內的地方。在經過專業處理的剖繪地圖上，東灣案件呈現的樣貌是一串小紅圈，幾乎全位於六八〇號公路右側——或說東側。那些紅點沿著代表公路的黃色線條一路披荊斬棘。

「等我們在六八〇上來回妳就會有感覺了，」霍爾斯說：「我認為他之所以會向外擴散，是因為他的生活型態變了。如果你告訴我他還在沙加緬度，但轉為通勤上班，並利用離開自己勢力範圍的機會繼續出手，我一點也不意外。」

聽到「上班」二字，我豎起了耳朵。從霍爾斯最近的郵件回應，我覺得他可能對東區強暴魔的職業應該有了些斬獲，不過霍爾斯顧左右而言他。他猜到我想問這件事，輕而易舉地打發我。

「我們之後會談到的。」

霍爾斯不在這裡長大。一九七八年時他還只是個小孩。但他在康特拉科斯塔治安官辦公室工作了二十三年，去過犯罪現場無數次。他也埋頭研究這個地區在當時的模樣。他腦中有這地區一九七八年十月左右的地圖。在我們開車時，他便將目前的地圖與過往重疊。他放慢速度，指著一條死巷，那些房屋正好坐落在東區強暴魔於康科德的第一起攻擊的屋子後面。

「當時這些房子還不在，」霍爾斯說：「那時這裡是一片空地。」

我們開上去，停在安靜住宅區一棟轉角的房子。第一起東灣案件資料上貼的照片上有一對俊男美女夫妻，與他們一歲的女兒；小女孩戴著圓點生日帽，身穿夏季洋裝，父母各將一手放在遞到女孩面前的球上；那應該是她的禮物之一。這個小娃娃正對著攝影師微笑，父母則對著鏡頭笑。這張照片拍完一個半月後（也就是一九七八年十月七日），丈夫被碰到他雙腳的某樣東西驚醒，他張開眼睛，見到上方籠罩一道戴著深色滑雪面罩的人影，嚇了一大跳。

「我只是想要錢和食物，只有這樣。如果你不照我說的做我就殺了你。」這名入侵者左手拿著一根手電筒，右手則握著左輪。

霍爾斯指著那扇餐廳窗戶，那便是三十五年前東區強暴魔溜進屋、長驅直入來到夫妻倆床腳的入口。小女孩則沒被驚動，在一整個地獄般的過程中，她都在熟睡。

這棟房子是一九七二年建造的。單層平房，L型，與這街區其他房屋一樣，約莫占地四分之一英畝。這棟房子和我在其他犯罪現場看到的屋子之相像，令我震驚不已。就算你把這棟房子就這麼拿起來擺進任何一個社區，都不顯突兀。

「絕對是同種房型。」我說。霍爾斯點點頭。

「他出手攻擊的社區幾乎沒有兩層樓的房屋，」他說：「這很合理，如果你知道受害者睡得很熟的話。如果是在兩層樓的房屋，上樓下樓的路徑就只有一條。那種情況下就很有可能被逼到角落。若是單一樓層的房子，這樣一扇窗、一扇窗地觀察，比較容易觀察到屋中的狀態。而且如果你到處潛行、跳過籬笆、穿越一個又一個院子，比起在一樓，二樓才有更優勢的置高點能進行觀察。」

丈夫在催眠過程中想起一事。當他和妻子於攻擊當晚約十一點十五分開車回家，看見一名年輕男子，他站在他們房屋後巷旁停的一輛小貨車旁邊。小貨車是箱型的，兩色——白色加水綠。年輕男子看起來二十幾歲，白人，深色頭髮，身高體重一般。他站在小貨車右後方，彎腰俯身，好像在檢查輪胎。每日每日，總會有幾百個有瞥到、沒注意的邊緣畫面，而這只是其中之一。我想像著那名丈夫坐在椅子上，拚了命想召喚、分析能使這次回想有點意義的瞬間畫面——但也可能毫無意義——那正是此案最可怕的地方：你根本無法判定每個證據的重要程度。

「這起案子最顯著的特徵，就是他老練的入侵手法。」霍爾斯說：「他似乎先嘗試了側門，切割位置靠近門把，但不管原因為何，他放棄了先前的努力，從前方繞出來。餐廳有一扇窗戶，他在那上頭打出一個小洞，這樣就能把門栓推開，從那裡進去。」

「我對入室搶劫一竅不通——所以他很厲害嗎？」

「他很厲害。」霍爾斯說。

我們坐在熱呼呼的車裡，一一列出就策略面而言他可稱優秀的手法。獵犬、鞋印，調查員透過輪胎痕得知他選擇的路徑之精明。假使附近有建築工地，他會停在那兒，因為暫時停駐於此的車輛流量讓他能藏於光天化日之下，人們會把他當成相關工作人員。他會走某條路靠近房屋，但採取另一條路線逃脫。這麼一來就能來去無蹤，也比較不容易被記住。

向來會叫的狗不會吠他，表示他可能預先準備食物給牠們吃。當他將女性受害者帶到起居室，有些不太尋常的習慣：拿毛毯蓋住燈，或將電視關成靜音。這讓他擁有足夠光源可視物，但不至於多到引起外面的注意。另外，他會預先計劃。住在轉角屋中的夫妻說，當他們回到家，發現丈夫的書房門關了起來，這不太尋常；另外，他們相信出門前鎖上的前門卻沒有鎖。他們不禁猜想，那時他會不會已經在屋裡了？也許是藏在走道更衣室裡的外套之間，等著他們的談話聲越來越小，等著橫在腳下的那道光線熄滅。

我跟霍爾斯的對話一度暫停。在討論案情的途中我就感覺到會有這個停頓，猛然驚醒過來，猶如在聊前任聊得到不可自拔的瞬間突然醒悟，趕忙停下來強調，剛剛講的那個前任絕對是個低級的王八蛋。我們的模式跟那個瞬間非常相像。

「他幹壞事的手法真的很厲害，」霍爾斯說：「但他沒從大樓側邊垂降，也沒做什麼受過特殊訓練才能做到的行為。」

霍爾斯的父母來自明尼蘇達，講起話還留有中西部人那種爽朗的口氣。但當他表示東區強暴魔的技巧並沒有特別好，嗓音卻失去了活力，著實說服不了別人，也說服不了他自己。於是乎，我們明顯來到案例分析的下一個階段：自我辯證。

「他——東區強暴魔——膽大包天；重點就在這裡。」霍爾斯的下巴異常緊繃。「他跟其他犯人不同之處在於：他會進屋。打個比方，就許多方面來看，黃道帶殺手犯下的案子都有點沒種。例如情人巷，就是隔了一段距離[5]。當你進屋，就等於前進了一步；當屋中有男人在，就又多前進幾步。」

我們談起男性受害者遭到的忽視。霍爾斯告訴我一個故事，有一回，當他得在史托克頓訊問一名與丈夫同遭攻擊的女性受害者。他決定先聯絡丈夫，猜想丈夫應該比較能承受這種無預警打來的電話。那名丈夫禮貌地告訴霍爾斯，他認為自己的妻子不會想談論此事，她把記憶深埋了起來，不想重新回想那次經歷。然而，儘管丈夫百般不願，還是將霍爾斯的問題傳達給妻子。霍爾斯沒聽到任何回音，並猜想敗局已定。幾個月後，他終於聯絡上妻子，而她回答了霍爾斯的問題，並表示樂意提供幫助；她願意回想，不願意的是她丈夫。

「有問題的其實是他才對。」她坦白道。

男性受害者大多生於四〇、五〇年代。對那個世代的人來說，諮商可說是非常陌生的概念。在警方檔案中，性別角色是僵化的，毫無中間地帶。警探會問女性去哪裡購物，問男性門

5（譯註）指一九六八年十二月，貝尼西亞（Benicia）一對高中生情侶在車旁遭到槍殺，是該名連環殺手第一次作案。

窗的上鎖機制如何；他們會把毛毯披在女性肩上，將她們送到醫院；男性則被問看到了什麼，卻不問他們的感受。有很多男性受害者都曾從軍，他們有自己的工具室，他們慣於付諸行動、提供保護，可是這兩種能力卻同時遭人剝奪。你可以從許多細節中看見他們的憤怒：一名丈夫用牙齒將綁住妻子雙腳的繩索給咬斷了。

「直至今日，這巨大的創傷仍在，」霍爾斯發動車子。他開離人行道邊欄，邊角那棟房屋在視線中退場。檔案裡，有張女性受害者寫的簡短紙條，這位年輕貌美的母親有個剛過生日的可愛女兒，她寫了字條給負責警探，上面寫的日期是攻擊發生後五個月。

羅德，

隨信附上：

a.遺失的財物清單

b.七月至八月寫的支票清單

我們臥室的五斗櫃和梳妝臺上所有珠寶都被拿走了。其他物品也各自列舉。我真心希望這就是你們所需要的一切，畢竟我們是那麼努力要讓生活回到正軌。我相信我們都能體諒彼此的處境。

祝你們順利拼湊出真相！

她的語氣理性且直接，而且很有活力——甚至可說愉快。我覺得這真是太了不起了。我一面讀著這紙條一面想，有些人就是能耐受這樣恐怖且創痛的事件，然後繼續前進。檔案又往後幾頁，我看到另一則短箋，是代理治安官手寫的。紙條寫道，這家人已不住在康特拉科斯塔，搬到一個幾百英里之外的城市。

祝你們順利拼湊出真相！

我本來將驚嘆號解讀為某種樂觀的表現，但它真正的意思應該是道別。

我們朝東去。康科德發生的第二起攻擊是在第一起一週後，位置落在距離不到半英里的地方。霍爾斯在停止標示前放慢速度，指著與我們垂直相交的街道，再次回溯心中那張一九七八年十月的地圖。「就在這個區域，有個新的建築工地在動工。所以人們——就是建築工人及送貨卡車——如果要去工地的話會從這條路——」他指著我們所在的地方。「——或那條路進來。」

一九七八年十月，霍爾斯說，人們可以走這兩條主要幹道前往建築工地；一條路經過第一起攻擊場所，另一條經過第二個。我記得霍爾斯說他深信東區強暴魔是去那個區域工作的。

「是去大樓還是這個工地？」我問。

「我就是朝這個方向在查。」他說。

我注意到他用了「這個」。

「你知道那個建築工地的開發商是誰嗎？」

他沒回答，但表情顯示他知道。

我們開到康科德的第二個犯罪現場，又是一棟L型單層平房，這棟是奶油色綴綠色邊，一棵巨大的橡樹籠罩小小的前院。在這個社區，你看不到週末有大把悠閒的人住在這裡的跡象；沒人帶小狗緩步走過，沒人聽著iPod在路上快走，也沒什麼車經過。

這起案件中，東區強暴魔暗示著我們一個可能性。這個可能性在一系列連續案件中不斷出現，並散發出引人注意的氛圍。當時是十三號星期五的凌晨四點半。若按照東區強暴魔的性心理腳本，他以手電筒外加咬緊牙關威嚇受害者的方式更加熟練，而在第三十九起攻擊的警方報告中（儘管缺少線索，但沒有關係），可以發現有個關鍵用字變了：「我」變成了「我們」。

「我們只需要食物和錢，然後我們他媽的就會離開。」他對著驚慌失措的夫妻大吼大叫，「我只是想給我跟女友弄點食物跟錢。」

當這對夫妻被綁起來，只能順從聽話，他便開始發瘋似的大破壞，狠狠摔上廚房櫥櫃門，翻遍所有抽屜。女性受害者被帶到客廳後，他讓她躺在地上。

「妳想活下來嗎？」他問她。

「想。」她說。

他用浴巾蒙住她的雙眼。

「妳最好讓我操得比以前都爽，不然我就殺了妳。」

庭。

她告訴調查員，她不斷想起《冷血》，想起書中在夜半三更遭到善變的凶手全數滅口的家

然而，接下來的情況（儘管對受害者來說十分嚇人）似乎幼稚得很詭異，而且侵犯她的人似乎對此沒有很上心。他迅速且敷衍地以雙手摸過她的大腿——她感到他戴著厚厚的皮手套。他要她幫他手淫了一會兒，然後插入她體內，並在三十秒內就繳械。接著他跳了起來，又開始破壞屋內。洗劫房屋似乎比真正的性愛更讓他興奮。

一扇門打開，她感到一道氣流：他去了與屋子相連的車庫。垃圾袋的沙沙聲傳來，他似乎在屋子和車庫間來來回回。她聽到他好像說了些什麼，但不是對她說。

「這裡，把這放到車裡。」他低喃著。

毫無回應，她也沒聽到腳步聲，車子根本沒有發動。她至今都不曉得他是什麼時候離開、又是怎麼離開的。她只知道在某個時間點他就走了。

這並非東區強暴魔第一次表現出有共犯的模樣。第一個受害者在自家客廳時認為自己聽到兩個不同的嗓音相疊，激動卻小聲地威脅道：「閉嘴，」然後很快又跟著另一個聲音，「我叫妳閉嘴。」

另一名受害者聽見外面按了四次汽車喇叭，接著有人開始按門鈴，前窗也傳來敲擊聲。她聽見模糊的聲響，很可能是女人。她分不出東區強暴魔的聲音是否在他們之中。他離開後，那聲音也一同消失。但是，被綁住並臉朝下趴在自家起居室地板的受害者，實在分不出這些事件

到底是不是同一時間發生，甚至無法判斷是否真有關連。

「我兄弟在外頭的車上等著。」有一次，他這麼說。

這是在撒謊嗎？是他在心理上覺得需要支援時使用的自我鼓勵技巧嗎？或只是意圖誤導警察的手法？大多調查員相信那只是虛張聲勢，但霍爾斯沒那麼確定。

「會不會有些時候真的有人在幫他呢？性侵方面應該沒有，但搶劫的這部分呢？誰曉得？這狀況在連續案件中實在太常發生，你會突然覺得『搞不好』——搞不好我們得考慮一下那個可能性。」

霍爾斯就退讓到這裡為止。他承認東區強暴魔說的話是扭曲事實、是混淆視聽。他亂嚷嚷著什麼他住在河邊的小貨車或帳棚，但他身上幾乎沒有那些暫居流浪者會有的體臭。他會瞎掰自己跟受害者之間有關係。「打從我在中學舞會看到妳，就覺得一定要把妳弄到手，」他會這樣對那個眼睛被遮住的青少女說，可是她卻聽到膠帶從自己臥室牆上被撕掉的聲音——她的中學舞會照片被拿下來了。「我在湖邊看過妳。」他曾對一個家中車道有滑水船的女人這麼說。

有部分謊言——例如要在貝克斯菲爾德殺人、被軍隊踢出去——很可能都是他灌輸給自己的硬漢形象的一部分，假造與受害者之間的關連也可能是他幻想的一部分，又或者他是想利用難以滲透的熟悉感使她們感到不安。霍爾斯和我推測他的其他行為，例如喘息。他們形容他會大口大口吸入空氣，接近換氣過度。一名在七〇年代檢視過案子的犯罪側寫員認為，這種喘息是一種恐嚇技巧，能使他的受害者覺得他是個什麼都幹得出來的神經病。霍爾斯說，他有個同僚調查員患有氣喘，他猜想那會不會是自然引發的呼吸窘迫，可能是腎上腺素才讓他發動攻擊。

東區強暴魔是桌上一張面朝下的牌，我們的猜測則是死路一條。我們只能不斷繞圈打轉。

「接著去聖拉蒙？」霍爾斯問。

聖拉蒙

我們朝六八〇號公路開去。這條路將帶著我們往南十七英里，來到下一起攻擊的位置，也就是當月第三起案件。一九七八年十月時總統是卡特。《火爆浪子》是當年夏季的票房大片，約翰．屈伏塔與奧莉維亞．紐頓強的〈夏日夜晚〉仍是電臺熱播歌，儘管誰樂團的〈你是誰〉正在排行榜往上攀升；十三歲的布魯克．雪德絲清新鮮嫩的面容在《十七歲》雜誌封面瞪著一雙空茫的眼神；洋基在世界大賽中贏過道奇；性手槍樂團貝斯手席德．維瑟斯的女友南茜．斯龐根在雀兒喜旅館浴室地板上被刺，流血過多至死；若望保祿二世是新教宗。而距離聖拉蒙的攻擊三天前，電影《月光光心慌慌》上映。

「那他的哭泣呢？你覺得那是真的嗎？」我問霍爾斯。

有五、六名受害者都表示他哭了，他們說他出聲啜泣。他磕磕絆絆、恍若失控。他像個小孩一樣拔高音調、抽抽噎噎。「媽媽，對不起，」他嗚咽啜泣。「媽咪，請幫幫我；媽咪，我不想這麼做。」

「我相信，」霍爾斯說：「女人對男性的行為向來擁有絕佳觀察力。有幾次，受害者說他的憤怒是裝出來的，他在演戲；但也有一些時候，當他在角落無法控制地啜泣，她們覺得是真的。他心中有衝突，總是在性侵之後哭出來，他總是在那時流淚。」

然而，在那些相信他的淚水為真的受害者中也有例外：史托克頓的那名女性，也就是丈夫還在努力接受這起攻擊的女人。霍爾斯告訴我，她不相信他的眼淚。

「她有聽到聲音，但她不認為那是在哭。」霍爾斯說。

「那她認為是什麼？」我問。

「拔高音調、情緒激動，」霍爾斯說：「像在笑。」

多年來，在尚未整併的聖拉蒙，似乎無人發現九一一急救專線根本不能用──雖然電話公司還持續跟住戶收費。有個住在安靜小巷盡頭的女人發現線路出的差錯，她的話筒傳來刺耳嘎扎聲，表示電話打不通──當她遭到一名陌生人整整兩小時的性暴力侵害，最不需要的就是這種驚嚇。一九七八年十二月十日的《奧克蘭論壇報》在報導中引述這名女性的話（她使用假名凱西），那是她遭受攻擊的六個禮拜後。當凱西在被強暴的當晚醒來，拚命想讓雙眼適應周遭的黑暗。在伸手不見五指之中，她只認出一樣東西：一雙抽離的狂亂眼神，他「『小小的眼睛就那樣瞪著我。』」

「『我真的恨透了那傢伙，』」凱西以相當實事求是的語氣描述那名身分不明的強暴犯，並表示她也對那家謊稱有提供緊急專線、實際上卻沒有的電話公司感到憤怒。凱西告訴記者，由於他們的不法行為，她得到可以確切量化的公理正義：現在，如果她打九一一，可以從電話帳單中扣除款項，每個月可省二十八分錢。

直到凱西直接打到康特拉科斯塔治安官辦公室，救援才來。

康科德發生兩起強暴後，治安官辦公室才發布警戒給代理警長。這更證明了沙加緬度的警告多麼有先見之明：東區強暴魔的滑雪面罩正貼在他們的窗上，每個人都得提高警戒。開始有迅雷小組去分析東區強暴魔可能出手攻擊哪個社區，凡是有車停在開闊區域旁，或其他被認為可疑的地方，牌照都會被悄悄登記起來。

聖拉蒙的警方巡邏很少走這種瞪大眼睛、監視四周的路線。一九七〇至一九八〇年間，該城人口膨脹超過四倍，然而，至今周遭仍是矗立著一棵棵橡樹的起伏草地。這樣寬廣、綿長的未開發鄉間，代表這裡有充足的空間，以及彷彿迎頭罩下的死寂。警方的無線電多半平靜無聲，巡邏車的頭燈總是掃過同一間獨立的車庫，以及住在這裡的一個個年輕家庭和窗戶沒亮燈的度假屋。在聖拉蒙恆久不變的郊區剪影裡，幾乎沒見過什麼可疑的身影。一排排籬笆從未遭到破壞，灌木叢連搖都沒有搖一下。警長雖受過各種行動的訓練，卻早習慣了安逸。

然而，情況在十月二十八日凌晨五點之後改變了。調派中心換大夜班時傳來一個帶著雜音的訊息，雖然沒什麼細節，內容卻令人擔憂。入室強暴、搶劫，地點在蒙特克萊爾。第一個回應並前往現場的單位只有一個人。受害者凱西*和丈夫大衛*冷靜地在前門迎接警長。警長先確認這對夫妻不需要接受立即醫治，接著就被他們身後的詭異景象吸引了注意力——房屋幾乎全空，少少幾件家具的抽屜亂七八糟地拉開，但裡面空無一物。更衣間的門大開，只露出掛在那裡的衣架，其餘沒了。他們是被入侵者洗劫一空嗎？不是這樣，凱西和大衛解釋說他們正在搬家。

這對夫妻住在這個房子的最後幾個小時，他找上他們。

房地產因素再次出現。這樣巧妙的時機顯示必定有內部消息。凱西和大衛有個三歲兒子，他們告訴調查員，東區強暴魔完全沒有打開、甚至沒有靠近他們兒子的臥室門。其他有年幼孩子的受害者也有注意到這件事。他究竟是怎麼鎖定受害者、獲得他們的日常相關資訊、並得知家中配置？這是一個永遠無解的問題。

蓋瑞．利奇威，綠河殺手，他將攻擊前用來挑選受害者的時間稱做「巡邏」。平庸就是他的偽裝外皮。他會將小貨車開回太平洋海岸公路南向的一間7-11。這裡是西雅圖國際機場附近的一片砂礫地帶，最知名的就是妓女拉客。有時他會把引擎蓋打開，看起來像個油光滿面、全心專注在壞掉引擎的消瘦男子。很少人注意到他的存在，他天衣無縫地與褪盡色彩的蒼白背景融在一起。除非觀察者有耐心又仔細，才可能注意到一些細節，暗示著情況有些不對勁：這人似乎不趕時間，他的瞳孔有如搖晃的鐘擺，什麼都注意，就是沒在注意引擎。某種飢渴一閃而過，彷彿乩板上的碟仙全力追蹤著什麼。

喀。這個聲音是如此平凡，幾乎要被城市中的雜音淹沒，消失在小雨中呼嘯著疾駛而過的雨胎聲，還有便利商店的門鈴叮噹聲裡。然而，雖然無人聽見，這卻是最可怕的聲響——利奇威爾上引擎蓋。巡邏結束，下一階段即將展開。

一開始，我覺得東區強暴魔就像利奇威，一定藏在光天化日之下。他掌握了一些情報，是只有透過小心翼翼的長期觀察才能夠蒐集。但他顯然不是個顯眼的潛行者：儘管有上千頁警方報告，包含受害者的陳述與鄰居面談，卻沒有任何對嫌犯外貌的一致性描述。我認為，經歷這五十起強暴案，起碼要有一張面貌漸漸浮現——至少要有個一致的髮色吧？但都沒有。這就是疑點所在。最終，勝出的一定是機率，運氣是不可靠的。他到底是怎麼觀察別人這麼久、自己卻不被觀察到？

我腦中不斷繞回一個景象：有個身穿制服的人——電線修理工，或郵局員工，或像是直接從兒童插畫書中走出來的忙碌上班族——就是那種只要看到他出現就表示世上一切正常的人。沒人會多看他一眼，他永遠處於與背景相融的狀態。而人們錯過的——他們在那片模糊且柔和的色彩中所忽視的，是他憤怒雙眼裡一股貪婪飢渴的力量。

一名曾調查爾灣謀殺案的退休調查員試圖勸我，叫我不要抓著那個擅長偵察的形象不放。在他看來，那些攻擊事件並不需要太多預先準備或內部情報。某晚，他和搭檔查案時決定進行一個實驗：他們穿了全身黑衣和綁鞋帶的軟底鞋，沿著（他們認為）凶手走的路徑在爾灣社區潛行。兩人順著煤渣磚製的牆壁悄悄行走，從後院籬笆探頭窺看，並藏在黑暗中的樹幹後面。

方形的光源誘引他們靠近，屋子的後窗讓他們得以窺見十數名陌生人的生活。有時只會有窗簾的一個小縫，頂多見到女人面無表情的在廚房洗碗槽一遍又一遍洗著同一個玻璃杯。大多時候都很安靜，不過偶爾會有電視傳來的陣陣笑聲，或某女孩的男友將她裙子掀起，她的肩膀一點一點越來越靠近耳邊。

調查員想起那些回憶，不禁搖頭。

「要是你知道可以看到些什麼，一定會很驚訝。」他對我說。

事實上，我問了每個談過的調查員潛行的事，而且得到一模一樣的回應。他們搖頭的姿態和臉上的表情彷彿一脈相傳，全都表示那是這世上最簡單的事。

強迫型的潛行者能夠快速解讀人的身體語言。當女性獨自在家，很可能會在關燈前先從起居室後窗向外瞥一下。當青少年的父母正在熟睡，他們的動作會更安靜而小心。不要多久，這就會成為可辨識的模式，行動所需時間便大為減少

我問霍爾斯，在他判斷，東區強暴魔有條不紊挑選受害者的手法他打幾分。

「我認為證據顯示兩種狀態都有。有段時間我認為他下了一番功夫：他看到某人，然後專心一志地觀察、跟蹤——但也有時他第一次看到目標就下手了。」

沒人知道他觀察了凱西多長時間，不過，從哪裡觀察他們倒是了解個十之八九。房子後面有個聖誕樹農場，犯罪學家發現，後院的木板條籬笆上有「Z字型慢跑鞋」的鞋印。

霍爾斯右轉，指著原本在房子後面的那片聖誕樹農場。我們又往前了一、兩個街區，他再右轉一次，來到賽奇菲爾大道七四〇〇號。

「第二天那裡側邊停了一輛車，裡面有血。」

那是一輛福特銀河500，有人申報失竊。

「很顯然有人受傷流血，雖然可能是流鼻血，但你看這人離開時一路留下的血痕。可以取的證據早就沒了，不過我推測，如果有人得在大半夜穿越聖誕樹農場逃亡，不是很可能會撞到樹嗎？然後他再爬上這輛偷來後又丟棄的車。我辦過一個案子，有人成功從槍戰中逃走，最後卻撞上一根電線桿。那個案子就留下一模一樣的血跡。」

血跡一路朝東越過人行道邊欄。水溝裡有些揉皺的衛生紙，血滴越來越小，最後消失。就像這案子的每條線索，這一條最終也朝著連綿不斷的空白牆壁而去。沒有一條向著前門。在搜索中找到的每樣物品都可能是他的，也可能不是他的，而且總是缺少可追溯來源的確切資訊。此案的機運輪盤不斷在轉動，從未停止。

「每個線索都只有一半。」霍爾斯說。

「聖拉蒙那時的建案呢？」我問。

霍爾斯告訴我，凱西給了他們非常有用的資訊。

「她能詳述遭到攻擊時，她住處周遭那些新建地進行中的數個建案。」

我花了一會兒才理解：霍爾斯的意思是他已經親自跟凱西談過了。

「你跟她談過了？」

而他知道我為何驚訝。

賴瑞．克萊普頓為此案寫的《突然一陣恐懼》相當貶低凱西。他將她在偵訊時的舉止描述得像是又經歷了一次「極度高潮」。他不客氣地公開她在攻擊後的各種生活細節，並說他為她的丈夫和兒子感到遺憾。我雖然喜歡克萊普頓，可是我認為他做錯了——而且是大錯特錯。他甚至將她的外貌拿來跟其他受害者比較——雖是善意，但還是錯的。他對待凱西的態度——說好聽是嚴重無知，說難聽就是責怪受害者。在他的描述中，你看得出來他認為對這種暴力性侵犯只有一種對應方式，但這種說法缺乏同情心，也不懂得理解對方。舉例來說，他以嘲弄的口氣，說她告訴警察，東區強暴魔要求口交時她表示自己想先喝杯水，卻沒考慮過，對一個嚇壞的受害者來說，求對方讓自己喝水可能是一種拖延戰術。而克萊普頓給她起的化名叫「桑妮」。儘管並非惡意，可是按他談論她的語氣，這名字顯得格外無情。

克萊普頓的書上市不久，治安官辦公室就收到凱西寄來的電子郵件。她對於書中描寫自己的方式怒不可遏。由於克萊普頓退休，他們沒有權限給她聯絡方式，但霍爾斯和一名女性同事找了凱西來辦公室跟他們會面。

「她整個人抖得很厲害，」霍爾斯回想道。從他的語氣，我知道他並不怪她。會面時，凱西幾乎全程沒有看他。受害者與懸案調查員間的關係是一種詭異的組合，既親密又疏遠。那名戴著面具的男人以刀架著凱西的脖子、逼她趴到廚房冰冷的油氈地面上。那個時候的霍爾斯不過十歲。十九年後，霍爾斯將標有她案件號碼的夾鍊袋從證物室拿出，由塑膠試管中抽出一根拭棒。但凱西對他而言是陌生人，他透過顯微鏡研究強暴她的人的精子細胞，卻從未直接跟她眼對眼，也沒握過她的手。

會面過程中，他沒問多少問題，而是讓女性同事來掌控對話。不過凱西說了一些引起他注意的事。

她和丈夫大衛離婚已久。就如許多遭受東區強暴魔侵害的夫妻，他們的關係也撐不下去。凱西說，大衛在攻擊之後告訴她，他覺得自己好像認得東區強暴魔的聲音，可是想不太起來。

凱西的話之所以重要，原因有二。第一，她從沒看過地理剖繪圖，所以她並不知道這件事：由於康特拉科斯塔找不出像沙加緬度一樣明顯的生活模式，地理剖繪師便判定，犯人最可能居住的地方就是那裡——聖拉蒙。此處是東灣連續案件的中心點，也是他只出手一次的數個地方之一。距離犯人住處的距離若是增加，可能的目標人數也會隨之倍增。但這名掠奪型犯罪者偶爾在住家附近出手有個可能：他被特定受害者吸引，抑或是非常自信不會被抓。

在地理剖繪圖上，一道紅線指出東區強暴魔最可能居住的區域，就在凱西家以北，一路由東向西延伸而去。

凱西也不知道ＦＢＩ剖繪員在最近一次與東區強暴魔特殊小組開會時呈上的新發現。剖繪員說的某件事讓霍爾斯有了共鳴。她說，他們也應該把這件事考慮進去：也許在部分案件裡，男性受害者也是被針對的對象。在一些案例中，東區強暴魔因為一些他所認定的過錯對男性受害者執行報復。

而凱西告訴他們的事提高了連結的可能。這其實是一種沒有太遠的分離理論，雖然先前沒人重視，但說不定可以順著找到嫌犯。許多知名的連續案件處理到最後，都會發現至少一個這樣的連結。泰德・邦迪其中一個受害者琳達・希利的室友，是他的表親。而調查員隨後找出課程表，注意到泰德和琳達至少一起上了三堂課。丹尼斯・雷德，也就是BTK殺手[6]，住在他第八個受害者瑪琳・海吉六戶之外的地方。羅伯・皮亞斯特失蹤前不久，約翰・韋恩・蓋西[7]在一家店鋪中公然跟他談話，表示希望能雇他到工地做事。

為了藏起身分，東區強暴魔花了不少功夫。他把臉遮起來，故意壓抑聲線，先用手電筒將受害者照盲，然後威脅說，如果敢看他，他就動殺手。但他也有魯莽的一面，就算有狗狂吠也阻止不了他。一九七七年十二月有兩個約莫大學生年紀的兄妹在飄著大霧的夜晚出門慢跑，目擊一名戴著深色滑雪面罩的男子從美洲河道三二〇〇號房前圍了籬笆的小徑冒出來。那人一看到慢跑者就突然停下，他們繼續跑，然後飛快回了個頭，看到他迅速上了一輛型號較老的寬貨架小貨卡。不知為何，但這個人剛剛突然暫停又迅速躲進卡車的模樣使他們忍不住跑得更快。接著，他們聽到貨車引擎發出隆隆聲響，當車朝他們加速開來，兩人便拔腿奔過轉角，貨車嘎吱一聲停下，胡亂地倒車到他們所在的位置。兩人又跑進另一棟房子躲藏，注視著貨車一路跟來，並在街上不斷打轉，最後才放棄、加速離開。

東區強暴魔一直很小心地保護自己，最後因為數次成功和隨之茁壯的傲慢，讓他天衣無縫的計畫露出破綻。這份自傲在他耳邊花言巧語。他已經成功打破一連串擋下大多數人的心理屏障：強暴、闖入陌生人家中、控制情侶二人，而非單一女性。經歷數起無人干擾的成功犯案後，他的自信很可能驅策著他打破只找與自己無關的受害者的規則。三十六年前的深夜，某人聽見的喉音低語也許就是條線索。

聖拉蒙之後，東區強暴魔在四十英里以南的聖荷西又出手兩次。霍爾斯和我決定跳過，以節省時間。

「我想帶妳去看戴維斯。」他說：「我認為戴維斯非常重要。」

不過，首先我們還有兩站。聖荷西之後，東區強暴魔回到康特拉科斯塔，第一次在在丹維爾犯案（但之後數量會達到三起）。霍爾斯和我在六八〇北向道路往丹維爾開去，前往一九七八年十二月九日的攻擊發生地點。這裡給了他最有希望的一條線索。

丹維爾

一百年前，蒸汽火車規律如擊鼓的聲響代表鄰近惡魔山廣大綠色山谷的興隆發展。從一八九一年開始，南太平洋鐵路就在聖拉蒙到康科德略北之間的二十英里來回載運乘客。來訪商人一一下車，手中握著夢想與藍圖。此處土地豐沃，包裹運送與各項事業一一興起。載運乘客這

6（譯註）Bind, Torture and Kill，綑綁、折磨、殺害。

7（譯註）美國連環凶手，強姦犯。下手對象多為年輕男孩。於一九九四年處決。身分未曝光前，他時常在募款活動或遊行中扮演小丑，大眾也因此稱他為「殺人小丑」。

項服務最終因為汽車的發明而式微，但聖拉蒙支線仍在繼續搬運貨物——西洋梨、砂土、羊隻。鐵路隧道鑽入地景，融合其中、難以分辨；火車的氣笛標記了時間，車站一致漆成鮮明的蒲公英黃，綴棕色邊。鐵道行經核桃溪的莫克伍小學，孩童會在休息時間聽到隆隆聲響、感到地面震動，並停下跳房子或玩躲避球的動作，對著經過的工人揮手，並獲得一聲鳴笛做回應。

南太平洋鐵路雖幫助了田園谷地的轉變，卻沒有因此讓火車繼續奔馳。工業區從未出現，發展起來的反而是單一家庭的住屋。康特拉科斯塔中央地區變成「外東灣」。一九六四年六八〇號州際公路竣工，代表了速度與效率，以及鐵路的死亡。於是火車持續減少，要搬運貨物用卡車便宜多了。到處座落的果園全然消失，一片片屋頂從鐵軌兩旁增生，南太平洋鐵路最終向州際貿易委員會申請放棄這條路線。一九七八年九月，在第一條鐵軌設置過後近一世紀，這條路線永遠關閉了。

接踵而來的討論，則是該怎麼處理路權。還沒做出決定時，那長長一條二十英尺寬的土地就這麼空著，一條影子般的長廊將點著溫暖燈火的社區一分為二。不過，與其說這條死亡區域引人擔憂，不如說大家都忽視了它。位於聖拉蒙以北的丹維爾那段五英里的區域尤其如此。丹維爾的土地更大、房屋更老，住在那裡的居民更有錢，也更安靜。遠遠架設在後的廢棄鐵路密密實實包圍後院，籬笆基本上只是裝飾。因為被剝奪了用處，路權變得模糊。這裡沒有任何動靜、沒有任何聲音——原本是這樣的。直到十二月的某個早上，一個詭異的聲音擾動寂靜。一開始，不經意聽見聲音的人可能還沒留心。那聲音穩定而有節奏，可是對聽覺敏銳的人來說，明顯暗示著急迫：一定有什麼東西吸引了獵犬，使牠拔腿狂奔。

到一九七八年十二月上旬，康特拉科斯塔的居民普遍存在一股心懷期望但多半沒說出口的氛圍：也許，他們可以鬆口氣了。十月，東區強暴魔不僅在他們這區露面，甚至以飛快的速度與令人喪膽的能力，玩鬧似的狠狠打擊他們：二十一天內三起攻擊。第三起攻擊後，人們到了晚上就將自己鎖在燈火通明的家中，拚命抵抗睡意，在眨眼間看見滑雪面罩模樣的幻覺。但一週週過去，事件沒發生，新的恐懼分散了注意力。新聞主播在十一月十八日打斷常規播報，宣布有超過九百名美國國民（其中三分之一是孩童）遵照邪教領導人吉姆．瓊斯的命令，喝下加了少量氰化物的果汁飲料，橫死在圭亞那叢林區。人民聖殿——也就是瓊斯的教會——遷移到圭亞那前，總部就位於舊金山。死者中包括北加州的國會議員李歐．雷恩，他飛到該處去調查疑似濫權的行為，卻在飛機從小機場起飛前就被槍殺。就算沒達到世界性的規模，瓊斯鎮大屠殺也差不多將全國的恐慌都吸引過去，但是這事件尤其震撼了灣區。

感恩節週末和平到來，也和平離去。新月使得十一月三十日的夜空光潔明燦，蓋過荒涼藏匿處的微弱光芒。目前的掩護可說是完美無瑕的狀態。然而時節進入十二月，沒見到另一起東區強暴魔攻擊的新聞。是沒有人輕忽關門上鎖的動作，但有如緊繃彈簧般的恐慌反應開始慢慢放鬆。

東區強暴魔從五個家中偷走收音機鬧鐘——即使擺明有更高價的物品等著他拿——大概不

是巧合。時間對他而言很重要——他要拿來控制、操縱。他有著不可思議的直覺，能夠掌握使警覺心變弱需用去多少時間，讓大眾與受害者都無法判斷他是否存在。這自然能讓他占到策略上的優勢。眼睛被蒙住的受害者在黑暗中被綁著，會因此發展出某種類似草原動物的野生直覺。玻璃滑門悄悄關上的聲音變成響亮且機械性的喀啦聲，她會去計算細不可聞的腳步聲究竟隔了多少距離。希望忽隱忽現，但她依舊靜靜等待。時間在緊繃之中流逝，她用盡全力細聽除了自己之外的呼吸聲。十五分鐘過去，那種被監看的恐怖感——被一個看不見且彷彿中邪的眼神釘在地上的感受——消失了。三十分鐘、四十五分鐘。她讓身體微乎其微的放鬆一些，她垂下肩——就在那時，就在她正要吐出一口氣的當下，夢魘再次發動攻擊——刀子摩娑肌膚、粗重的呼吸再現，甚至靠得更近——直到她感到他靠近身旁，像隻耐心等待半死獵物完全靜止的動物。

這種彷彿完全離開的假象十分殘酷，卻也非常有效。被如此對待的受害者下回會等上更久，才會判斷東區強暴魔已經離開。有些受害者因為過度恐懼，幾乎要精神分裂。她們會等上好幾個小時，等到響起鳥叫、微弱的陽光在蒙眼布邊緣閃爍為止。這樣一來，警察到場前多出來的時間便可讓東區強暴魔逃到離犯罪現場更遠的地方。

到十二月上旬，距離東區強暴魔在康特拉科斯塔出手已過六週。整個社區就像那些謹慎卻懷抱希望的受害者，相信他已離開自己的家。從沙加緬度到東灣，社區到調查員，沒有一個人知道東區強暴魔不在他們這區時去了以南四十英里的聖荷西，犯下兩起強暴。一起在十一月上旬，另一起在十二月二日。即使他們知道聖荷西的強暴案，東區強暴魔的路線也可能讓他們鬆一口氣。很顯然，他規律地順著南向路徑：首先康科德，然後在六八〇號公路往下十八英里到聖拉蒙，接著聖荷西，再外加另一個郡。

當十二月八日星期五的夜幕降臨，一個依偎在惡魔山山腳下的外東灣社區——就像康科德、核桃溪、丹維爾和聖拉蒙——某家臥室裡的住戶無憂無慮地上床睡覺。就常識而言，他應該會這樣一路南下，然後到達聖塔克魯茲或蒙特利。他們應該早就成了車子後照鏡裡的景物，變成過往的目標。最糟的時候已經過去。此時時間來到凌晨一點，冰箱馬達在暗下的屋中嗡嗡運轉，偶爾有車呼嘯而過、打破寂靜。集體生理時鐘現正進入休眠模式。

但也不是每個地方都是這樣。在丹維爾，廢棄鐵軌東側，有道被巨大樹木遮住的六英尺木頭籬笆，因為有人爬上去的重量彎折。

戶外沒有光，無法照亮這道籬笆後方那棟度假屋風格的房屋。對於這個翻過籬笆的人，夜晚是十分理想的時間點。這層掩護誘惑著他。他穿著深色衣裝到處徘徊，在燈火通明的屋間搜索寥寥無幾的暗處，那雙黑暗的瞳仁正在尋找陰影。

他穿越後院、來到露臺。裡面沒有燈。一個女用皮包擺在廚房臺面上。撬開玻璃滑門不需要花多少力氣，也不會製造太多噪音。他踏入廚房，某處傳來收音機柔和的聲響。這棟兩千一百平方英尺的房屋幾乎空無一物，沒有什麼家具，也沒有個人風格——因為這是要出售的屋子。**友善房地產**近兩個月持續迎接陌生人進來看房。他會是那些過目即忘、只看不買的客人之一嗎？就算他有講話，恐怕也只是一些喃喃自語。當潛在買家問問題、暗示感興趣時，其他人可能會覺得他有點吹毛求疵，他的專心可能會被解釋為不滿意，熟記細節的模樣可能被誤解為在下判斷。

他繞過關著門的房間，直接朝主臥室走去。該處位於房屋西北角。他站在門口，隔著約十英尺的距離面對著床。有個女人獨自躺在那裡。她在睡覺，趴睡，臉貼枕頭，應該是沾枕即眠，而非慢慢睡著。這個將被他從無憂無慮美夢中驚醒的女人到底是誰？艾絲特．麥唐諾*的個頭很小，如果是在她這名字還算流行的世代，可能會說她是個「小不點」。在位於寒冷中西部省分的家中，她十九歲就結婚，沒有孩子，也沒有讓她留下的誘因，這種日子就這麼過了十年。突然之間，她三十歲了。比起靠海岸的地區，這年紀在美國中部算很老。〈加州夢〉不只是一首歌，更是一聲警報，呼喚更光明的未來。她和閨密搬到舊金山，愛之夏的時代已經結束，但灣區還留有讓人隨時改頭換面的可能。你可以在這裡拋下過去、展開新生。

這裡有工作機會：花卉批發商和電動馬達維修公司。有比她年長二十歲的當鋪老闆拿出珠寶首飾向她求愛，並邀她和他一起住在丹維爾。那棟房子距卡拉韋拉斯斷層只有五英里；那是聖安地列斯斷層的一條主要分支。六個月後，他們和平分手。他繼續前進，將房子上市拋售，並告訴她，如果她想，賣出去前都可以繼續待在這裡。她與同事間的新戀情仍熱，當鋪老闆仍徘徊不去。但凡與人心有關之事，往往都是雙向並且無解的。

在十二月一個寒冷夜晚、大約凌晨兩點睡去的她，就處於這種狀態。她在這個州重新開始。這裡曾有篷車停駐，許多改頭換面的人生故事也在此展開。她在平凡又複雜的感情生活中航行，並將遭遇無法逆轉的改變。如果你發現自己陷入熟睡的溫暖場所將成為你的墳墓，這種傷痕會持續多久？時間能撫平傷痕，可是這種影響永遠不會消失。它會像無名的病症，永遠流竄在體內。也許有時它會陷入漫長休眠，但在其他時候，則會不斷掀起痛苦與恐懼的強大波濤。

一隻手抓住她的頸子，一把鈍頭的武器戳在喉嚨側邊。北加州至少有十幾名調查員能一字不漏地預測從黑暗中低聲傳來的第一句話。

「不要動。」

「不要尖叫。」

他回來了，或者更精闢地說，他又回來了。因這難以預測的路線及隨機出手的習慣，使得他成為一股無法預測的黑暗力量，以一人之力帶來犯罪的浪潮。

第一個接到調派中心通知的警長在凌晨五點十九分抵達。因為那些掩蓋不了的徵兆，緊張氛圍節節升高：打結的白色鞋帶、撕成一條條的橘色毛巾、切斷的電話線。房屋冷得讓人精神都來了；他關掉自動空調，連收音機也一起關了，明顯是想讓聽力處於最理想的狀態。無線電呼叫停下，電話響起，人們開始在日出時分的藍黑光線中抵達。犯罪現場調查員賴瑞．克萊普頓的車開到。為了找尋重要線索，儘管還那麼早，他仍全神貫注、提高警戒。他注意到前院的房地產標示及隔鄰無人居住的房產，還有遠在後方的鐵軌——一切條件是如此理想，挑起了東區強暴魔難以抑制的衝動，並將這無處落腳的情緒集中到單一目標。

克萊普頓將在幾週內升上警長，並加入緊急組成的東區強暴魔特殊小組。他進入屋中，門在身後關上。然而他完全不曉得此案將成為他必須背負一輩子的包袱，變成他死也不願敗下陣的吊死鬼遊戲[8]。他猜的每個答案都錯了，而那個火柴人可說命在旦夕。克萊普頓一直留著最後一步沒走，用不斷的等待擊退挫敗感，直到他或他其中一名繼任者能夠扭轉情勢，填上對的答案。只有到那個時候，亦即正確答案出現的瞬間，這場在黑暗中進行、漫長又傷痕累累的追捕才得以結束。而所謂答案便是眾人不斷追尋、最大也最簡單的獎項：這人的名字。

三頭獵犬中的一頭來了，牠叫皮塔。皮塔立刻表現得很興奮，鼻子在空氣中皺了皺。誰能知道警犬心中在想什麼？牠們是否理解在身邊打轉的這些嚴肅人類有何期望？皮塔的職責清楚而明確，甚至可說令人羨慕：找到氣味、跟著它走。一小群領犬員和警察（包含克萊普頓）全看著皮塔穿越後方露臺，從房子出來，有自信地朝後院西南角落前進。牠對籬笆表現出焦躁的模樣，躍了過去。接著又被領出院子，繞到另外一邊，來到荒廢的鐵軌，然後抬起鼻子。

他們再次仔細篩檢這個無臉破壞者新留下的殘骸。他從冰箱拿出來放在後院的啤酒瓶旁還懸著泡沫，籬笆上的磨損痕跡都拍下來了。鐵軌旁的小組成員在寒冷中擠在一塊兒，等待皮塔的下一步。他們的希望全繫在那條狗的鼻孔與某個氣味分子之間的連結。

接著，突然一個動作——皮塔嗅到了——牠聞到他了。皮塔向前衝，沿著鐵軌左邊的路往南狂奔。套句警犬隊的話，牠「抓到氣味」了。皮塔的步伐十分節制，但牠不斷加速，持續驅策著自己與生俱來的天賦。牠可以算是掙脫了各種意義上的束縛。克萊普頓和皮塔的領犬員追在身後。週六早晨的丹維爾鐵軌上突然傳來這麼一陣騷動，再加上危險且不平靜的氛圍，十分不尋常。這種情況並不受歡迎，卻會在未來數月不斷重複發生。

皮塔跑了大概半英里後突然停了下來，位置就在鐵軌與住宅區街道相交的地方。又有兩隻警犬一起被帶到犯罪現場執行任務，貝西和伊萊。皮塔的領犬員茱蒂．羅伯在後續報告中指出，時間會改變氣味群集——甚至細到每分鐘風速的變化都有差別。然而，三名領犬員在許多項目上都一致同意。狗兒沿著許多道籬笆嗅聞，並衝向數個側院。這樣的行為表示嫌犯花了大把時間在這區域潛行。他從北側籬笆進入受害者的後院，離開時則越過後方籬笆的西南角落，並沿著鐵軌一路往南走，直到與街道交會，他很可能在此上了交通工具。

受害者由警長送往醫院，檢查完成後，他載她回到家裡。但是，在他將警車停在她家外頭，她卻一動也不動；赤裸裸的痛楚令她在座位上動彈不得。日光也無法讓她安心，她不想再回到裡頭。這種感覺十分微妙，調查員其實能夠感同身受，但他們需要她。他們強調一起將犯罪現場重新走過一遍有多重要，於是她同意迅速進行，然後就要離開。稍後朋友來取走她的行李，她再也沒有踏足這房屋一步。

8（譯註）Hangman。在一方猜字的過程中，另一方會一邊畫吊在絞死架上的火柴人。規則是一方猜錯時，另一方就可添加一筆，若最後圖先完成，則火柴人遭到吊死，畫圖者為贏家。

有個問題永遠會在：應該怎麼在警方報告中稱呼身分不明的犯行者。大多時候是「嫌犯」，有時是「犯人」，或者就簡單稱為「他／她」。而不管寫丹維爾報告的人是誰，都選擇了一個直白且明確表達譴責之意的代稱。報告中散發的指責語氣之強烈，好像每頁都能見到一根手指戳出頁面。讀報告時，我立刻受到那稱謂影響。那兩個字成為我對東區強暴魔的私密暗語。當我在夜半三點不斷回溯收藏者的那些暗黑可怖的半調子證據，還有不清不楚的臉部畫像，睜著大眼睡不著覺，總會回到那個言簡意賅的名稱，並對那堅定又直接的控訴打從心底感到欽佩。罪人。

霍爾斯將車子停在丹維爾住宅區的一條街，就在鐵騎步道旁。這條路從中康特拉科斯塔蜿蜒四十英里，可容單車騎士、馬匹和登山者行走：過去的南太平洋鐵路現在鋪成道路，成為給步行者使用的路徑。

「我們從這裡下車用走的。」他說。

我們沿著步道朝南大概走了十英尺，霍爾斯叫我去看一個後院。

「警犬追蹤東區強暴魔逃到受害者院子的一角，」他說完，然後走上前。一排龍舌蘭類的植物遮住籬笆後側，擋掉了想更靠近些的一切可能性。

「他在那裡跳過籬笆，」霍爾斯邊指邊說。他望著龍舌蘭刀刃型的厚葉片好久好久。

「我敢打賭，這家人被攻擊事件嚇壞了，所以才種了這種仙人掌科的植物。」他說。

我們繼續走，沿著三十五年前犯罪學家約翰．派堤走的路。當時，在警犬建立起東區強暴魔的逃脫路線後，他對該區進行搜查、找尋線索。派堤在搜索過程中有一些發現，將找到的東西封存到塑膠袋中，貼上標籤。袋子被放進某個箱裡，拿到證物室，就這麼在鐵架上跟上百個一模一樣的箱子擠在一起。它在那裡無人碰觸，就這樣過了三十三年。二〇一一年三月三十一日，霍爾斯打電話到證物室，詢問一九七〇年東區強暴魔再度活躍時一名嫌疑犯的滑雪帽。當霍爾斯抵達，證物室的主管早早把箱子準備好了，滑雪帽就在裡頭。接著，霍爾斯便注意到一個標籤寫著「採證自原鐵軌路權處」的夾鍊袋。而他在裡面找到的東西改變了他整個調查路線。

證據採集就跟警察工作的其他部分一樣，必須有紙本紀錄。約翰．派堤的現場證據清單是用手寫，簡短記下——1：a.兩張線圈筆記本內頁；b.三孔資料夾內頁，上有鉛筆字跡；c.一張線圈筆記本內頁，三孔資料夾內頁，上有鉛筆繪地圖；d.一段紫色毛線，長度四十一英寸，一張紙片，上有打字內容。

這些東西找到時是放在一起嗎？還是到處散落？完全沒有現場照片或大致的圖畫可指引霍爾斯。派堤留下簡短註記，解釋他是在鐵軌沿線的哪一處找到這些證據——就這樣。霍爾斯是可以將紙送去進行碰觸DNA與高解析度掃描，可以找許多來專家解析地圖的每一個面向，但他缺少能提供前情提要最關鍵的元素：約翰．派堤。他一九九一年死於癌症。這便是懸案最大的詛咒：起初被漠視、被認為毫無關連的資訊，卻在之後發現其實非常重要——然而，這資訊已隨知情者一起死去。

一開始，霍爾斯不知道該怎麼去理解「家庭作業證據」這項物品。其中一頁顯然是學校作業的開頭，以卡斯特將軍[9]為主題寫一篇論文，但寫得很糟。不過第二頁的內容就比較吸引人了。它劈頭寫著「只想到瘋狂」。作者瘋狂抱怨六年級生活，還有一個為了羞辱他、懲罰他而逼他重複寫句子的老師。「我從來沒有像恨他一樣那麼恨一個人。」作者如此形容這位沒有揭露姓名的老師。

第三頁是某住宅區的手繪地圖，畫了商業區、死巷、小徑，外加一座湖。霍爾斯注意到地圖後面有些隨手塗鴉。

這個證據讓霍爾斯百思不解，卻也立刻讓他深陷其中。意外冒出的一閃靈光讓他持續追蹤線索。他沒有先打招呼，就直接打給各個專家詢問資訊。一名房地產開發商不經意觀察到的事物動搖了他對東區強暴魔身分的看法。他以嶄新的眼光重新檢視過往線索。霍爾斯知道自己的理論與共事的調查員相悖，不過他決定不要太在意。做為一個——套句他的話——看法「奇特」的人，他為自己開闢了個空間。他更勤快地去發問。針對那詭異的突兀感——文字青澀，卻明顯能看出經過精心設計的嫻熟技巧，他也獲得不少令人信服的解釋。諸多意見不斷加乘，查這起案子的危險就有如在地下墓穴行走，一不小心就會轉錯彎。許許多多的可能性看來都十分誘人，更一路朝著地平線那端延伸。眾人心中的羅盤總有些先天瑕疵——例如偏見，還有亟需相信些什麼的渴望。無論如何，儘管目前尚未出現特定標靶，卻有個較大的目標從旁一點一滴進入霍爾斯視野中。

調查時其實不會常有意料外的發現。這種發現是很嚇人的。對警探來說，解開指認東區強暴魔這種等級罪犯的謎團，就像搭雲霄飛車前通過閘門時發出的「喀」一聲。神經突觸劈啪一響。平時身兼數職，但一直心平氣和的人正式上緊發條。執著的人永遠都不會忘記那令人激動的一刻。霍爾斯在證物室做完工作，把找到的那幾頁拿到最近的影印機。當他的下屬開口，他正在自己的實驗室裡檢驗那張手繪地圖的影本。

「保羅？」

「嗯？」

「保羅。」

霍爾斯放下地圖，揚起眉毛。下屬比了比，示意他應該把地圖反過來。霍爾斯照做，然後發現地圖後面的塗鴉。他稍早是有看到，卻沒有太注意。現在他知道下屬是什麼意思了。

上頭有好幾個難以辨認的字眼，怎麼解讀都可以。有兩個詞被隨意劃掉，一個則是用力塗去。有個名字——梅蘭妮——可以勉強辨識，但上頭還有一些別的。那個詞實在與其他無意義的塗鴉太不搭軋，以至於霍爾斯花了點時間才理解意義；除此之外，字母的構造其實也不一

9（譯註）George Armstrong Custer（1839-1876），美國陸軍軍官，曾參與印地安戰爭。

樣——尺寸過大、草寫體混雜印刷體，最後一個字母「T」不必重複卻重複了，描繪出一個有棱有角的三角形。那個詞的字母比上頭其他字顏色都深，好像寫這個詞的人是憤怒地壓著筆寫。剩下的塗鴉都採用標準的細筆畫，但這個不是，那個詞是斜著寫，幾乎占去一整個頁面下半。第一個字母「P」比其他字母大，而最令人不解的地方在於，那個P是反的。

這感覺就是個腦子有問題的人寫的。

「**懲罰**。」（PUNISHMENT）

霍爾斯忍不住落坑。

我們在鐵騎步道散步到一半，突然停在一根電線桿前方。這是幾百碼之外一個十字路口朝北的倒數第二根電線桿，也就是警犬失去東區強暴魔氣味的位置，一般認為他在這裡登上交通工具。

「家庭作業證據是在這個區域找到的，」霍爾斯說。

他之所以認為那幾張紙屬於東區強暴魔，原因很實際：追蹤犬當然不見得絕對正確，但三隻警犬都表示他沿鐵軌往南逃，那就是強而有力的鐵證。對霍爾斯來說，更重要的是路線。此外，這個氣味線索消失的地點，與東區強暴魔過往在開始行動前停車的位置與目標間所抓的距離一致。約翰・派堤是個受人尊敬的犯罪學家，在康特拉科斯塔的案件中涉入的程度也很深。如果派堤採了這個證據，代表他一定認為它很重要。另外兩項跟家庭作業證據一起找到的物品最後都走入了死巷。紫色毛線是個謎，上面有打字內容的紙片無法辨認。但線圈筆記本的紙跟性侵害犯罪現場的關連其實沒有想像中薄弱。連續性侵害犯與殺人犯在跟蹤受害者時會頻繁做筆記，有時甚至會發展出自己的暗語。在東區強暴魔於沙加緬度出手時，不只一名目擊者打來中報說看到可疑人士，並描述一個拿著線圈筆記本的人。而東區強暴魔——儘管他的能力足以難倒當局——時不時的確會漏掉些什麼：如螺絲起子、沾血的OK繃，或原子筆。而他是否刻意為之，我們並不知道。

「只想到瘋狂」散發出憤怒與自憐，其製造出的流彈碎片則是另一條線索。像東區強暴魔這般暴戾的犯罪者，從連續性侵害升級到謀殺，這樣的罪犯不只少見，而且各人有各樣，試圖將他們的背景與行徑分門別類並不明智。然而，其中的確存在一個共同的主軸。這些未來將成為他人夢魘的傢伙，起先只是酷愛幻想的青少年。他的世界一分為二：以暴力的幻想舉動掩去嚴峻且令人失望的現實。可能會危害到他自尊的事物被過度內化，心中的不滿持續積累。他以手指撫摸著舊傷痕。

暴力的幻想逐漸進階成在內心進行的彩排。他記下劇本，反覆練習手法。他是故事中遭到錯待的主角，抬頭望著他的那些痛苦雙眼，都只是不斷輪替的恐懼面容。他歪曲的信仰系統全圍繞著位於正中的一個嗜血信條運轉：當他以力量征服受害者，他的行為使她露出無助脆弱的表情，那種不滿足才會被壓下。那是他自身熟悉且痛恨的眼神。

大部分暴力幻想者不會真的付諸行動。那麼，究竟是什麼原因讓某些人真的越線？答案是壓力因素合併。情緒因素就像點火的火柴，原本只做白日夢的人踏出幻想園地，進入陌生人的家中。

寫下「只想到瘋狂」的人顯現出暴力罪犯中常見的過度情緒反應。這個懲罰他的六年級老師「在我心中建起一層層憤怒的高樓」。作者選擇自憐且誇大的字眼來描述這個經驗：「折磨」、「不公平」、「痛苦不堪」、「極度可怕」。

我們開始朝車子走回去，我則思考著自己對丹維爾有何認識。此處跟許多北加州的小鎮一樣，形式上有相似處。從前從前，此處住滿美國原住民，營帳一路由惡魔山往東北方延伸。但在一八四五年，有個白人帶著淘金潮賺到的錢一舉入侵，買下一萬英畝的地。他的名字叫丹。水果和小麥種植到七〇年代都還勉強撐著。隨後，新的住宅建地突然暴增、人群搬入，小鎮搖身一變成為東灣最溫馨、最富有的郊區。霍爾斯說，他查詢的空拍照片沒把社區裡的大片工地拍出來，那是東區強暴魔在該處後院到處潛伏的時期。受害者的家是在六〇年代中期建造。丹維爾的這段奇特歷史有某種吸引力，一九八〇年，人口暴增到兩倍。

今日，若談到丹維爾，大家會提到它的同質性和注重身分地位的狀態。最近這裡才成為全美置裝費平均排行第一的地方。

「你認為他是在這種地方長大的嗎？」我問霍爾斯。

「中產階級嗎？沒錯，我認為他很可能不是來自窮困的家庭背景。」他說。

我提起東區強暴魔DNA檔案不相符的事。我知道這個推測範圍太廣泛，但是我一直認為，這說不定可以表示他真的躲在體面人士的面具後方行動。我催霍爾斯說出他對DNA的看法。

「那讓我很驚訝，」他說：「我們有DNA技術超過十年，規模遍及全國，結果還是沒抓到那傢伙。」

「連命中同家族的DNA都沒有，你有覺得很驚訝嗎？那會不會表示他其實來自家教更嚴謹的家族？——」這就是我的意見，只是勉強偽裝成一個問題。

「相對於其他連續犯罪者，我覺得很有可能。」他小心翼翼地說。

霍爾斯和我已花了幾個小時相處。他是個很好的同伴，這沒有話說。事實上，他的舉止非常隨和而且溫柔，我比平常花了更久時間才終於發現他習慣的對話模式。當他不認同特定意見，會平靜地回答我。但當他對某個詢問感到不舒服，他會更拐彎抹角地迴避。要不是沒有真的回答，就是提出外頭的景色有什麼有趣的東西。

講到東區強暴魔社經背景的話題時，我從他那兒嗅到疑似轉移話題的動作。霍爾斯是個犯罪學家——我提醒自己。他是計量的專家，時時與尺規一同工作。他不會賣弄學問，但凡碰到馬虎模糊的推斷，他就會將真相從泥沼中淬煉出來。我間接提及東區強暴魔小腿很粗，而他糾正我目擊者說的其實是大腿強壯。稍晚，他會讓我看一張驚人的試算表，讓我感受一下那張表格有多草率。它什麼都寫到了，就是沒記下從目擊者證詞蒐集到的東區強暴魔外貌特徵。眼睛顏色、頭髮顏色亂七八糟，都是一些因為照明不佳及心理創傷而出現的模稜兩可感受。霍爾斯指出，唯一一致的只有身高。東區強暴魔大約五英尺十英寸，六英尺對這個嫌犯而言應該可以算是偏高，但他們仍在調查，霍爾斯補充道。
「小心駛得萬年船。」
一日科學家，終生科學家。
謹慎與科學等級的精準度對我來說是以後的事。但在這個點上，當我們都準備要離開丹維爾，我還停留在囫圇吞下理論的程度。我不斷背誦出各種東區強暴魔可能戴著正常面具的證據。大多凶案受害者都是白領階級的專業人士，住在上流社區，那麼，他看起來一定就像這裡的人。他一定有某種固定工作；他有自己的門路。
「我們知道他有車。」我說。
霍爾斯點點頭，表情蒙上一層陰影。他似乎在心中反覆思考著某件事，不斷掙扎跟我分享這個想法是否明智。
「我們知道他有車。」他說，而他接下來說出口的話講得非常之慢。「我認為他擁有的可能不只這樣。」
那瞬間，我有點無法想像那是什麼意思。
霍爾斯對我說：「我認為他可能有架飛機。」
我猶豫不決地講出最先、也是唯一出現在我腦中的三個字。
「真的嗎!?」
他露出謎樣的微笑。看來我誤解他了。他不是不認同我的推測，他是在思考什麼時候要將他的故事加進來。

「我會在午餐時說明。」他承諾道。

但首先，我們要前往康特拉科斯塔的最後一站：核桃溪。

核桃溪

席尼．巴澤特之屋，由法蘭克．洛伊．萊特設計，在舊金山外圍希爾斯伯勒雷瑟瓦路，位於一條彎彎曲曲、被樹木遮蓋的車道盡頭，而且從街上是看不到的。它的偉大存在於眾人的呢喃耳語，很少真的被看見。一九四九年一個下午，屋主的丈母娘獨自在家，被前門傳來的敲門聲嚇了一跳。來訪者是個眼鏡鏡片很厚的中年商人，他身後站了五、六名專業打扮、一臉嚴肅的人。那人表示自己名叫約瑟夫．埃希勒，他和家人從一九四二到一九四五年以租屋的方式住了這房子三年，直到現在的屋主把房子買下。巴澤特之家，這棟屋子擁有內建的加州紅木和玻璃牆壁，日光會從四面八方透入屋中，讓每個房間能在一整天裡不斷變換氛圍；這棟屋子是件了不起的藝術品，給予埃希勒激勵。他說自己從來沒忘記這棟房子。事實上，入住這棟屋子改變了他的人生。現在，做為一名商用建築的開發商，他帶來自己的同事，希望給他們看看他靈感的來源。這群人被邀進屋中，埃希勒跨過門檻——此時，這個從華爾街起家、惡名昭彰的硬派商人，竟然落淚哭泣。

五〇年代中期，約瑟夫·埃希勒是灣區最成功的住屋開發商之一。他做的是加州現代風格的小家庭住屋。柱梁式房屋結構，平頂或低斜度的A字型屋頂，開放的室內空間，玻璃牆，天井中庭。他的野心隨事業一同增長，想給戰後快速倍增的中產階級享受俐落的幾何線條，也想將現代主義美學帶給大眾。埃希勒開始調查康特拉科斯塔中部，尋找可建造小社區的土地。他需要好幾百英畝，更重要的是，他要一個對的感覺。那個地區應該在某個端點，尚未被蔓延的都市化摧毀，卻擁有正在萌芽的公共建設。一九五四年，埃希勒探訪核桃溪。這個小鎮基本上就是鄉下，充滿馬匹。伊納修谷路現在是主要幹道，由三不五時就被牛群占據的兩線道組成。但是該區域的第一個購物中心於最近開幕。那裡有新的醫院，而開闢高速公路的計畫也在進行中。

小鎮東北部有一片核桃樹園，位於海瑟農場公園對面，埃希勒的尋覓終於來到尾聲，惡魔山在遠處微微發光。他想，這裡就是最完美的地點，可以建造給富有創造力的專業人士居住。那些進步而且革新的人懂得現代藝術與設計的美好，他們厭倦住在有如餅乾模的屋中。在那種房子裡，好像不管走到哪兒都像眼睛被遮住。這塊地上有五百六十三座房屋，其中有三百七十五座埃希勒式房屋，其他的是標準排屋，都於一九五八年竣工。手冊上有個身穿飄逸洋裝的美麗女子，她正透過一面玻璃牆望進住家外頭整整齊齊的後院。屋頂是柱梁式，椅子則是伊姆斯[10]的。埃希勒將這個新社區命名為聖米蓋爾莊園。

但也有誹謗者專門針對這個社區。有些人認為埃希勒的房屋——這種光禿禿一面牆直對街道、後院導向的設計——是反社會的。你再也無法在前窗對著鄰居揮手，其他人則認為這種房子既醜又活像是車庫。但無論如何，埃希勒屋（人們如此稱呼這種房屋）發展出一群忠誠如信徒的追隨者，而聖米蓋爾莊園與它的那些公園、優秀的學校，依舊維持美名，是眾人夢寐以求的居住地。但這種不尋常的房屋——後方是玻璃牆壁加玻璃滑門，還有完全封鎖各家後院的高聳籬笆——吸引了另一群追隨者。他們並不是思想多前衛，這些人的動機更為黑暗，是從未向大眾提起、但私下苦惱多年的實情。

霍爾斯和我開到東區強暴魔在核桃溪初次出手的位置：聖米蓋爾莊園的一棟埃希勒屋。「我會把這裡稱作康特拉科斯塔的百慕達三角洲，」霍爾斯說。「我們在同個社區也有其他的連續殺人犯的案子。一個女孩失蹤，一起知名連續殺人犯的攻擊，一九六六年，有個家庭主婦被勒死，內褲扯下，外加兩起東區強暴魔的案件。你真的會忍不住想：為什麼呢？」

一九七九年春天，住在核桃溪聖米蓋爾莊園的一個十七歲女孩接到一連串匿名電話。尤其令人不安的是，這些電話甚至一路跟到她幫人帶小孩的家裡。當父母離家，小孩放到床上，會有一聲電話鈴響劃破寂靜。「喂？」那段熟悉的空白後總是接著「喀」一聲。只有這麼一個線索，能夠知曉電話線另一端的人別有所圖。

這個女孩固定幫愛迪薩德多大道兩個住在埃希勒屋中（而且是對門）的家庭顧小孩。五月

10（譯註）Charles & Ray Eames。美國知名設計師夫婦，出生於一戰前，其設計家具引領現代主義風潮。

上旬，她家有一件睡衣和一本電話簿消失不見。即便如此，女孩依舊沒感覺到危險的炙熱吐息悄悄靠近。埃希勒屋的問題在於，這屋子會把你的注意力轉到外頭。一如展示博物館的稀有動物，玻璃牆也展示著住在裡頭的人。在夜晚時分，於黑暗中閃動的光影代表你能看見的景象僅限自己的倒影。那種不透明性散發出令人不安的妄想。

再五個月，《奪命電話》就要上映。劇情根據知名的都市傳說，講述一個幫人當保母的青少女遭到一連串越演越烈的惡意電話騷擾。「妳確認過小孩的狀況了嗎？」某身分不明的男子問道。灰白色的轉盤電話擱在起居室，散發出威脅氣味，活像顆定時炸彈。點滴累積的恐懼在開場的最後段落衝到最高。想要幫助這名保母的警探著急地回電給她，要告訴她一個緊急訊息：

「我們追蹤到電話了，是從家裡打出來的。」

現代版的動物本能恐懼。

《奪命電話》在一九七九年六月二日還沒上映。那個週六晚上在核桃溪也沒有打給保母的匿名電話。大家不會想到，可能有人考慮、並計劃用無聲電話這種方式來下手。

當她聽到腳步聲——或某個男人的聲音，人正坐在廚房桌前。她想不起是哪個先出現，只知道他突然發難，彷彿在黑暗的走道上將弓拉滿，直射進她恐懼的心中。

他的話不多，但是不斷重複。他以笨拙而難以預測的暴力手段取代溝通。他一把將她的頭壓下，將她雙手手腕緊緊用塑膠束帶綁起，他咬住她左邊的乳頭。犯罪學家必須拍下受害者在現場的照片，雖然大家看起來都不怎麼樂意，但都會看鏡頭——然而這名保母沒看。她迴避著眼神，雙眼盯著地上，彷彿永遠不會再抬起來。

當時對街有個廣大的開放空間，還有一間學校，隔壁的屋子則是空的，正在市場上待售。警犬追蹤東區強暴魔的氣味到轉角，他顯然在那裡上了交通工具：他就停在一棟正在建池子的房子前方。

強暴案發生後，警察在附近巡視，擋下一名帶著刀和刀鞘的酒醉駕駛，攔住一個脫了褲子的男人，那人說在找不見的貓。他車上有用變焦攝影鏡頭拍的照片，上頭都是些毫無設防的女性。這兩人只是晚上在郊區到處亂竄的邪惡強迫症患者，有如被水泥封住的水道，依舊在核桃溪下方湧動。

二十三天後，東區強暴魔回到聖米蓋爾莊園。

負責處理連續案件線索的調查員說，有些時候，他們會覺得犯人在對他們說話，彷彿他們的個人想法傳了過去，而他也做出回應。對於執著的競爭對手來說，這是熟悉且無須言語的對話，猶如交換暗號，只有在戰場上對峙的兩人才會理解其中意義。當警察跟在逃罪犯處於競賽的第一階段，調查員就像焦慮激動、頻頻注意時鐘的人，而罪犯是控制一切情勢、面露駭人冷笑的一方。

第二棟埃希勒屋距離第一棟不過一百英尺，這次的受害者只有十三歲。她的父親和妹妹就在屋中，卻完全不知道發生了什麼事。追蹤犬將領犬員拖過轉角，突然在一個熟悉的位置停下來：這地點跟先前一樣，就在那棟正在建池子的房屋前面。

案件細節逐漸連成一幅沾沾自喜卻又極度不真實的瘋狂笑容。

「他有回來過嗎？」那個十三歲的受害者在攻擊後問了做筆錄的調查員。

「沒有。」第一個調查員說。

「從來沒有。」第二個說。

「這是這裡最安全的一棟屋子。」第一個人又說。

他們那副模樣，彷彿那棟屋子還能給人安全感。

這個社區與霍爾斯所持的建築工地理論不太合。埃希勒屋全都是在五〇年代建造，當時聖米蓋爾莊園沒有開發中的建案——雖然鄰近有一些地方在動工，位於六八〇公路上兩英里距離處。

「這裡稍微有點太偏僻了。」霍爾斯四處張望。「有某件事將他引到這個外圍社區來。」跟我相比，走這趟康特拉科斯塔對霍爾斯別具意義。我是第一次看到這些社區，霍爾斯則是途經過往的一樁樁謀殺案。每個「歡迎來到……」的標示都伴隨一段屬於法醫證據的記憶，與一個個在實驗室裡彎腰駝背、伏在顯微鏡上方而且視線模糊的下午。核桃溪讓霍爾斯特別有共鳴；這裡令他想起那個與失蹤女孩有關的謎團。

伊蓮．戴維斯正打算將海軍外套上的黃銅鈕釦縫好。她的母親離開他們位於核桃溪以北開拓者大道的家，去接伊蓮的父親下班。當時是一九六九年十二月一日週一晚上十點半。當戴維斯夫妻回到家，十七歲的伊蓮——這個每科都拿A的好學生，一頭沙金色頭髮加鵝蛋臉——她不見了。她三歲的妹妹仍在搖籃裡熟睡，房屋看來平靜無波，而近視的伊蓮落下了她非常需要的眼鏡。其後，伊蓮的物品接二連三出現：她打算縫在外套上的扣子在家後面一塊地上找到；棕色綴金色扣環的樂福鞋在六八〇號州際公路阿拉莫郡路段撿到。一名家庭主婦在遠遠延伸至聖塔克魯茲山脈的地方看到一件小巧的女性海軍外套，而那是在七十五英里之外。

伊蓮消失十八天後，一具女性屍體在聖塔克魯茲的燈塔角漂上岸。一名放射學家研究了骨骸，認為該名女性年紀落在二十五到三十歲，不是伊蓮。於是這具無名女屍便被埋進無名墳墓，戴維斯的失蹤案漸漸無人問津。

三十一年後，一名快退休的核桃溪警探將案件檔案帶去給霍爾斯，他重新評估後做出結論，表示那名放射學家是錯的，不可能這麼精確判斷出年紀。霍爾斯引入其他官方意見，共同努力將這具無名女屍挖出。在山丘一側，二十五英尺的地底下，鏟子終於碰到裡面裝滿骨骸的塑膠屍袋。

伊蓮的父親已經過世，母親住在沙加緬度。掘出屍體兩天後，核桃溪的警探表示想跟她談話。為了會面，伊蓮的妹妹特地進城。警探告訴母親和妹妹新消息：確認伊蓮的身分了。

「他們家人將她下葬，」霍爾斯說：「一週後，母親也過世了。」

我們離開核桃溪朝北邊去。惡魔山漸漸後退。那是聳於谷地之上、巨大且詭譎的一道突起，谷地按照都市計畫分割成區。據說，惡魔山上的高聳岩石間潛伏著黑色山貓，也曾有人目擊神祕光線。根據當地傳說，一八七三年，在兩百二十八英尺之下的地底發現了一隻部分嵌進石灰岩裡的活青蛙。在第一陣秋雨下過不久，約在八月下旬和九月上旬，數以百計的公狼蛛從地洞中冒出，迅速越過發出薄荷氣味的山鼠尾草，尋找巧妙地以蛛絲蓋住的巢洞，裡頭的母蜘蛛已做好交配的準備。配備手電筒的訪客在日落時分或夜幕甫降時成群來到山脈，因為這是觀賞狼蛛最好的時間點。蝙蝠在蒼白的松木和維吉尼亞橡木間盤旋，大鵰鴞肅穆地鳴叫，小徑上揮動的手電筒光束有時會捕捉到地上有一小塊土在動，如果靠近一點觀察，就會發現杯碟大小的狼蛛在亂竄。公狼蛛從來不回自己洞中，牠們會盡可能地交配，直到死亡——可能是餓死，也可能是冷死。

我們過橋，來到索拉諾郡。我們會在這裡往東，朝戴維斯家去。

「晴朗的時候，從這裡就可以看到沙加緬度還有內華達山脈。」霍爾斯說。

霍爾斯住在沙加緬度和東灣中間。週末時，他發現自己老往犯罪現場跑。

「我喜歡開車，」他說。他每次到南加州就會去探訪那裡的犯罪現場。在跟家人去迪士尼樂園的旅行中，當孩子昏昏欲睡，太太在旅館顧他們，霍爾斯就會開車上路。去爾灣的諾斯伍德社區，去恩西那十三號，也就是珍奈．克魯茲的住處，或是哥倫布街三十五號，也就是德魯．衛騰清掉嫂嫂曼努拉血跡的地方。

「我每一次都很努力想找出『為什麼是這兒？』」霍爾斯說：「還有為什麼要這麼做？」

戴維斯

［**編輯筆記**：以下段落節選自前往戴維斯路上的音檔文字紀錄］

保羅．霍爾斯：東區強暴魔就是用這種方式一路下到東灣，沿著八〇號州際公路，就是這裡。

蜜雪兒：如果要你猜一下他的起點……換句話就是他上哪間學校……我不會逼你說，我只是好奇。

保羅．霍爾斯：要我猜嗎？如果他念過大學……加州州立大學沙加緬度分校，按位置判斷。如果妳看看他出手的地點——我是說，妳會看到科多瓦牧場一整個社區，會看到攻擊事件沿著拉里維拉，那裡就有案件，就在大學旁邊。沙加緬度分校感覺起來最有可能。這麼一來妳就能在沙加緬度區掌握到幾所他可能去念的社區大學。嗯……中學嗎？嗯……呼！這可能性實在太多了。

蜜雪兒：是說，你不覺得他可能是在戈利塔長大的嗎？

保羅．霍爾斯：我不會這樣說。但當我檢視沙加緬度的那些案子，還有——這就是我想找時間讓妳看的東西——如果從上空看過他在沙加緬度犯案的順序就會發現，初期他就字面上而言的確是在沙加緬度的各處犯案；他感覺非常熟悉那個區域。

蜜雪兒：不只是因為去念沙加緬度分校才出現在那裡。

保羅．霍爾斯：不，不是。我認為他在沙加緬度有段過去。然而他在戈利塔有過去嗎？我的意思是什麼都有可能，我們並不知道。但在南部——戈利塔——對我而言，那裡是南部案子的起始點。爾灣也有點什麼，一定有原因解釋他為何在那裡犯下兩案。

蜜雪兒：而且兩案相隔不遠。

保羅．霍爾斯：沒有錯。文圖拉和尼古湖是兩個異數。［**編輯筆記**：霍爾斯在這裡指的是達納角的案件。有些人會誤將達納角跟尼古湖算在一起。］

保羅．霍爾斯：戴維斯／莫德斯托，對我而言非常關鍵。

蜜雪兒：莫德斯托是一次還是兩次？

保羅．霍爾斯：兩次。

蜜雪兒：好。

保羅．霍爾斯：所以，當我做最初的地理位置評估時，我將東區強暴魔分成幾個階段。第一階段在沙加緬度，第二階段在莫德斯托／戴維斯，第三階段是東灣，然後第四階段則下到南加州。當妳來到第二階段——我把史托克頓歸到沙加緬度，因為東區強暴魔在史托克頓後又回到沙加緬度。但他在莫德斯托出手後就一直沒回沙加緬度，直到他下來東灣。接著他又像鉤毛線一樣來回於莫德斯托和戴維斯。這兩個城市相隔一百一十英里車程，而莫德斯托的第二起攻擊與戴維斯的第二起攻擊間，卻只有二十二小時的時間差。他為什麼要這樣來回？我認為跟工作有關。他這樣做不是想甩掉執法人員，我認為是有工作的因素在裡面。他被派去莫德斯托，又得去戴維斯，然後這樣來回。

蜜雪兒：兩件案子只差二十二小時？

保羅．霍爾斯：只差二十二小時。

蜜雪兒：哇……我都不知道時間這麼近。

保羅．霍爾斯：就是這麼近。這兩件案子，而且就只有這兩件案子……莫德斯托案，有個從機場載了詭異男子的計程車司機，他放人下車後，最後見到的景象是他朝著一個正在動工的新建築工地走去，那是在受害者遭攻擊的位置以南處。而戴維斯案留下的鞋印，則可以從受害者家一路回溯到戴維斯的大學機場。鞋印，我要給妳看的就是這個。所以說有沒有可能：東區強暴魔飛到莫德斯托去進行那起攻擊，然後再往上飛到戴維斯分校去幹下第二起攻擊？

蜜雪兒：因為工作？

保羅．霍爾斯：因為工作。還有，這是否也稍微透露了點他的身分？

蜜雪兒：是。

保羅．霍爾斯：那麼，妳的這位無名男性就不是開飛機的。

蜜雪兒：的確不是。

保羅．霍爾斯：妳的這位無名男性也不會畫什麼表格，做一些「我該如何在這個地方布局？」的事。

蜜雪兒：沒錯。

保羅・霍爾斯：那個人手頭必須有點資源。妳讀東區強暴魔的檔案時應該不覺得那傢伙很有錢吧？

蜜雪兒：是。

保羅・霍爾斯：我實在不懂，這感覺相互矛盾，但東區強暴魔就是這樣的。他的一切實在太讓人混亂了。

蜜雪兒：所以，你傾向認為他是有很多資源的人？

保羅・霍爾斯：我認為他……呃，我認為，如果我們最後發現東區強暴魔的行為不是為了什麼學校報告，是真的要找開發中的土地，而且還在開發商工作，那他至少固定在一家公司上班，而且是有點地位的層級。

保羅・霍爾斯：總之，這是戴維斯的鄉村之家。鄉村之家是個非常知名的開發社區。巧的是，我要讓妳看的就是鄉村之家的一張空拍照片，它在戴維斯第一和第二起案發地點中間。因此，不開玩笑，他們恰好在第三十六號攻擊發生前八天拍下這張照片，這裡就是長這樣。然後妳看一下攻擊地點以北每一個建造中的新工地。我會帶妳再往外去，看看那個機場的情況。

保羅・霍爾斯：我去找的那個史托克頓受害者為中央谷地一個主要開發商工作。這名受害者幫他做了很多，最後是懷孕才離開他的公司。我把這張圖表（「家庭作業」證據的地圖）給我一個朋友看，他在開發產業工作。他跟我說，「這是專家畫出來的……因為他用這些符號畫草稿。」這個意見來自等同營建業的法醫專家的人，所以我很信任這個意見。

蜜雪兒：我覺得你沒有錯，我不覺得這是異想天開。

保羅．霍爾斯：我也這麼覺得。是說，都有一個加州戴維斯大學的景觀設計師這樣講了，「這上頭的特別景觀是只有在鄉村之家才能看到的。」

蜜雪兒：真的嗎？

保羅．霍爾斯：真的。等我們到那裡妳就會看到。鄉村之家是非常少見的開發建設。所以，東區強暴魔在那裡出沒犯案，有沒有可能是因為他去了鄉村之家、看到這些景觀，雖然不知道他在規劃什麼，但他就把那跟圖表融合在一起？

蜜雪兒：的確，這很像他會做的事，再加上依據「我我們就是該這麼做」──或類似的話。

保羅．霍爾斯：對。

霍爾斯抵達戴維斯發生第一起攻擊的複合式公寓。

這起攻擊是第三十四號案件，約發生在一九七八年六月七日半夜三點五十分──東區強暴魔於莫德斯托犯下第一起攻擊的兩天後。受害者是加州大學戴維斯分校一名二十一歲的學生，住在一棟多層公寓建築。之後，賴瑞．普爾會將之視為「不規則結構」──因為，在眾所周知的攻擊中，東區強暴魔只有這次鎖定這類住處。

他從露臺的玻璃滑門進入這棟二樓公寓。他對這名受害者特別暴力，她一開始奮力抵抗，他狠狠揍了她臉好幾次。強暴她時，還用力將她的臉推去撞牆，讓她撞斷鼻子、腦震盪。

有幾個特定因素顯示，比起大多案件，這起攻擊更像是衝動行事：他戴的是絲襪，而非滑雪面罩。唯一可知的武器是一把指甲剉和一把螺絲起子，而且這名攻擊者顯然將自己的T恤反穿。毫無疑問，這起犯罪是東區強暴魔犯下，然而，其根據卻來自一些特定用語及標誌性的因素，如強暴犯將生殖器放到受害者遭捆的雙手中，逼她為他手淫。

保羅．霍爾斯：好，所以戴維斯的第一起案件是一個念加大戴維斯分校的女孩，主修織品系。

蜜雪兒：是他們認為有看到他離開停車場的那起嗎？

保羅．霍爾斯：對。那是一輛黑色卡馬龍或類似車輛，但我不確定到底是不是他。

保羅．霍爾斯：這裡變了。其實我有一度住過這兒。

蜜雪兒：噢哇，嚴格說這不是校園裡嗎？

保羅．霍爾斯：那是校外宿舍。我想在七〇年代時長的比較不一樣。我還在這裡時就已經變了。

霍爾斯停下來讓車空轉。

保羅．霍爾斯：他們都是還在念大學的孩子。你會在羅素大道上看到一堆大學生在騎腳踏車。所以，如果他因為任何原因上來戴維斯，我認為他在這裡看到能跟蹤回家的人。

蜜雪兒：懂。

保羅．霍爾斯：他看到一個女孩——她吸引了他的目光——不管原因是什麼。然後他去查清楚她住哪裡。我不認為他會在附近潛行或破門搶劫，這跟他過往的行徑非常……

蜜雪兒：不一樣。

保羅．霍爾斯：對。

他們移往第二個地點，也就是編號第三十六起攻擊發生的地點，亦即戴維斯襲擊的第二起。事件發生在一九七八年六月二十四日半夜約三點鐘——離莫德斯托第三十五起東區強暴魔犯案一天後。

受害者是一名三十二歲的家庭主婦，丈夫跟她一起在床上，兩人都被綁住。另外，受害者的十歲兒子也在場，他被攻擊者鎖在浴室裡。犯人先將屋子整個翻查一遍，接著才回來處置女性受害者，將她移到起居室強暴。離開屋子之前，他偷了十七落一分錢，每落五十枚。

保羅．霍爾斯：我們進入鄉村之家了。

蜜雪兒：好。

保羅．霍爾斯：每條街都是用《魔戒》來命名。

蜜雪兒：噢，真的嗎？

保羅．霍爾斯：真的。開發商麥可．寇貝跟《魔戒》有很深的關係……

蜜雪兒：所謂很深的關係是……

保羅．霍爾斯：就是狂粉。

蜜雪兒：噢，我懂了，死忠狂粉。

保羅．霍爾斯：他和他太太茱蒂．寇貝就是推動這個開發案的人。這些屋子……我們現在正在街道上，這是那些屋子的後面。屋子正前方面對一片翠綠的公共區域，可以讓人比較容易產生同一社區的感覺。鄰居會出來，他們有花園——社區花園——是眾人共享的綠色空間。

蜜雪兒：所以，如果你是學生，就不可能住在這裡？

保羅．霍爾斯：不太可能。雖然你還是可以住，但在那時，這些都是新房子，學生負擔不起。

霍爾斯開過社區，找尋發生攻擊的那戶。

保羅．霍爾斯：也就是說，我們的受害者……住在這一棟。就在右手邊這裡。

蜜雪兒：嗯哼。

保羅．霍爾斯：那時這邊所有屋子都還在大興土木。所以，你會看到這條又長又窄的死路。市政府對於這地方表示「萬萬不可」。然後寇貝就找了消防局，帶消防車過來這裡讓他們看，你瞧，這裡是可以迴轉的。我會繞一繞，這樣妳就能大概看看這地方的特徵。太陽能，所有房屋都有被動式太陽能，在過去那個年代這是很了不得的。

保羅．霍爾斯：這邊就有個例子。這是越過窪地開放排水道的一條行人陸橋，也是東區強暴魔採取的路線。

蜜雪兒：你怎麼會知道？

保羅．霍爾斯：鞋印。寇貝跟我說，這一區就像沙盒。他每天都會把它耙得毫無痕跡。攻擊之後，他一到外頭，就發現他剛耙過的這個沙盒出現鞋印。於是他跟著鞋印來到受害者的家，繞過屋子、穿越綠地。我跟他談的時候，他就一副「我告訴你，我以前當過童子軍，最喜歡做的事就包括追蹤。有段時間我無時無刻都在追蹤。」總之他說，「我發現了這些鞋印，覺得得去追蹤一下。」不管怎樣，他比一般人能力更優秀，我是不至於說他是什麼搜救專家，但……

蜜雪兒：他很知道自己在幹什麼。

保羅．霍爾斯：對。然後他就說，這些鞋印從那裡一路下來，再從這條路出去。

蜜雪兒：嗯。

保羅．霍爾斯：那裡就是普通的綠地。

蜜雪兒：等一下，所以他有點在繞圈？打轉？

保羅．霍爾斯：對，總之他就這樣走，從這條路出現，接著從受害者的家繞了一圈過來，這些鞋印就在受害者家後院。

蜜雪兒：這發展滿有趣的。我真沒想過會揭開這種內幕。

保羅．霍爾斯：這很特別。鄉村之家舉世聞名。因為這地方太新奇，弗朗索瓦．密特朗專程坐直升機來看。各地學生、開發商等等都來這裡探頭探腦，妳在這裡就可以看到。「戴維斯鄉村之家。我們正在做開發，所以來瞧瞧他們在做什麼，看可以用什麼方法合併到我們的概念裡。」這裡被拿來當……《日落雜誌》的封面。貝蒂．福特在這附近騎腳踏車。我開車載太太經過這裡，她說「我才不要住在這兒。」

蜜雪兒：這裡是有點令人幽閉恐懼症發作。

保羅．霍爾斯：就是幽閉恐懼，而且是狩獵者的天堂。你什麼都看不清楚——我的意思是，他可以進來、出手攻擊，然後就這麼離開，不會有任何人知道。

保羅．霍爾斯：第三個受害者——這裡結束後我會帶妳到那裡——就住在那邊的社區。所以這三起戴維斯的案子其實滿近的。

蜜雪兒：真的很近。

保羅．霍爾斯：有件有趣的事就是，這個受害者和戴維斯第三個受害者共乘，她們的小孩上同一間托兒所，這是受害者之間我注意到的唯一關連。但從來沒人去查。

蜜雪兒：是。

保羅・霍爾斯：沒人回頭找這些受害者，沒人去跟她們談。東區強暴魔有沒有可能看到她們一起搭車？有沒有可能就是因為這樣才選她們？又或者只是巧合，因為他攻擊的地點很靠近？

蜜雪兒：對。她們知道對方是受害者嗎？這個你也不曉得？

保羅・霍爾斯：對，我也不曉得。

保羅・霍爾斯：所以，東區強暴魔從這裡出現……然後沿著這一側跟蹤，但不知怎麼他們起先忽視了一些證據。寇貝對前來的第一個警官說，「嘿，我追蹤到了這些鞋印。」然後那警官說，「噢，這是很普通的慢跑路徑，而且距離太遠了，我看不出犯人為什麼要把車子停在這裡，下車去犯案。」怎說呢，但最後鞋印一路走下去，沿著這座橄欖果園的小徑，就到了那裡。

保羅・霍爾斯：而這是橄欖果園的另一邊。

蜜雪兒：好，所以他很可能停在——停在這邊的路肩？

保羅・霍爾斯：那可不，因為鞋印又繼續走下去了。

蜜雪兒：我的老天，這樣不是有很高的風險會被看到嗎？

保羅・霍爾斯：在大半夜嗎？根本伸手不見五指！

蜜雪兒：好吧，而且他搞不好穿黑衣服。

保羅．霍爾斯：我想問的是，這一大段時間他都做什麼去了？而且他就在社區裡、在房屋中間到處走。搞不好比這麼做的風險更大。

蜜雪兒：也是，我想是這樣沒錯。

霍爾斯更深入地開進加州大學戴維斯分校校地，右邊散立各類研究大樓，左邊則是農地。

保羅．霍爾斯：總之，他追著那些鞋印……一路追到這兒。這裡我沒辦法通過。這棟是所謂的蜜蜂生物學系，他們在這裡做很多跟蜜蜂有關的研究。

蜜雪兒：噢嗯。

保羅．霍爾斯：我一開始讀案件檔案時還不太理解，以為是什麼蜂蜜生物學，而且我本來以為是在遠遠另一邊的校園。我就想說「這沒什麼嘛，」但當妳看到他說失去他蹤跡的地方，鞋印最後是轉往左邊。那邊有什麼呢？來，看這裡，是機場！

蜜雪兒：噢！

保羅．霍爾斯：那麼，我現在就來打給機場，問問看「你那邊有哪些紀錄？」

他們一起笑出來。

保羅．霍爾斯：我對飛行非常天真的想法就是……你每次開飛機都得提出飛航計畫，只要飛進某座機場，他們就會知道你來了——而且其他事情也知道。但他們跟我說，「不，不是。誰都可以自由來去，而我們完全不知道。如果他們是在下班後過來，就自己把飛機固定好，忙完自己的事，然後再回來，我們永遠不會知道他們在不在。」

蜜雪兒：是這樣的嗎？也太奇怪了吧。

保羅．霍爾斯：所以，我們的這件案子在莫德斯托案發二十二小時後發生。莫德斯托的案子有個在機場被接走的詭異男子，然後在靠近新建築工地的地方下車，似乎朝著受害者的家走去。

蜜雪兒：但為什麼說這個男人很詭異？

保羅．霍爾斯：計程車司機說他就只有一個袋子，而且只說，「載我到森林綠地。」然後接著說「就讓我在那裡下車。」他下了車，就這樣晃到某個地方——計程車司機說，那裡除了正在建造的房子外什麼都沒有。下一樁案子……我們又有這個跟機場有關的連結。

蜜雪兒：我正在想有哪種人可能會有飛機——像是小飛機之類的？

保羅．霍爾斯：這樣說吧，小飛機打開了各種可能性。這些開發商基本上都有妳猜測的那種多座位商務機。如果妳說的是某個擁有小飛機但不是百萬富翁的人，或握有巨大資源而且……

蜜雪兒：是。

保羅．霍爾斯：也就是說，如果妳去找這些開發商談話——例如問他們「你常飛嗎？如果你在美國另一端有房產，你會飛過去嗎？」他們會回答，「會啊，我們可以飛去那裡。開飛機是挺貴的沒錯，但這跟自我形象有關。我們希望別人將我們看做成功人士，因為我們會搭自己的飛機——沒錯，我們的確時不時會去確認一下我們正在興建中的小王國。」

蜜雪兒：好，嗯……還有沒有哪些案件的線索是可以跟飛機沾上邊的？像是……你不覺得他會有……駕駛員之類的嗎？

保羅．霍爾斯：不，我想不到。

霍爾斯試圖要找戴維斯第三個受害者的家。這次攻擊，也就是第三十七號案件，發生在一九七八年六月六日約清晨兩點四十分。受害者是一名三十三歲的女性——最近剛分居，獨自躺在床上——她的兒子們睡在另一個房間。東區強暴魔以他們做籌碼，威脅如果她不照他說的做，就要殺死他們。在強暴受害者並強行肛交後，他開始啜泣。接下來會出現三個月的空窗，在那之後，他又出現在東灣區域。

保羅．霍爾斯：那是一棟轉角的屋子，我滿想說它真的是最後一棟的。那個時候這些屋子應該還不在，後面也沒有別的房子，然後學校又有正在建的工地。攻擊在這裡發生。這區很多地方都在營建中……就是這裡。總之……這名受害者跟戴維斯前一個受害者一起搭車。

蜜雪兒：哇，好幾個現場都比我原本想像得近很多。是有一些不是，但……有些滿有意思的。

保羅．霍爾斯：對，社區就是這樣嘛。他對這個社區越來越熟悉。丹維爾密度很高。還有康科德、核桃溪。

蜜雪兒：的確。但科多瓦牧場……有一些不是就在旁邊而已嗎？

保羅．霍爾斯：對，是沒有到就在旁邊，但在旁邊街區。妳知道的，夾在中間的房子。

蜜雪兒：對，是說——如果你褲子也不穿就這樣離開，要不是住在那裡，就是車在那裡，又或者你腦子有點毛病——也可能以上皆是。

保羅．霍爾斯：有個傢伙，我花了很多心思在他身上，一個叫做菲利普．休斯的連續殺人犯……他在跟精神醫師的訪談過程中承認，他中學的時候會在大半夜離家——他父母完全不知道——而且是赤身裸體。他還會闖進其他鄰居家偷走女性的衣服。

蜜雪兒：這是在他還沒有對任何人做出暴力行為之前？

保羅．霍爾斯：對，就我們所知。他是有殺一些動物，妳知道的……就是那個連續殺人犯三元素（該理論表示，早期童年虐待動物、縱火及尿床，可預示成年後的性暴力傾向）。

蜜雪兒：是。

保羅．霍爾斯：但這是中學的年紀。我認為不穿衣服跑到外頭會產生特定的……刺激感。

蜜雪兒：是。

保羅．霍爾斯：說到這個，也有個挺實際的問題要處理。我們假設這是他的第一次攻擊，他可能會這麼想，「噢，我該怎麼處理褲子呢？不如根本就不要穿好了，反正我也不想要。」

蜜雪兒：是，對，就是這樣我才會這麼感興趣。在好幾起謀殺中，他都是手邊有什麼就拿起來當凶器。

保羅．霍爾斯：對，他有槍，但就鈍器毆打而言，他拿到什麼就用什麼。

蜜雪兒：毆打他人的人跟做出其他行為的會有什麼不一樣嗎？

保羅．霍爾斯：這樣說吧，鈍器毆打和刺傷本質上是同一件事。妳知道的，那非常個人。你對人施以大量暴力，發洩大量憤怒。而勒殺……徒手毆打或勒死人，完全是……

蜜雪兒：所以只要是用自己的手做的，大概都出自同一原因？

保羅．霍爾斯：對，那都一樣。比起用槍殺人——槍殺少了點私人情緒，而且也比較容易。只要用槍，誰都可以殺人，妳可以從遠處進行。但當妳肢體上跟人有衝突，就變得很個人。妳懂的，妳應該讀過，在勒死受害者時還看著他們眼睛的傢伙……

蜜雪兒：對。

保羅．霍爾斯：妳知道嗎，他們覺得自己就像神，因為就本質上，他們控制了受害者的生死。

弗雷德．雷

我不是很喜歡我在加州金斯堡一家咖啡店喝的第二杯糟透的咖啡。這裡距佛瑞斯諾東南二十英里，我在這裡等待一個解釋——一個困擾我多年的謎團的答案。提供答案的人是弗雷德．雷，他的個子很高，打扮簡單，講起話十分符合中央谷地農家後代的調調，帶著輕微鼻音、慢條斯理。如果雷沒要伸出那長長的手指強調某個論點，就會像個學者一樣，輕輕將雙手抱在胸前。就一個退休警探來說——而且我可是在詢問他三十五年前調查過的雙屍命案——他仍有大半棕色的頭髮濃密得令人嫉妒。當雷初次帶著他經歷風霜的公事包與黑色風暴那代人的口音大步走來，我不知怎麼覺得他看來胸襟狹窄。他跟我說，他想在早一點的時間見面，以避開中學人潮。但我在這小小咖啡廳裡根本沒看到低於七十歲的人。裡頭有一堆覆蓋透明塑膠厚墊的桌子，一架架瑞典小擺飾（金斯堡被稱為小瑞典），還有一條細窄的玻璃櫃，零散展示各種餡餅。少得可憐的兩個老主顧中，一個是雷的太太，另一個是他的牧師。即使沒人跟他介紹我是鎮外來客，牧師就先問我是打哪裡來的。我告訴他我來自洛杉磯。

「歡迎來到加州的其他地方。」牧師說。

但展開對話沒多久，我對雷的印象立刻改變。他講起在聖塔芭芭拉治安官辦公室擔任警探的時光，特別是偵訊特定問題兒童的經驗。那些孩子表面看來是年輕白人男性，顯露出的威脅性並不大。這些人沾染了海邊小鎮的閒散步調（這裡的財產多是家傳），即使他們不住在希望農場這種高級住宅區，有給馬走的小徑與私人海灘，而是住荷利斯特的旅行拖車停車場。他們取了蓋瑞和基斯之類的名字，像七〇年代晚期那些頭髮蓬亂、筋疲力竭的人。雖然念了雙城中學或聖馬可中學，卻從沒畢業。他們拖著破爛的扶手椅進到酪梨果園，躲起來抽自家種的大麻；他們一整天在哈斯可海灘衝浪，夜晚聚在篝火旁喝得爛醉，認為絕對不會有任何人來擾。這些人知道，警察絕對不會只為了打斷海灘派對就從蓋滿鼠尾草和灌木的懸崖垂降下來。他們惹的事都很瑣碎，只是些小麻煩。只不過，雷訝異地發現他們大多人以令人髮指的活動當消遣，而且瞞著彼此不說：這些人會在半夜闖進陌生人家中，以尋求刺激。

他們是潛行者，是偷窺者，竊盜是後來才有的念頭。雷跟他們交談，並發現他們最驕傲的就是自己摸進屋中的能力。他們在地上匍匐前進，然後在一片黑暗中無聲無息站起身，望著人們熟睡。一旦雷讓他們開口，他們願意分享的細節之多，令他嘖嘖稱奇。

「我一直都很有辦法讓人對我開口。」雷說。

「你是怎麼做到的？」

他打開雙手，整個人的姿勢微妙地變得柔和。「怎說呢，妳知道的，大家都會這樣，」他說，既話中有話，卻又直接了當。「人人都想看看別人家裡是什麼模樣。」

聽起來很合理。我點點頭。

接著雷又瞬間回到原本的模樣——他真正的模樣。那個瞬間我就懂了。然後在我不注意時，他又擺出稍微有點駝背的姿勢，放鬆臉上表情，顯得更隨和。這不是《法網遊龍》影集那種從嫌疑犯身上套資訊的拙劣手法。這樣神乎其技的轉換實在太驚人，我立刻五體投地。雷的致勝關鍵之一就是微笑——難以預測、不見任何渴望的大微笑。因此，露出笑容得到的效果會更令人滿意。他讓我上鉤了，而且他也知道。雷咧嘴一笑。

「沒錯。」我說。

「他們都很想講自己的故事，不過比較想跟一個不會被他們嚇壞的人講。當你坐在那裡，不露出任何情緒，好像跟他們有共感，彷彿很喜歡聽他們跟你講的事，他們就會開口。」

而雷在幾十年來偵訊過的一長串問題年輕人之所以讓我感興趣，是有確切原因的。

「你偵訊過這些傢伙、這些潛行者，」我說，「你覺得你可能跟他講過話嗎？」

「沒可能。」他很快就說。

然後又小心地改口，「也有可能。」

但他接著又搖了頭。

他。我做的每一個訪談中的第三人稱，那個沒有面目的凶手。雷曾在社區中追蹤他的網球鞋印，將那人一扇窗、一扇窗尋找受害者的鬼祟路徑重走一遍。雷過往曾深入調查一起連續殺人案。這名凶手專載搭便車的人，將子彈射進他們頭側，接著姦屍。職涯之中，他曾低頭望著無頭的屍體，也曾檢驗過年輕女子腐爛皮膚上留下的儀式性刻痕。然而他說，唯一讓他「頸後汗毛直豎」的凶手，就是那陣把我吹到這裡的風；就是「他」。

然而，雷認為自己沒有跟這個人談過話——這個被我稱為金州殺手、身分未明的人。我並不驚訝。我訪談過每個經手此案的警探都堅持同一件事。他們曾捧著那人不意留下、預先切好的繩索，也曾盯著他在顯微鏡底下的精蟲。他們一遍又一遍播放接受催眠的目擊者與生還者的錄音，尋找能指出他身分但不小心忽視的線索。有個警探在退休數十年後，發現自己跑去蹲在奧勒岡州某嫌疑犯家外頭的樹林，等著垃圾丟出來，這樣就能採到DNA樣本。金州殺手在他們夢中揮之不去，他毀了他們的婚姻，深深埋藏在他們腦中，使得他們想要——或必須相信，只要跟那傢伙對到眼神，他們一定會知道。

「跟警犬有點像，」有個警探跟我說，「我深深相信，如果我在購物中心裡，他經過我身邊，那我一定知道。」

我對雷解釋，他對那些年輕潛行者的印象之所以讓我感興趣，是因為我最近去了一趟戈利塔——那座位於加州中央海岸，距離聖塔芭芭拉以西八英里的城市。凶手在一九七九年與一九八一年間在該市三度出手，三起案件都發生在戈利塔東北的保守社區，一個占地根本不到兩平方英里的區域。足跡，以及應該是不小心從口袋掉出來的麻繩，顯示他沿聖荷西溪移動。這是一條細窄的峽谷，始於山中，一路往北延伸，並蜿蜒穿越這一整個排屋社區，匯流進入太平洋。他的受害者全住在靠近溪流的地方。

我告訴雷我沿著小溪的河床走，怎麼也想不到，這樣一條極度迷人、雜草蔓生的小徑，被巨大而低垂的樹木密密包裹，隨處點綴覆蓋苔蘚的石頭，竟會成為某種特定類型的郊區青少年——有些放蕩，缺乏父母教養——渴望的庇護所。梧桐樹垂下的繩索晃蕩。在這個社區長大的成年人告訴我，七〇年代中期，有男孩在那裡建了競速單車的跑道，那兒有祕密隧道和水泥鋪成的排水溝，孩子們會在那裡玩滑板。那地方沒有燈光，小徑也複雜得令人困惑，難以辨別方位。它給人的感覺是這樣的：除非你童年時期花很多時間待在那兒，不然不可能熟悉。

「尤其，如果你將安妮皇后巷的攻擊當作第一起的話。」我說。安妮皇后巷的屋子在街上甚至看不到，由於它位在另一棟屋子後方，除非在沿著小溪的路上，否則不會注意到。

因為提及一九七九年十月一日在安妮皇后巷的攻擊，雷原本不帶感情的臉冷了下來。

「妳知道嗎？他們那晚其實是可以抓到他的。」雷說。

就是在那晚，他領悟自己必須下殺手。那晚的受害者活了下來，他們的鄰居，一名已經下班的FBI探員，在嫌犯騎著偷來的十段變速腳踏車逃亡時追捕他。我去走了那條追捕路徑，並在探員追丟他的地方停下。探員當時正用無線電跟趕來過的警長聯絡，而我實在不是很懂他為什麼沒被逮住。

「我知道接下來會怎樣，」雷說，他搖著頭。「我完全知道那幾個警長會幹些什麼事。」

他們幹的事就是任他成功開溜。

那個人

吉姆．瓦瑟*與東區強暴魔案糾纏超過三十年，而一切開始的那個瞬間發生於丹維爾，也就是一九七九年二月二日一大清早。當時他被康特拉科斯塔的警官卡爾．法布里的手電筒弄醒。瓦瑟說，他下班後把他那輛灰色底漆的一九六八年龐帝克利曼停到六八〇號州際公路旁睡覺。他在西太平洋鐵路當煞車手。法布里不信。瓦瑟的車停在卡米諾塔撒加拉，距離高速公路足足一英里半。如果只是打個盹兒，幹麼要開那麼遠？他盯著瓦瑟的眼睛，尋找睡眠的跡象。法布里火氣很大，因為他才剛在社區四處巡邏。前晚，他在這裡追丟一個潛行者。五個月前，沙加緬度最惡名昭彰的噩夢，東區強暴魔，往西南彎彎繞繞七十英里跑到他們這區來。發生共四起攻擊，最近的一名受害者是個三十二歲的離婚女子，住在靠近鐵騎步道一棟轉角的屋中，案發時間是十二月。「妳很喜歡讓老二站起來嗎？」他輕聲細語地對她說。「為什麼我每次看到妳，妳都會讓我的老二站起來呢？」這起攻擊距離瓦瑟停車的地方只有一英里多。

法布里警官命瓦瑟不准動，跑了一下他的資料。這小鬼有頗為可觀而且尚未執行的交通違規逮捕令，他的紀錄顯示兩年前被逮到持有劣等大麻——而且是在沙加緬度。他二十一歲，五呎十吋，一百五十磅。整體外表看起來頗有希望——如果不去注意細節的話。法布里和他的搭檔逮捕了瓦瑟。他的抗議一刻不消停，簡直變成了背景的白噪音，直到法布里的搭檔拿出一臺即可拍，拍了他的大頭照，瞬間踩到他的地雷——瓦瑟勃然大怒。法布里甚至必須使出「渾身解數」制服他。其實這還滿怪的。這孩子是有過一些小小的犯罪紀錄，可是為什麼一被拍照反應就那麼大？他們甚至得硬把他頭掰起來才能拍到照片。

去監獄的路上，瓦瑟主動跟逮捕他的兩個警官對話。雖然只能算是單方面在講。

「從來就沒有人抓到真正的罪犯，」瓦瑟對他們說，「他們永遠都有辦法逃走。」

從一開始，不幸的巧合就不斷累加。當他們要瓦瑟寫下地址，他寫了蘇特大道，卡麥克爾，東沙加緬度。一名警長想起自己曾在東區強暴魔攻擊發生左右，於聖拉蒙附近看過跟瓦瑟那輛好認的車很像的交通工具。瓦瑟遭逮捕後不久，他丟了那車，買了輛新的。東區強暴魔特殊小組調查員偵訊他時，他閉緊了嘴，然後找律師。這是他母親的好意——一位專橫傲慢的女士，用「我家吉米」稱呼她這位已經成年的兒子，而且曾經差點一拳打倒他的保釋官。律師告訴調查員，他的客戶絕不會去咬採集唾液樣本的紗布，因為「很可能會害他有罪」。特殊小組依舊把賭注壓在瓦瑟身上，他則持續抵抗。他自願吐露血型是A，穿九號鞋——跟東區強暴魔一樣。最後，他們在八月時把他從女友的公寓叫出來，告訴他說，他們知道她在裡面種大麻，並給他一個清楚好懂的選擇：他現在就咬那塊紗布，不然他們就去逮捕她。於是他咬了紗布。

唾液檢驗結果排除了瓦瑟。他是分泌者，東區強暴魔是非分泌者。特殊小組排除了他嫌疑犯的身分，把注意力轉向新一批人渣。

超過三十年後，保羅・霍爾斯對那次排除提出質疑。做為犯罪實驗室經驗豐富的老手，他知道在過去對分泌狀態的測試實在不理想。八〇年代，品管專家在那個測試法中找到嚴重缺陷。其間數年，科學家也發現一小部分的人口是畸變分泌者，該個體在部分體液中可能呈現ABO型態，其他卻沒有。霍爾斯認為，根據是否為分泌者來排除嫌疑並不可靠。

但這整整三十年的回顧也使霍爾斯受惠。他們更了解東區強暴魔了。霍爾斯可以在電腦上打開Google地球，按時間順序巡過攻擊發生地點，以及發生可疑狀況的場景。這是一趟令人頭暈目眩的飛行，從黃色大頭釘到縮小的藍色車子符號，再到代表足跡或目擊者的小小人。他可以調整速度和高度，坐在自己桌前，以自己的雙眼跟隨凶手的路徑。那條之字形的路看來隨機，但對某人而言——對「那個人」而言——並非如此。

霍爾斯後悔二十年前沒在起心動念時換到調查小組去。他還是選了踏實的生活。他有兩個小小孩，正在法醫界的官階往上爬。你完全能理解他為何會是領導者的料。他有一頭金髮，體格佳，面善而俊秀。他不蹙眉也不翻白眼。他的父母來自明尼蘇達，而他還留有講「O」時會拉長音的習慣。我曾經說他像魯柏・梅鐸，但他聳聳肩，似乎沒聽過這名字。「我們混的圈子不一樣。」他說。當你看著他，絕對猜不到他父母曾送給他一本叫《性侵凶殺：模式與動機》（Sexual Homicide: Patterns and Motives）的書，當成「因為想到你所以買了」的禮物。

曾經，DNA測試需要耗費好幾小時做令人厭煩的手工。打個比方，如果是性侵害案件，你就得從塑膠管中拿出拭棒，分離出精液，透過點墨跡技術找到DNA標記。該技術牽涉到一堆白色條紋、載玻片及特殊洗滌劑。當該項技術漸漸發達，就改由機械手臂和各項設備接手。因此，霍爾斯有更多時間用來辦懸案，而他相信瓦瑟很可能就是那個人。

他在二〇一一年春天某個下午初次在治安部門證物室看到「家庭作業」證據，當時他要找的是滑雪面罩——瓦瑟的滑雪面罩。他知道，在瓦瑟還是第一號嫌疑犯時，特殊小組調查員偵訊過他的朋友。那個人曾在一九七七年於沙加緬度跟他一起因賣大麻被逮捕。這個朋友給了他們瓦瑟的一些個人物品，其中包含一副黑色滑雪面罩。瓦瑟的DNA檔案目前不在系統中，霍爾斯在想，不曉得能不能從面罩上提取的頭髮或皮膚細胞提出DNA。

不幸的是，瓦瑟消失無蹤。這個人完全從地球表面消失。二〇〇三年一樁家暴輕罪的開庭日上，他沒出現，於是法庭開了一張拘票，要逮捕他歸案。他的駕照在二〇〇四年六月就吊銷。在那之後就什麼都沒了。沒有帳戶，沒有工作紀錄，沒有社會救濟。霍爾斯盡了全力想重建出瓦瑟那一塌糊塗的人生。他提出申請、也拿到了瓦瑟的在校紀錄，並特別發現他六年級的老師是男的——在當時其實並不常見。霍爾斯跟老師以電話聯絡上，那名年邁的男性說他不記得瓦瑟，但他說，那些字句很符合他當時的課堂罰則。

老師也提到，大約十年前有個身分不明的男性打給他，唱著〈自由有代價〉，那是他叫不服管教的孩子在課堂上唱的一首歌。「你可別忘了，」打電話來的人這麼說完，然後就掛了。那通電話讓老師感到不舒服，甚至換了號碼，並且選擇不登錄這支電話。他告訴霍爾斯他無法幫上什麼忙。

霍爾斯查了那首〈自由有代價〉的歌詞；作者是保羅．寇威。

「有個將軍名叫喬治，」第四節是這樣開頭的，「跟一小群人待在福治谷裡。」

朗恩．格林爾*一定就是那個人。他一天抽三包菸，住在一間搖搖欲墜的公寓。可是當他們一派隨意地把他愛抽的那牌香菸拿給他（這是透過監視攝影機知道的），他卻一口也不抽。格林爾整個人上緊發條、小心警戒。沙加緬度治安部門的警探肯．克拉克和搭檔使盡一切手段想讓他放鬆。要是沒親眼看到可直接採取的DNA證據，他們死也不會離開。然而，格林爾連從水瓶喝口水都不願意。肯馬上知道他發現了這是怎麼回事。沒錯，無論是從他的緊張或法醫角度判斷，他一定就是那個人。

格林爾是因為一份埋藏三十二年之久的補充報告才落入他們手中。有許多調查員深信東區強暴魔的姓名就失落在那堆文件某處。可能是在開車途中停下來匆匆寫就，或記在狀況可疑的報告中。要不是他的掩護說詞無懈可擊，就是有雖然很爛但可以接受的不在場證明，因而排除。肯和搭檔開始有條理地重新瀏覽舊報告，格林爾的名字立刻躍然紙上。

他在一九七七年四月十五日凌晨四點二十七分，於日出大道南向道路開著一輛雙門的黃色得勝汽車被攔下，就在距離東區強暴魔案發幾分鐘後數個街區的地方。他跟警察說自己正要去上班，他在一間碾米廠當工友。他們發現他很安靜又很合作。警察打開他的行李箱，興趣更加濃厚。他同意進行住處搜查。他對他們說，自己的母親剛過世，他現在跟姐姐一起住——說精確一點，他是住在姐姐的土地上，也就是費爾奧克斯陡峭山邊的一塊地，在一輛深藏灌木叢中的破爛貨櫃拖車裡。那拖車的長度不可能超過八英尺，高度也絕對不夠讓人在裡面直起身。就早期東區強暴魔的案子而言，他的工作也讓他獲得堅不可摧的不在場證明。但話說回來，格林爾的調查員卻從沒忘記過他；他們無法忘記在他車裡找到的東西。

就是因為這樣，肯和他的搭檔才會在三十年後又找上他。格林爾現在有嚴重的健康問題，但還是一樣：不要水，謝謝，也不要香菸。最終，他們的耐性和花招用盡，說服他舔了一枚信封。他們在他沒注意時還拭了他每一個車門握把，以確保證據。

一九七七年東區強暴魔案件發生不久的春天夜晚，格林爾之所以會被叫到旁邊停車，是因為他符合攻擊者大致的外型描述：他是白人，二十五歲，五呎九吋，一百五十磅。巡邏員警用手電筒照到的第一樣物品，是前座一個塑膠瓶裝的護手霜，此外還有一副白色口罩，跟畫圖或手術時用的那種很像，就在乘客座儀表板上。當他們「啪」的打開後車箱，發現一個裝了繩子而且已經打開的塑膠包裝。外加一雙網球鞋。

而且還有兩個巨大的夾鍊袋。他們在袋裡找到一把手槍和一把獵刀。肯和搭檔把從格林爾身上蒐集到的ＤＮＡ送到犯罪實驗室，靜靜等待。結果回來了。實在難以置信。

格林爾不是那個人。

如我前面所說，對嫌疑犯陷入一頭熱的行為跟談戀愛時第一波的盲目愛戀有點類似。你的注意力限縮在單一面孔，整個世界和現實中的聲音，有如你無時無刻在心中剪輯、張力強大的傳記默片的薄弱配樂。無論入手多少你迷戀目標的資訊，永遠都不夠，你總是想要更多。你會注意他對鞋子的品味，甚至開車經過他家（這就要感謝Google地圖了）。你深深相信各種確認偏誤，什麼都可以拿來投射。臉書上貼的照片，那名邊微笑邊切著插滿蠟燭的蛋糕的中年白人男子不是在慶祝生日，重點是他拿了一把刀。

我第一次產生類似的感覺，是在一臉疲憊的賴瑞・普爾向我承認，他起先曾經對嫌犯「更有同感」的時候。一九九七年，當時他在橘郡負責調查懸案，初次拿到原始暗夜尾隨者的案件。他說，那時他「比較嫩」。普爾拉長了臉，像個約會不輟的中年男子，因為經歷了各種詭異戀情變得百毒不侵。

普爾回想二〇〇一年夏天一開始興奮的瞬間。他接到一通電話，要他去助理治安官辦公室報到。那種電話大多是代表好消息。當他走進去，一群人轉過來對他微笑——他的隊長、探長，行政管理同事。而最明顯的就是洪瑪莉——提取出原始暗夜尾隨者ＤＮＡ檔案的橘郡犯罪學家；洪瑪莉在別的大樓工作。

普爾甚至還沒關上門，就先在空中揮了一拳。「太棒了！」他說。至今三年，他一刻沒停地在查這個案子，甚至可說到了走火入魔的程度。

有個符合的指紋。助理治安官這麼跟普爾說。東區強暴魔於丹維爾一處犯案現場的臺燈留下一個指紋，應該是凶手的。受害者聽到他打開燈的聲音。因為臺燈才剛開封，不可能印上其他人的指紋。一名來自康特拉科斯塔的退休調查員挖出一份舊指紋副本，在最近送到了橘郡。

「太棒了。」普爾說。

嫌犯五年前自然死亡，助理治安官繼續說，然後將那人的檔案滑過桌子、交給普爾。普爾——這房裡最熟悉這名凶手的人——打開資料夾。所有人都期待地注視著他，而普爾感到失望帶給他的第一道劇痛。

「老天，我不太喜歡他的年紀，」普爾說。嫌犯一九三四年生。他翻閱檔案……他也不喜歡這人的犯罪紀錄。武器相關控告、非法交易、搶銀行。這傢伙甚至在證人保護計畫裡。普爾感覺不太對。

他可以感到房裡的氛圍微妙地改變。

「我感覺不出他是嫌犯，」普爾坦承，「但誰知道呢？搞不好就是因為這樣我們才抓不到那傢伙。因為他跟我們預期的不一樣。」

「找出這傢伙埋在哪兒。」助理治安官說。

「收到，老大。」普爾說。

普爾發現這個過世的嫌犯曾是受害者男友的朋友。兩人在攻擊發生前幾週曾有過爭執。大概在同個時間，受害者和男友的音響設備被偷，而普爾推論，嫌犯是個竊賊，很可能是想報復與友人的爭吵。他在屋裡偷音響時一定碰了臺燈。他不是凶手，只是個有竊盜習慣的爛朋友。

但普爾的上司要一個確切答案。

「我們得把他挖出來驗ＤＮＡ。」助理治安官說。

普爾上了飛機，飛到巴爾的摩去把屍體挖出來。這是橘郡治安官部門有史以來第一次去挖嫌犯的屍體。是有挖過受害者，但從沒挖過嫌犯。巴爾的摩重案組協助他們挖出屍體。當他們打開墓穴，那「咻」的一聲讓普爾聯想到打開一罐巨大的百事可樂。屍體的狀態好得不可思議，只是蓋滿了黴。而那氣味——

「你就想像最可怕的腐爛味再乘以十。」普爾說。

難怪巴爾的摩重案組警探爬上埋葬那人的山丘時點起雪茄。

普爾在手提行李中打包了嫌犯的牙齒和頭髮，股骨和部分肌肉組織則在箱裡、放入乾冰，到機場托運。回到橘郡後，箱子出現在行李轉盤，普爾想把它拿下來，卻發現它在漏水。

ＤＮＡ證明了普爾的懷疑。死掉的指紋男不是「那個人」。

道格．費勒*一定是那個人。

某晚，一封電子郵件就這麼在凌晨十二點零一分現身在我的收件匣，寄件人是個「無名氏」。

無名氏完全沒解釋他偏好匿名的原因，他更關心其他事情：他在一個播客聽到我談論那件案子，想跟我分享一個他覺得挺厲害的情報。「Worldcat.org是個非常有用的搜尋工具，可以找出哪間圖書館收藏哪些特定書籍或媒體資料。當妳查克萊普頓警探的《突然一陣恐懼》，它會給妳以下位置：奧勒岡州賽勒姆、愛達荷州波斯特瀑布、愛達荷州海登湖、內布拉斯加州雪梨、加州洛斯蓋圖斯。也許強暴魔／尾隨者會因為不想在網上買，而利用他那邊的圖書館入手那本書？」

這想法倒是有趣。《突然一陣恐懼》算是自費出版，要是沒有讀者特別跟圖書館提出要求，其實不會有哪間圖書館有館藏。而要為奧勒岡和加州那兩本負責的人是誰呢？我有確切答案（退休警探們）。所以我專注在愛達荷與內布拉斯加。我知道圖書館不會告訴我借書者的名字，畢竟保護老主顧的隱私對他們非常重要。我瞪著自己的電腦，那道空白的搜尋欄正等著我找出使用它的正確方法。我決定鍵入相關的郵遞區號，外加我認為這幾年來東區強暴魔可能會被涵蓋在內的確切群體：登記在案的性侵害犯。

大約一小時，我掃過那些變態與邪惡人士粗劣的大頭照——這麼做感覺很像在浪費時間——然後我就看到他了。我感受到一道閃光，打從一開始調查這件案子至今，這還是第一次：你。

我仔細打量他的資料。這個人，這個道格．費勒，他生於一九五五年，身高體重都對，他來自加州，並在八〇年代晚期因數起性侵案在那裡遭到判刑，包含以暴力或恐嚇方式進行強暴，以及對不滿十四歲的孩童做出猥褻行為。

我從家譜網站得知他的母親來自沙加緬度的大家族。每看一條剛入手的新資訊，我的心跳就加快一些。八〇年代早期（而且可能更早），她住在北史托克頓，離東區強暴魔犯下的案件地點很近。道格前妻的地址在橘郡到處散落，其中一個在達納角，距離基斯和派蒂．哈靈頓遭謀殺的房子不過一點七英里。

他手臂上有個動物刺青，非常容易被誤認為公牛。（在催眠過程中，有個表示在自家看到東區強暴魔的女孩回想在他上臂看到的刺青，覺得很像舒利茲麥芽啤酒瓶上的公牛圖案）。

我用Google新聞檔案找了他的名字，當我看到結果，差點從椅子上跳起來。一九六九年八月的《洛杉磯時報》鉅細靡遺地描述一起案件，一個十九歲的男孩被只有一半血緣的弟弟用平底鍋打中腦袋，再以刀刺死。此人在家庭紛爭時出手幫了母親，而這個弟弟是誰呢？就是道格．費勒。

用鈍器毆打、用刀。東區強暴魔犯罪時做了很多奇怪的舉動。但在我心中的選項，最詭異的就是他有時會嗚咽或哭泣，時而夾雜悲傷的哭喊：「媽咪！媽咪！」

道格現在跟年邁的母親住在愛達荷一座小鎮。透過Google街景，我們可以看到那棟樸素的白屋掩蓋在過長的雜草中。

我並沒有講白，但在我寫電子郵件給普爾，跟他說道格．費勒的事時，我覺得有很大的機率是正在把凶手交到他手上。

「幹得好，」普爾回信，「資料和體型都不錯，不過我剛透過電話和其他數據確認了他在DNA（CODIS）中已被排除。」

好幾個小時以來，我有種如入無人之境在街上往前狂衝的感覺，就像面前所有交通號誌全變成綠燈。現在這暢通感突然斷了，我瞬間頓悟，所謂時間旅人握有的智慧也是會欺騙人的。我們全副武裝，帶著更多資訊及尖端科技回到過去，但手中握有的大量「巫術」也會帶來許多危機。滿溢的數據同時代表你能隨意曲解並進行聯想的情況更多，因為碎片的數量豐富，你往往會忍不住誘惑，拼貼出一個屬於你自己的歹徒。這是完全可以理解的。我們一定會本能地尋找模式，只要稍微瞄到一點大致想找的輪廓，你就會緊抓不放。而有時明明你是可以自由放手，繼續向前，卻一直卡在那邊。

「繼續給我像他這樣的嫌犯吧！」普爾寫道。

雖然他讓我很喪氣，但用的方式很溫柔。因為他也曾走過這段路。他告訴過我，一開始辦案時，當他碰到那幾個嫌犯有麼多興奮。我則問他，在十五年後的現在，他又會如何反應呢？於是他表演拿到報告翻閱的模樣，一語不發又一臉凝重。

「好喔。」他唐突地說，作勢把檔案丟到紙堆裡。

然而我看過他重演另一個瞬間：當他走過上司的門，看到那群人都因為他而聚集在那兒。整個執法生涯之中，你可能都在想像這個頂峰時刻，卻從未經歷過。我知道每次冒出有趣的事情時，他回覆我電子郵件的速度有多快。

我看過他模仿那個擊拳的動作，外加一聲「太棒了」。我知道，他暗自期待著這瞬間能再次降臨。

洛杉磯，二〇一四

「大家老是忘記《洛基》第一幕。當他出門訓練時腿根本痛到要死。他已經過了黃金時期，天氣冷爆了，他整個人搖搖晃晃，簡直樓梯都上不了。」

派頓試圖要用《洛基》的劇情為我加油打氣。我正在跟他說我走到了死路。一個普通人要承受多少挫折才會放棄？

「但洛基還是照樣每天早上起來，照樣一遍又一遍這麼做，就跟那些查懸案的人一樣。妳投資了這些時間和精力，到處打電話、翻遍舊箱子；妳從別人口中問出故事，妳還去取DNA證據。是，答案的確是否定的，但妳不能被那打敗，第二天早上還是要起來，喝咖啡，桌子整理乾淨，再次開工。」

我突然明白派頓也是在講他自己，他一再重回舞臺，堅持當回那個年輕的喜劇演員——而且不是為錢，面對的也是不友善的觀眾。他心中有那股熊熊燃燒的決心，也對故事中有同樣決心的角色充滿偏愛。有時，當他站在水槽前洗碗，我會發現他嘴唇在動，卻聽不到聲音。

「你在做什麼啊？」有一次，我問了他。

「想笑話。」他說。

從頭開始，精益求精，然後再來一次。

「記得嗎？洛基沒有打贏阿波羅．克里德，」派頓說，「但他讓阿波羅——讓全世界——都跌破眼鏡，因為他不肯放棄。」

為了慶祝結婚八週年，我們去吃了晚餐。派頓舉起酒杯。我知道，由於我走進一條又一條死胡同，變得無精打采，他想讓我走出來。

「以後妳就會有一間專門展覽壞人的惡棍美術館了耶。」他說。

「好了啦，」我說，「別說這種話。」

他是好意，我知道，但我沒辦法——或者說我不願去想像那種未來。

「我才不想要什麼專門展覽壞人的惡棍美術館，」我說：「他是我唯一的目標。」

話說出口的瞬間我才明白這聽起來多病態。我這麼說的意思就是：在東區強暴魔之後，我無法想像自己還會這樣狂熱地進行搜查，並且為了繼續衝刺，上氣不接下氣地衝過一連串綠燈。不會再有這種事了。

派頓從桌子底下拿出一個很大的禮物，用復古包裝紙包得漂漂亮亮。他的禮物向來令人驚喜。他喜歡找年輕的藝術家和工匠，與他們一起創造出絕無僅有的禮物。有一年，他做了個娃娃，我們都開玩笑說那就是我懶惰形象的化身——我本人穿著睡衣、手拿星巴克香草拿鐵坐在床上，筆電上打開到我的真實犯罪網站。還有一次，他找了個年輕的金屬技工幫我做了個木箱，正面的銅盤中雕的是我們住了七年的屋子。箱裡暗藏許多迷你抽屜，每格都放了我們共同生活的紀念物——票根、便利貼等等。

去年，他雇用畫家史考特·坎貝爾畫了三小幅水彩畫，主題是我與惡名昭彰的知名犯罪者的正面對峙。在其中一幅，我端著一杯咖啡，惡狠狠地注視著黃道帶殺手。另一幅，我緊緊抓著筆記本，好像正要偵訊D·B·庫柏——他是一個臭名遠播的劫機犯。而在第三幅中，我拿著筆電，臉上掛著好奇的笑容，與「那個人」面對面站著——他戴著面具、身分不明，而且是我的死對頭——東區強暴魔。

我打開今年的禮物。派頓將我在《洛杉磯雜誌》的文章拿去進行專業裝訂，放在一個特製的黑色滑蓋盒中。盒子有個隔間，可以把故事中最重要的筆記放在那兒，最底下的抽屜擺了一張DVD，是我在當地新聞做的訪問。

我後來意識到，我連著兩年的結婚紀念日禮物——無論直接或間接——都跟東區強暴魔有關。

然而，關於他如何主宰我的生活，這還不是最明顯的證據。最明顯的證據是，我忘了給派頓禮物，連張卡片也沒寫。

沙加緬度，二〇一四

霍爾斯不是很情願去搜查瓦瑟的背景。瓦瑟一家在卡麥克爾蘇特大道上住的房屋，就位於東區強暴魔獵捕範圍周遭的中央緩衝區。七〇年代中期，瓦瑟幫他母親管理科多瓦牧場的低收入戶綜合公寓大樓，其中一棟就在東區強暴魔犯案地點的隔壁。霍爾斯得知，一九七五年五月，瓦瑟正在沙加緬度遇上一場嚴重車禍，造成他臉上那些傷疤。第七號受害者試圖以說反話的方式告訴東區強暴魔他的性能力很好，他則回應，大家總是開玩笑說他很小。這個說法很可能是真的，因為他的確尺寸偏短，而東區強暴魔也告訴她「我的臉出了點事」。

四起攻擊距離狄坎普中學只有半英里，瓦瑟就是念那所學校；其中一名受害者的父親在進修學院教書，瓦瑟從狄坎普輟學後轉到了那裡。他一九七六年在黑安格斯餐廳工作，而兩名受害者都曾向警探提起很常在那裡用餐。

瓦瑟於一九七八年在西太平洋鐵路公司上班，那份工作帶著他到史托克頓、莫德斯托、穿越戴維斯（去米爾皮塔斯時會經過），正巧是在東區強暴魔開始往這幾個區域拓展的時候。一九七八年八月，他在核桃溪被開了兩張超速罰單，而東區強暴魔在東灣該區的攻擊始於兩個月後。瓦瑟在核桃溪罰單其中一張的開庭時間正好在那裡的攻擊發生前兩週。

一九七七年，瓦瑟被調去操作停止號誌。他的腰帶中找到兩把牛排刀，裝在以萬用膠帶做的刀鞘裡。從他因家暴遭逮捕的法庭文件可發現，他曾用以下語句威脅前妻：「我要把妳分屍成一塊一塊。」

「安靜點，不然我就要把妳分屍。」東區強暴魔曾這麼說。他很常威脅說要切掉對方的耳朵、腳趾或手指。

瓦瑟要不是死了，就是花費九牛二虎之力不被找到。霍爾斯不斷打到法醫辦公室詢問有沒有體型相似的無名男屍。最後，他追蹤到瓦瑟唯一的孩子，一個與他很疏遠的女兒。有個來自康特拉科斯塔調查小組的警探，他對那名女兒表示他們在找她父親，因為他二〇〇四年被關時欠了一筆錢。那個女兒則表示她二〇〇七年起就沒再跟瓦瑟說過話。她說，他曾經從付費電話打給她一次，當時他在沙加緬度當流浪漢。

霍爾斯詢問了沙加緬度的執法機關，想知道他們有沒有辦法挖出任何關於瓦瑟的文書檔案。他這種過客與警方的互動一向不多，如果瓦瑟在沙加緬度區曾當過流浪漢，他的名字很可能有被匆匆寫在某個檔案上，說不定那個紀錄永遠不會進入系統，而是埋藏在某處。最後，霍爾斯終於接到電話。

「我們沒找到瓦瑟，」那名警官說，「但他的兄弟被列為某起案件的目擊者。他住在安蒂洛普七六加油站後面的一輛車上。」

霍爾斯拿出那名兄弟的地契副本，他手上的瓦瑟檔案裡就有這資料。由於房子是直接由父親轉給這名兄弟，所以也沒有房貸。霍爾斯不禁困惑。

「瓦瑟的兄弟怎麼可能無家可歸？」霍爾斯大聲地問。電話那邊一陣停頓。

「你百分之百確定跟你講話的人是瓦瑟的兄弟？」霍爾斯問。

沒有多久，沙加緬度治安官辦公室打給霍爾斯。這是他等待許久的電話。他們帶著可攜式指紋辨識機器與一臉嚴肅表情接近瓦瑟，而他馬上崩潰、伸出雙手。他自白了，指紋證明了一切——這名流浪漢就是吉姆．瓦瑟。他們給他取證，並匆匆將DNA樣本送到實驗室。

在霍爾斯開車載我踏上探訪東灣相關地點之旅時，他將車停下，指出一九七九年二月二日瓦瑟在丹維爾被發現的確切地點，當時他在停在路邊的龐蒂克利曼汽車裡睡覺。可是霍爾斯心中仍有揮之不去的疑問。為什麼會有人為了逃避三十天的判刑，就這麼隱姓埋名整整八年？

但最重要的問題，同時也是他花費十八個月調查的問題，此時得到了答案。

「他不是東區強暴魔。」霍爾斯說。他搖搖頭。「但我告訴妳，他跟東區強暴魔很相似。」

我們望著那個地點。

「你確定他們有把事情辦好嗎？」我問的是DNA測驗。

霍爾斯稍微停頓了一下。

「在這種事情上，沙加緬度是非常、非常專業的。」他說。

我們繼續開下去。

沙加緬度，一九七八

警探肯．克拉克和我一起站在東沙加緬度的雙屍命案現場外頭，此案發生在一九七八年二月。他想事情想到一半，突然問說：「妳支持歐巴馬嗎？」我們互看微笑了一下，然後同時開始大笑。他聳聳肩，像是要甩掉我們在政治上所持的不同意見，繼續侃侃而談。克拉克是個話匣子一開就不會停的人，我連一點話都插不上，但這對我來說是有利的。在我們所站的院子外頭，就是東區強暴魔槍殺一對年輕夫妻的地方（克拉克是這麼認為）。馬喬里謀殺案一直都沒有與東區強暴魔有關的決定性證據，但克拉克最近發現，警方報告中當晚在該區發生了跟東區強暴魔很像的潛行和闖入行為，而且緩緩收近距離，直到凱蒂和布萊恩．馬喬里在外溜狗時遭到神祕槍殺。目擊者清楚看到了嫌犯。模擬畫像釋出時，東區強暴魔卻突然向西移往康特拉科斯塔。雖然霍爾斯已經告訴我他不相信所謂「被嚇跑」理論，但克拉克卻認為他嚇壞了。他讓我看了模擬圖像。「我認為這是我們握有跟他最接近的畫像。」

克拉克把他正在翻找線索的舊警方報告拿給我看，其中包含一些交通攔檢和偷窺案件，當時有太多這類事件被忽視。克拉克難以理解，並因此痛苦得要命。「就因為某人的小姑說自己曾跟他一起裸泳，而且認為他老二尺寸驚人（東區強暴魔並不是），他們就放過一個非常可疑的嫌犯。」「還有一個——不開玩笑，這個也很扯：他們說說他下唇太大。」

沙加緬度有太多值得探究的切入點。是什麼風把他吹來這裡？一九七六年七月一日，當所有軍種將導航訓練移至麥特軍事基地，強暴案正好開始發生，這難道是巧合嗎？還有加州州立大學沙加緬度分校呢？他們的課表跟案件吻合到天衣無縫（在學校假日時他從不出手攻擊）。地理剖繪專家使用新技術精確地找出據信是東區強暴魔居住過的街道。我重訪了那些社區、跟那些老前輩交談，我將我找到的一切都分享給一同進行緝捕的鍵盤偵探。

［**編輯筆記：**蜜雪兒·麥納瑪拉於二〇一六年四月二十一日過世。］

第三部分

［**編輯筆記：**蜜雪兒過世時，《惡魔的背影》正寫到一半。為了讓書上市出版，蜜雪兒身邊最得力的調查者伙伴、綽號「小鬼」的保羅．海因斯（Paul Haynes），及蜜雪兒的朋友兼知名調查報導記者，比利．詹森（Billy Jensen），兩人合作收攏、整理蜜雪兒留下的所有資料與未盡篇章。以下章節由海恩斯與詹森合作完成。］

蜜雪兒過世後一週，我們獲准拿到她的硬碟，並開始探索她的金州殺手檔案——整整三千五百個，還不包含十幾本筆記本、橫線筆記本、零散紙張，及上千頁數位化後的警方檔案。另外還有她從橘郡檢察官那裡收到的三十七箱檔案，蜜雪兒很珍惜，稱之為「金山銀山」。

這是一幅有上千塊碎片的拼圖，卻只有一個人知道拼好之後看起來應該是什麼模樣。那個人並非蜜雪兒，而是凶手本人。

蜜雪兒追尋的白鯨並不是黑色大理花殺手，也不是黃道帶殺手，甚至不是開膛手傑克——他們是未解懸案中極度惡名昭彰的代名詞——「作品」相對稀少，可用作調查素材的檔案來源也不多。

不是這樣的。蜜雪兒追尋的是一個強暴超過五十名女性、殺害至少十個人的怪物。現有五十五個以上的犯罪現場，外加上千項證據。

我們打開蜜雪兒的主要硬碟，開始一個個檢視她完成的章節。每章都像是不斷在提醒我們，最初為什麼會受她的文章吸引。

她的文字躍然紙上，就像坐在你身旁，娓娓道來她在科多瓦牧場、爾灣及戈利塔的街上如何循著凶手的足跡前進，其中細節極為龐雜。然而，她的筆觸堅毅而令人感同身受，將明確的描述化為流暢的故事。若一般讀者被過量事實資料弄得有些疲憊，她就換個表達方式，或端出生動有趣的細節，讓大家再度集中精神。這類型文章常容易劍走偏鋒，但無論是在手稿或**真實犯罪日記**上，蜜雪兒總能找到完美平衡。她不畏懼讓大家看到會產生恐懼的關鍵要素，卻懂得不過度沉溺於駭人聽聞的恐怖細節。關於那些自以為是的正義聖戰，甚至將受害者神聖化的行為，她也側身避過。她的文字給人的感受是著迷與好奇，是亟欲解開謎底、消除那片令人冷到骨子裡的空白的衝動。

但其中也有蜜雪兒尚未完成的部分。我們先將她完成的部分整理妥當。蜜雪兒的細緻跟你在真實犯罪事件中常見的有些不同，（柯波帝[1]除外吧——他要是想吊人胃口，偶爾會直接用編的）。蜜雪兒以無人能仿造的風格寫下這本紀實著作。我們思考過這件事，甚至也短暫嘗試過，結果是徒勞無功。她用了許多形式講述這案件——在她完成的章節裡、在《洛杉磯雜誌》的報導上、在數不清的部落格文章中——因此，我們已有足夠的材料可填補空隙。

我們都說，要是她能完成這本書，有好幾個題目她一定會繼續發展下去。從數個檔案或潦草記下的筆記可以猜出她想繼續追蹤哪條線索——但也可能只是障眼法，她沒打算理會。某個朋友的人生清單中的項目可能會零散寫著「巴黎旅行」及「玩一次跳傘」，蜜雪兒的清單則包括「去莫德斯托」，「把戈利塔居民的電話回撥做完」，以及「想辦法把DNA送到23andme[2]

或Ancestry.com[3]。」

二〇一一，蜜雪兒將第一篇強暴魔／尾隨者（她還沒為他冠上金州殺手這個綽號）的文章貼到**真實犯罪日記**。而蜜雪兒第一次注意到保羅，是她在A&E電視臺《懸案實錄》討論區貼文後，他在那篇文章底下貼了一個連結。當時，唯一討論案件的空間就只有那個討論區。

蜜雪兒立刻寫信給他。

「嗨！」她這麼開頭，「你是我最喜歡的貼文者之一，」她接著描述自己不小心發現的稀有姓氏，冠著這個姓氏的寥寥幾人都有耐人尋味的地理因素，說不定值得一探。

「我有失眠困擾，」她解釋道，「我睡不著的時候，就到處調查那些符合東區強暴魔條件的嫌犯。我不知道你是採取什麼調查邏輯——如果你有的話。但我一直在做兩件事——把戈利塔墓地的名字看一遍，還有把爾灣好幾所學校一點一滴蒐集來的畢業校友姓名——特別是住在諾

1（譯註）Truman Capote（1924-1984）。美國作家，開創真實犯罪類的紀實文學，最知名的作品即是《冷血》（*In Cold Blood*）。

2（譯註）創立於二〇〇六年，美國加州的一家基因技術公司。

3（譯註）一九八三年創立。全球最大家譜網站。

斯伍德社區的——看一遍。這不算數羊，但就某種程度也很催眠。」

蜜雪兒失眠造成的結果完全可以從她的硬碟看出來：

- 戈利塔過去的地圖和空拍照，用來跟「家庭作業」證據的地圖比對
- 鞋底的圖片，及犯罪現場找到的綑綁用具
- 填草器的分析，很可能用在多明哥謀殺案
- 裝了維塞利亞掠劫者相關線索的資料夾（滿到邊緣都要爆開了），以及她提出可將他與強暴魔／尾隨者連結的理論

有一張清單是東區強暴魔受害者被拿走的物品：

- 銀幣「MISSILE」
- 銀幣「M.S.R.」8.8.72
- 戒指，上有「給我的天使」1.11.70.字樣
- 一組袖扣，黃金材質，刻上首字母「NR」
- 男性金戒指，八十鉑金鑽石，方形，三塊金磚
- 戒指「永遠」（前後字樣刪除）2.11.71

- 首字母圖樣金戒指，字為WSJ
- 序曲國際公司（Prelude by International）古董銀匙戒
- 萊康明大學（Lycoming College）一九六五年畢業戒指

另外還有一個註記，提及強暴犯對收音機鬧鐘的特殊喜好。他一共偷了五個。

有張包含一九七六年雙城中學越野隊員姓名與地址的工作表，就藏在大量資訊之中。因為蜜雪兒深信東區強暴魔可能是個雙腿健壯的年輕跑者，她跳進了這個兔子洞。

其中一份文件標題為「應該滿有意思的人」。那是一張經年累月拼湊出來的名單，上面有蜜雪兒追查潛在前犯姓名和出生日期時累積的筆記，與各種珍貴資料。有些未完成篇章還保留「從我的**iPhone**寄出」的字樣——洩漏了蜜雪兒在電影首映會為了殺時間快速做筆記的舉動。

在另一個筆記本上，她寫道：「不要低估幻想：不在男人面前強暴——對男性的恐懼；功用；隱私；男性的痛苦不在他的幻想中。媽咪，還有哭泣。冷血無情。很可能是幻想的一部分。」

甚至還記了她自己的心理分析。

- 他是強迫型的潛行者、搜索者，而我們這些獵捕他的人也被同樣的症狀折磨。他透過窗戶偷窺，我則是按輸入鍵。輸入、輸入；喀喀點擊滑鼠，再點擊滑鼠。

- 老鼠都會去找自己的食物。
- 他展開獵捕的原因來自腎上腺素，而非為了抓住獵物。他是《大白鯊》裡的假鯊魚，因為幾不可見，才更駭人。

如果蜜雪兒覺得舊報告中有些細節不夠詳盡，或某些問題重複太多，調查員略過沒問，她就會去聯絡目擊證人。其中之一便是安德魯．馬凱特*。

一九七九年六月十日那晚特別炎熱，而馬凱特留著臥室窗戶沒關，好在入睡時能稍微讓風吹進來。大約夜半時分，他聽到窗戶底下的石頭小徑傳來嘎扎嘎扎的腳步聲。他悄悄望出去，看到一個鬼鬼祟祟的陌生人沿著他家，以緩慢的步伐走動，兩眼定定看著他鄰居的窗戶。馬凱特也去看同樣的那扇窗，發現住在那裡的夫妻正把小孩帶上床睡覺。

那人悄悄朝著一棵松樹走去，並退進草坪的黑暗中，而馬凱特繼續觀察這個目標。他抓起收在床邊的一把點二二手槍、把槍上膛。但是，那個潛行者一定認得這聲音——因為他在電光火石之間動了起來——他爬過籬笆、進了前院。馬凱特去敲他鄰居家的前門，無人回應。

他將手槍放回屋中，回頭朝著隔鄰走去，再次嘗試敲門。走到一半，一輛經過的車子頭燈掃過街區北側的房屋，短暫照亮了潛行者。這時他在一輛腳踏車上，靠著某棟房子。當馬凱特開始靠近，那人就狂踩踏板、橫越草坪逃離馬凱特，消失在夜色中。馬凱特打給警方，他們在社區到處巡邏搜尋潛行者，未果。

幾小時後，第四十七起東區強暴魔攻擊在半個街區外發生。調查過程中，調查員重新聯絡上馬凱特，而他給了一樣的敘述。

潛行者是一名約二十幾歲的白人男性，頭髮長度約到領子，穿著Levi's和深色T恤——與東區強暴魔最近一名受害者的描述一致。之後，潛行者用來騎著逃跑的腳踏車在當天早上稍晚被發現丟在幾個街區外，旁邊還有一瓶從受害者冰箱裡拿的奧林匹亞啤酒罐。調查員立刻領悟，這就是攻擊發生幾個小時前，他從幾英里外一間沒關門的車庫偷走的那輛腳踏車。在靠近車庫的地方，警探找到一對打了結的白色鞋帶。

蜜雪兒覺得馬凱特是值得一訪的對象，於是在二〇一五年底跟他聯絡。她寄給他一張自己畫的地圖，外加對於那晚事件大致的理解，請他確認，假使有需要修改的地方，也請他調整。保羅編輯了十七張照片，將它們排在一起。蜜雪兒詢問馬凱特跟他當晚看到的人長相最接近的是哪一張。

她在電話上問馬凱特，如果要形容那名潛行者，第一個從他腦中冒出來的形容詞是什麼。馬凱特想也沒想，立刻回答：「男學生。」

在二〇一一年一份名稱為「東區強暴魔線索」的檔案中，蜜雪兒試著將大家對這個人所知的事實合併成一份剖繪：

● 最常聽到描述他的外貌是身高五呎九吋到五呎十一吋，身材近似游泳選手。精瘦，但有胸肌，還有明顯粗壯的小腿；生殖器很小，細而短；鞋子尺寸九至九號半；一頭夾雜褐色的金髮；鼻子尺寸比常人大；血型A，非分泌者。

- 他用電話聯繫受害者，有時會在攻擊前，有時在攻擊後，有時只是接起就掛斷的電話，有時是恐怖電影路線的誇張、粗重呼吸外加威脅。
- 他會戴滑雪面罩，帶槍；他有那種很像筆的航海用手電筒，而且他喜歡拿來照受害者，讓她們看不見，並以這種方式將她們嚇醒。他會將毛巾撕成一條條，或者用鞋帶來綑綁受害者。
- 他有劇本，而且絕不脫稿演出。臺詞有各種從「照我說的做，不然我就殺了你」衍生的變化型。他會聲稱自己只要錢和食物，有時則說是為了他的公寓，其餘時候則提起他的廂型車。他會叫女人將男人捆起，再將他們分開。有時他會把盤子疊在男人背上，告訴他，要是給他聽到打破的聲音就要殺死女性受害者。
- 他常把嬰兒乳液帶到現場當潤滑劑使用。
- 他喜歡偷鄰居的腳踏車騎著逃跑。
- 跟他有關的個人物品：有長拉鍊的袋子，類似醫生包或行李袋。藍色網球鞋。越野摩托車手套。燈芯絨褲。
- 他會拿走駕照和珠寶，特別是戒指。
- 他說的話可能是真的，也可能不是，但無論如何值得玩味：他說要殺某個在貝克斯菲爾德的人；說要搬回洛杉磯；「邦妮，我恨妳」；從空軍被扔出來。

- 一九七七年十月底，他可能出了點狀況。那段時間發生的兩起攻擊根據描述，他有啜泣。
- 有些交通工具可能與強暴魔／尾隨者有關：綠色雪佛蘭廂型車，一九六〇年的黃色寬貨架小貨卡，福斯金龜車。

透過一封派頓轉給蜜雪兒的電子郵件，我們得知她甚至向公公尋求協助。他是美國海軍的職業軍人，蜜雪兒請他調查當時該區域的軍事基地。因為有一理論稱強暴犯很可能是空軍一員。

以下為轉寄訊息：

寄件者：賴瑞・奧斯華
日期：四月十八日，二〇一一，2:01:06 PM PDT
收件者：派頓
信件主旨：沙加緬度附近的空軍基地

你媽說蜜雪兒對於沙加緬度附近的空軍基地有些疑問，請看以下。

沙加緬度附近：

麥卡倫，二〇〇一年關閉

麥特，一九九三年關閉

卑爾仍在使用——沙加緬度以北四十英里

崔維斯位於加州費爾菲爾德，算是舊金山以北，距離沙加緬度也有點距離。

如果還需要任何資訊，就跟我說。

爸

多年來，許多人試圖剖繪強暴魔／尾隨者，但蜜雪兒想要更進一步，更深入強暴發生的地點，去探究地理剖繪究竟能否推演出他的身分。在她留下的斷簡殘篇中，包含她對強暴魔／尾隨者地理位置的思索：

- 在我感覺，最重要的兩個地點就是科多瓦牧場和爾灣。
- 科多瓦牧場的第一和第三起強暴只相隔幾碼。在第三起攻擊，他不慌不忙，沒穿褲子離開，表示他就住在附近。
- 他在一九八一年二月六日於爾灣殺害曼努拉．衛騰。五年後，他殺害了珍奈．克魯茲。曼努拉和珍奈住在同一區域，只隔兩英里。

- 值得玩味的是，曼努拉的答錄機帶子在攻擊時被偷走。嫌犯的聲音是否錄在帶子上？如果是，他是否擔心會被住在附近的某人認出？

蜜雪兒在二〇一四年八月建的一份文件，標題取為「地理相關」，內容是她經歷三年多一刻未停的調查後，對那份地圖的重新思考。打開檔案時，裡面只見一行字：「卡麥克爾就像中央的一塊空地，像緩衝區。」

靠地理剖繪找出凶手

由於他最基本的資料——名字與面孔——依舊不明，因此我們可以合理且篤定地推測，東區強暴魔是七〇年代中後期住在沙加緬度約七十萬人口中的一個居民。

東區強暴魔與數個其他犯案地點之間的連結——如史托克頓、莫德斯托、戴維斯、東灣——較不明顯。

東區強暴魔在沙加緬度是犯案量極高的罪犯，這顯示出他對該處熟悉與無所不在的特性，毫無疑問是當地人。而說到史托克頓、莫德斯托和戴維斯之類的地方，他在那些地方各出手二或三次。你可能會想問：他跟這些城市究竟有什麼關連——如果真有關連的話。也許他在那裡有住處，又或者有生意，又也許他只是經過，或是他在地圖上隨便丟個飛鏢。

但是，如果你想找到認為東區強暴魔不住在沙加緬度或至少在那裡工作的調查員，恐怕會挺困難的。

如果我們願意接受東區強暴魔從一九七六到一九七八或一九七九年住在沙加緬度的理論（這幾乎可以算確定了），並在八〇年代前半住在南加州（這個可能性非常高），這麼一來，這片藏了針的大海範圍就變得相對小些。若是製作一張在這時期曾住過兩個區域的名單，嫌犯候補搞不好就能從接近百萬減到一萬。

如果程序可以簡單一點，就很理想了。就像在亞馬遜網路商店用篩選條件找產品，只要按個幾下，你就可以篩選性別（男性）、出生年分（一九四〇—一九六〇）、種族（白人）、身高（五呎七吋到五呎十一吋）、居住地點（卡麥克爾**以及**爾灣，或科多瓦牧場**以及**郵遞區號九二六二〇，或柑橘高地、戈利塔**以及**達納角），也許再加上職業（房地產經紀人、建築工人、畫家、景觀維護人、景觀設計師、護士、藥師、醫院勤務、警察、保全，**或**軍人——上述都包含在調查員與安樂椅偵探判定的東區強暴魔假設職業）。只要把上述搜尋參數設定好——登登！你就能得到一張管理簡便又滴水不漏的嫌犯名單。

但事情沒有那麼簡單。名字總要有來源，但我們沒有——怎麼說呢——沒有那種記錄大量人口的中央資料庫。你要不是得拼湊一個，就是自己造一個。但說實話，創造這樣的一張名單卻是蜜雪兒最樂觀的計畫之一。

他可能來自維塞利亞，戈利塔也可能是他的家鄉；他可能住在爾灣郵遞區號九二六二〇的地方，可能讀過科多瓦中學，名字也同時出現在一九七七年的電話簿和一九八三年橘郡的電話簿上。我們不一定要握有機密資訊或官方嫌犯名單才找得到躲在雷達盲點中的潛在嫌犯。所有可用來處理情報的必要資訊和工具早就以各種形式存在，讓人隨意取用——線上整合公開紀錄、出生證明、財產證明、年鑑，以及七〇年代至八〇年代的電話黃頁。（幸運的是，許多資料早就數位化。）

蜜雪兒過世之前那些年，保羅開始創建該時期沙加緬度和橘郡的居民總名單，結合的資源包含Ancestry.com的結婚與離婚紀錄，及針對該郡的地契註冊機構（這類機構規定都要使用網路整合），校友清單，還有錯綜複雜的舊商號名錄與電話簿[4]。

後來，蜜雪兒跟加拿大一個程式設計師聯絡上，他自願提供能力所及的一切協助。這名程式設計師依照保羅提出的精確要求，設計了一個交互參照的功用，可處理多份名單，並找到內文相符的行列。有了這個功能。保羅就可以輸入兩個或以上的名單，分析相符的結果——目前數量已超過四萬。

4 從名錄本和電話簿提取的內容是使用軟體處理程序收集的——大家所知的名稱為光學字元辨識（optical character recognition），或簡稱OCR——並將掃描的資料圖片轉換成文字。由於是用電子眼閱讀各種不同的印刷與掃描品質的類比資料，輸出後的語法很可能會有問題，也可能產生謄寫上的錯誤，從辨識失敗到清楚無誤都有。這麼說好了，如字母「D」和字母「O」，到標點符號、一般符號的配置混亂，與其他走錯棚、非字母非符號的內容。這些狀況需要耗費上百小時的檢查，才得以將幾十年分的掃描檔案轉成可讀、一致、經過編排的名單。

一旦產生符合名單，保羅會詳閱一遍，透過線上整合公開紀錄剔除不對的符合結果（像約翰．史密斯這種菜市場名就絕對不可能）。他會盡可能針對每項符合結果蒐集資料，一直查到連他和他的所有男性親戚都被排除，才心滿意足。無法排除的姓名將會加到潛在嫌犯的終極名單裡頭。

在連續搶劫、強暴或謀殺案中，嫌犯名單往往會膨脹為好幾千筆，甚至超過這個數字。由於管理這樣龐大的名單過於困難，我們不得不設計一個可決定優先順序的系統，嫌犯等級由特定因素判定，如前科紀錄、警方聯繫、在相關案件中犯案的可能性、外貌描述，以及——如果有做地理剖繪——嫌犯工作與居住的地點。

地理剖繪是一種專門的犯罪調查技術——說不定比行為剖繪更有用、更科學。與其說行為剖繪是一門科學，其實更像一門藝術。地理剖繪針對相關案件的重要地點進行分析，是為了判定連續犯行者最可能的錨點（住家、公司等等）。這能讓人在廣大的嫌犯候選中聚焦於個別範圍上。

雖然該技術的大致樣貌以非正式的型態存在已久——你會在黑澤明的《天國與地獄》看到調查員以此尋找綁架犯——八〇年代晚期，地理剖繪甚至連個名稱都沒有，連續殺人犯一詞甚至要到十年後才成為流行詞彙。基於這些都還不是確立的調查程序，東區強暴魔——這個熱愛誤導他人的犯人——不可能是因為注意到地理剖繪才通勤這麼長距離，跑到南加州的遙遠社區，以進行地理位置上的誤導。更甚，在獲得DNA證據之前，他在南加州的犯罪普遍不被當成東區強暴魔的案子（而他似乎特別希望避免這種印象，這也很可能是他開始殺受害者的原因之一——他要消除目擊者）。按照邏輯推斷的結果，再依據奧坎的剃刀理論[5]，得出東區強暴魔在該時期住在南加州，並在那裡犯案。

也就是說，既然我們無法因南加州社區的現場建立不起來而排除某人的嫌疑，就需要更強有力的原因，才能將焦點聚集在這樣的懷疑上。

然而南加州——肇因於該處並非咸認東區強暴魔常出手的區域，幅員也十分廣大——對那裡進行地理剖繪並不理想。沙加緬度是他十年多來犯案版圖中最多產的區域，在與案件相關的地點中，這裡是最適合製作地理剖繪圖的。

因為擁有二十九個確認與東區強暴魔攻擊有關的地點，和接近一百件應有關連的竊盜、潛行者報告及其他事件，製作地理剖繪的數據非常充足，並能聚焦找出東區強暴魔最可能居住的社區。如果用地理剖繪的術語來說，這些區域就是緩衝區。緩衝區就像暴風眼，是典型因連續犯罪者不願在靠近住處的地方出手創造出的空間。

因此，至少就理論而言，找出東區強暴魔的身分應該可以很簡單。總之，就是去找個一九八〇年前半住在南加州，一九七〇年代中後期住在沙加緬度的人——而且那人很可能就住在其

5（譯註）奧坎的剃刀理論：在各種因素都相同的情況下，簡單的假設多半勝過複雜的假設。

中一個緩衝區。

檢視連續案件前期犯罪者較熟悉的區域，再比對之後他擴展出去的區域，可分析出沙加緬度案件的時間順序，並拆分成多個階段。我們選擇了五個：

- 第一至四起攻擊（媒體管制前）
- 第五至八起攻擊（媒體管制前）
- 第九至十五起攻擊（媒體管制至第一則報導沙加緬度東區有連續強暴犯出沒的新聞）
- 第十六至二十二起攻擊（東區強暴魔主要犯案手法從針對單一女子轉成情侶算起，到他一九七七年夏天整整三個月的空白之前）
- 第二十四至四十四起攻擊（東區強暴魔於一九七七年夏天的空白，及眾所周知他在沙加緬度外進行的第一起攻擊）

若每個階段為一個圖層，依此製作Google地圖，可以讓你獨立檢視或切換各時期，並比較其延伸範圍，同時透過犯人明顯向外擴展的活動半徑，判斷預設錨點或緩衝區是否維持一致。再者，若攻擊地點分布都較緊密，就表示那是犯人較不熟悉的社區。

令人特別感興趣的是沙加緬度那個長條區域，亦即卡麥克爾、柑橘高地和費爾奧克斯交會處，東區強暴魔攻擊點最分散的地方，但同時也是劃分最清楚的緩衝區。（見圖一）

保羅採納了一個想法，也就是東區強暴魔住在地圖上標著北脊鄉村俱樂部的附近地區。他也注意到，每次東區強暴魔在這區出手，總是在依據他先前攻擊地點算出的緩衝區的另一側——這很可能是本能（改變步調）與算計（避開監視程度增加的區域）帶來的交互影響。

保羅決定使用天馬行空且非科學的方式來嘗試地理剖繪。他將Google地圖裡的螢幕快照匯入Photoshop，開始在這區的攻擊間畫線，把相關地點配起來。接著，他標起每條線的中點和相互交界處，然後把每一組的點連起，結果得出保羅後來畫上陰影的形狀，陰影密度最高的區域，理論上就代表東區強暴魔的

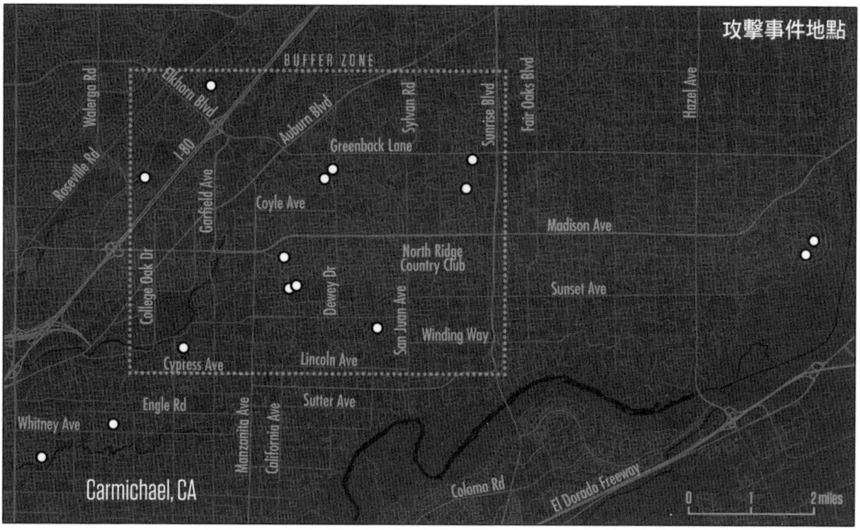

圖一

大致住所。（見圖二）

最終，為了找出密度最高的交叉區域，他找出那些連起的攻擊事件連線中點，於此畫下一道直角相交的線，而結果十分類似。（見圖三）

保羅接著又採取另一個不太一樣但也很特別的方式。他將東區三個離市中心最遠的攻擊連起來，做出一個三角形，然後，為了找到真正的中心點，他將大三角形三邊的中點連起，畫出一個更小的倒三角形。保羅重複這個過程，直到最後剩下一個極小的三角，有如一張小得再也無法對折的紙（見圖四）。

每次嘗試（包含上述與為了讀者著想因此省去的）都獲得類似結果，表示東區強暴魔的錨點落在靠近杜威道和麥迪遜大道交點附近某處，亦即卡麥克爾和費爾奧克斯間的邊界。

這個結論在某種程度上獲得一九九五年

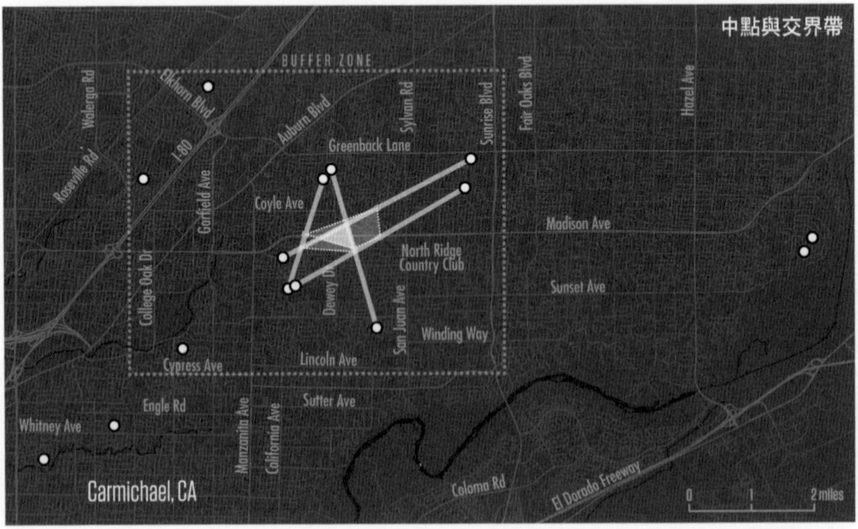

圖二

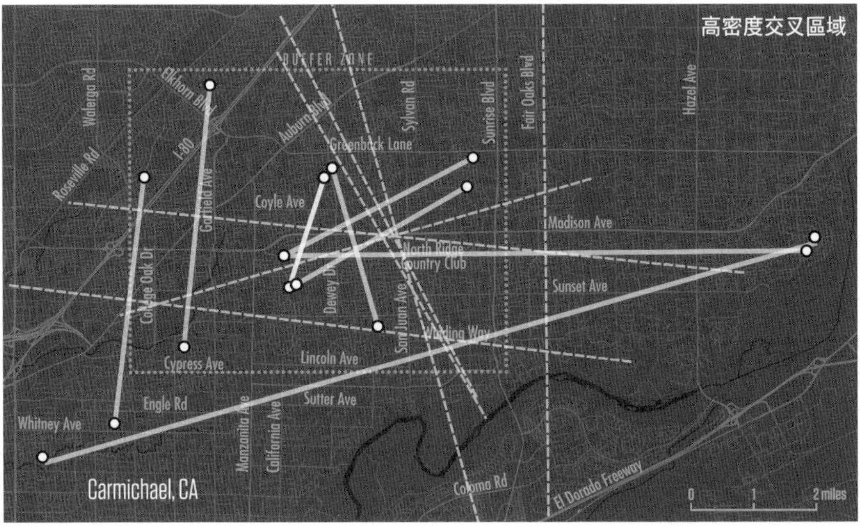
高密度交叉區域
BUFFER ZONE
Walerga Rd
Roseville Rd
Elkhorn Blvd
I-80
Garfield Ave
College Oak Dr
Auburn Blvd
Greenback Lane
Sylvan Rd
Sunrise Blvd
Fair Oaks Blvd
Hazel Ave
Coyle Ave
Madison Ave
North Ridge Country Club
Sunset Ave
Dewey Dr
San Juan Ave
Winding Way
Cypress Ave
Lincoln Ave
Engle Rd
Sutter Ave
Whitney Ave
Manzanita Ave
California Ave
Coloma Rd
El Dorado Freeway
Carmichael, CA
0
1
2 miles

圖三

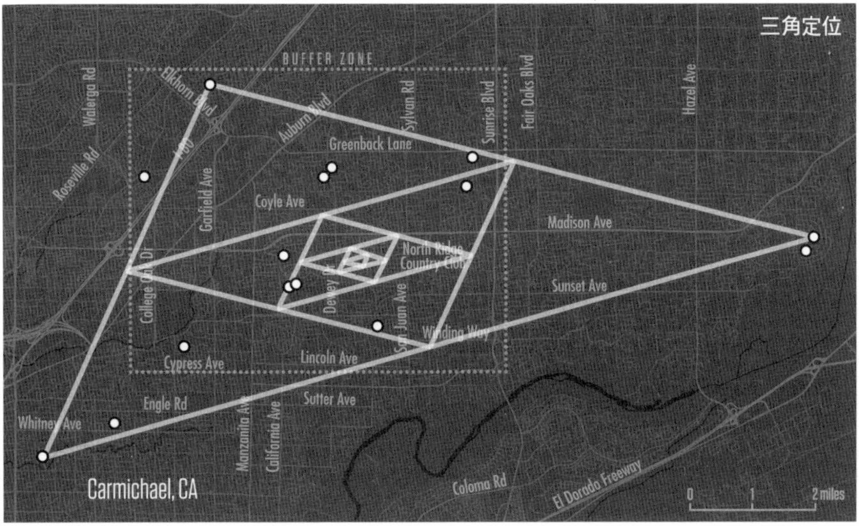
三角定位
BUFFER ZONE
Walerga Rd
Roseville Rd
Elkhorn Blvd
I-80
Garfield Ave
College Oak Dr
Auburn Blvd
Greenback Lane
Sylvan Rd
Sunrise Blvd
Fair Oaks Blvd
Hazel Ave
Coyle Ave
Madison Ave
North Ridge Country Club
Sunset Ave
Dewey Dr
San Juan Ave
Winding Way
Cypress Ave
Lincoln Ave
Engle Rd
Sutter Ave
Whitney Ave
Manzanita Ave
California Ave
Coloma Rd
El Dorado Freeway
Carmichael, CA
0
1
2 miles

圖四

ＦＢＩ研究報告（華倫委員會等）的支持。在多個例子中，連續案件的第五起攻擊被發現距離嫌犯住處最近（百分之二十四的案子。相較之下，百分之十八的案子中第一起攻擊才是最靠近的）。東區強暴魔的第五起攻擊位於距離假定錨點第二近的地方，而第十七起攻擊實際上並未更接近（距離約三百英尺）。

幾年後，蜜雪兒獲得一份針對東區強暴魔在沙加緬度的犯案所製作的地理剖繪。製作此份剖繪報告的正是金・羅斯姆，現代地理剖繪之父。事實上，他正是這個名詞的創造者。

羅斯姆的錨點落在科伊道和密爾本街的交叉口附近——距離保羅假設的錨點不到西北方半英里，而保羅甚至沒看過羅斯姆的分析。（圖五）

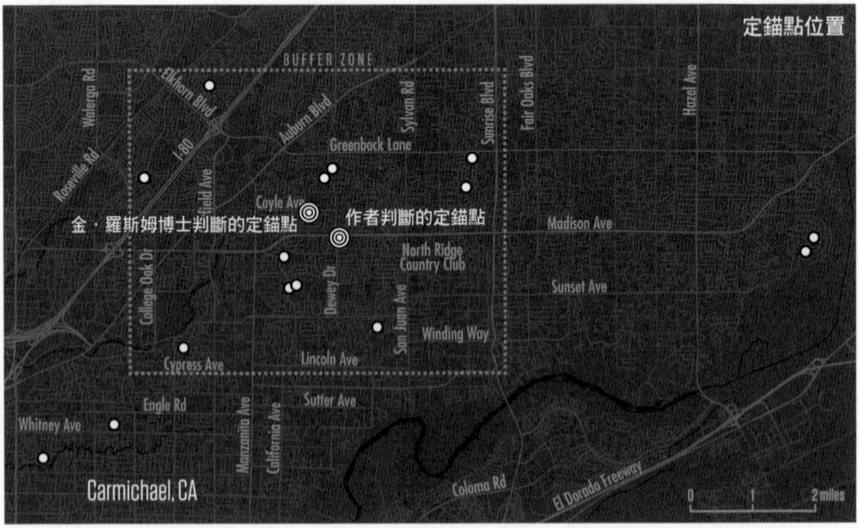

圖五

用家族DNA找尋凶手

快速掃過蜜雪兒硬碟內的其餘三千五百個文件，你會看到一個標題為「最近的DNA結果」的檔案，裡面主要是東區強暴魔的Y-STR標記（Y染色體上發展男性譜系的短片段重複序列），包含極為罕見的次世代定序儀標記。

取得金州殺手的DNA是調查員手中永遠的隱藏王牌。

但是，只有當凶手的DNA存在能進行比對的資料庫中，這才派得上用場。CODIS裡並無匹配結果，加州監獄系統的Y-STR資料庫裡也是一樣。如果凶手的父親、兄弟或叔伯曾在過去十六年遭判重罪，就會有通知跳出來，發給保羅．霍爾斯或艾莉卡．哈奇卡夫（橘郡現任主管調查員）。他們會去調查該人的家庭，並將焦點縮小至曾涉足犯罪的成員，然後展開調查。

但他們什麼也沒有。

有些公開資料庫可以把DNA資料拿去比對，裡面不只有許多罪證確鑿的罪犯，還有家譜研究愛好者。你可以把凶手Y染色體上的STR標記輸入這些公開資料庫，試著找到吻合結果，或至少找到一個能在調查上有所助益的姓氏。

保羅．霍爾斯在二〇一三年就這麼做過。而就像蜜雪兒，他也滿臉微笑地高喊「我解開了！」霍爾斯還以為自己終於透過這技術抓到了那個人。

在以下半完成篇章中，蜜雪兒談起此事。該篇名為〈沙加緬度，二〇一三〉。

保羅・霍爾斯仍能聽到他的檔案櫃抽屜「啪」一聲關上的聲音。他把所有跟東區強暴魔有關的東西清空、裝箱，用快遞送去給橘郡的賴瑞・普爾。

「賴瑞成功了。」霍爾斯想，這只是時間早晚的問題。

十年後，霍爾斯坐在自己的辦公室，整個人已被榨乾。他現在是犯罪實驗室的主管，結了第二次婚，跟第二個太太又生了兩個小小孩。他在犯罪實驗室工作的時間之久，久到眼睜睜看著他們的專業遭到質疑。毛髮分析？他光想就尷尬。他和同事有時會圍坐在一塊兒，嘲笑以前用過的工具，那些笨重不便又處處缺陷的設備，就像第一代的行動電話。

他開始去實踐一直掛在嘴上說要履行的承諾，亦即他為了穩定升職、撐起家庭、因此拖延十年的承諾。調查員保羅・霍爾斯。他一直很喜歡這頭銜聽起來的感覺。然後他遇見了對的人，取得對的資格。轉職至檢察官辦公室、以全職身分踏上懸案調查之路，現今一切已上軌道。

但還有一個問題，一個他心知肚明必會一起帶進檢察官辦公室的問題：東區強暴魔。他的身分尚未水落石出——不管是因為ＤＮＡ被逮，或有人密報——這樣的日子每過一年，霍爾斯的關心就更深一層。他的妻子可能會稱之為走火入魔。他為此做了試算表，閒暇時的兜風老是變成犯罪現場之旅，而且不只一次，是每週都去。

有時他會想到這名無面人造成的各種破壞。不只是對受害者，更有受害者的家人、警探受的羞辱、浪費的金錢、時間及努力，還有一輩子都換不回的家庭時光、毀掉的婚姻及親密性愛……霍爾斯很少罵髒話。他不是這種人。但當他想到這一切，心中就只剩下「幹，幹你媽的」。

調查此案的第一代警探健康都出了狀況，第二代警探則在繁忙中用零碎的時間來查案，這些人也快退休了。時間就要用罄。東區強暴魔正回望著他們，在半關上的門邊露出冷笑。

霍爾斯將椅子滑到電腦邊。去年，在那些對自身系譜好奇的人之間，基因溯源變得很受歡迎——雖說它尋找不知名罪犯的功能較不為人知。執法機構中大多人對此都特別小心，因為這個技術可能會有品保及隱私的問題。霍爾斯很懂DNA——非常懂。就他意見，基因溯源只是工具，不能百分之百確定。他有從東區強暴魔DNA擷取的Y-DNA，這代表他分離出東區強暴魔的父系血統。你可以把這個Y-DNA檔案輸入某些家譜網站——就是那種用來找堂表親之類親戚的網站。輸入你的Y-DNA檔案的一組標記（從12到111其中任何一個都可以），然後你就會拿到一張匹配清單，上面就會是可能跟你擁有共同祖先的所有家族姓氏。那些匹配與你的遺傳距離幾乎都是一——但這也不代表什麼，它本來就是要找親戚。你最想要的，是那絕無僅有的零——沒有距離。

霍爾斯每隔幾週就試一次，一直不抱任何期望。這只是一種滿足執念的方式。二〇一三年三月中某個下午，他一樣輸入那熟悉的序列，按下輸入。過了一會兒，名單出現，上面有很多先前搜尋時已經看得很熟的姓氏，但名單最上方的那個他卻沒見過。

東區強暴魔擁有極度罕見的標記。全世界人口有這個標記的只有百分之二。當霍爾斯點擊最上方名字的連結，看到那個檔案就有這個罕見的標記，並同時符合東區強暴魔另外十一個標記，全部一樣——遺傳距離為零。霍爾斯從來沒得到遺傳距離為零的結果。

他不知道應該先做什麼。霍爾斯拿起電話打給肯・克拉克，也就是他最常交談的那位沙加緬度治安官辦公室警探，可是撥號之前就又掛掉。沙加緬度距離霍爾斯在馬丁尼茲的辦公室開車只要一小時。他抓起車鑰匙。

霍爾斯去了三十六年前一切開始的地方。

蜜雪兒沒有機會把哏鋪完——但凡調查此案這麼長時間的人，絕對會因此崩潰。最後他們發現其實是有個叫羅斯・歐葉斯的退休特勤探員兼業餘偵探，以匿名方式將東區強暴魔的標記上傳到同一資料庫中。因此，保羅・霍爾斯找到的匹配其實是因為有兩人同時上傳同一個凶手的DNA，最後得到與對方配對成功的結果。

蜜雪兒認為，要走出金州殺手這個迷宮，最可靠的引路繩索就是DNA。美國僅有九個州可合法於全州範圍資料庫中測試家族DNA，加州就是其一。如果金州殺手的兄弟在明天因重罪遭到逮捕，我們就能看到吻合結果。但是那個資料庫裡只有被定罪者的資料。

蜜雪兒將他的DNA上傳到Ancestry.com一個Y-STR開放線上資料庫時，認為自己很可能找到了凶手。

若是快速掃過頁面最上方，看起來的確可能性很大。最上面的姓氏（我們將其餘名字馬賽克掉了）有很多符合結果，一如打勾標記所示。那個姓氏非常少見（在美國和英國只有少數）。姓氏旁邊的MRCA代表的是最近共同祖先（most recent common ancestor），而數字則代表你在家譜上得回溯多少代才能在尋找共同祖先時獲得百分之五十的機率。據估測，那個人和蜜雪兒（暫代凶手的DNA）間的MRCA生於十一個世代前（機率為百分之五十）。

在蜜雪兒跟保羅．霍爾斯及其他專家分享找到的結果後，會發現這並沒有她最初以為的那麼重要。順著這傢伙的家族回溯三百三十年——即使到了那麼久以前——找到他的機率也只有百分之五十五。

要想揪出那個擁有這些結果且萬中選一的人，絕對不能用這個測驗。

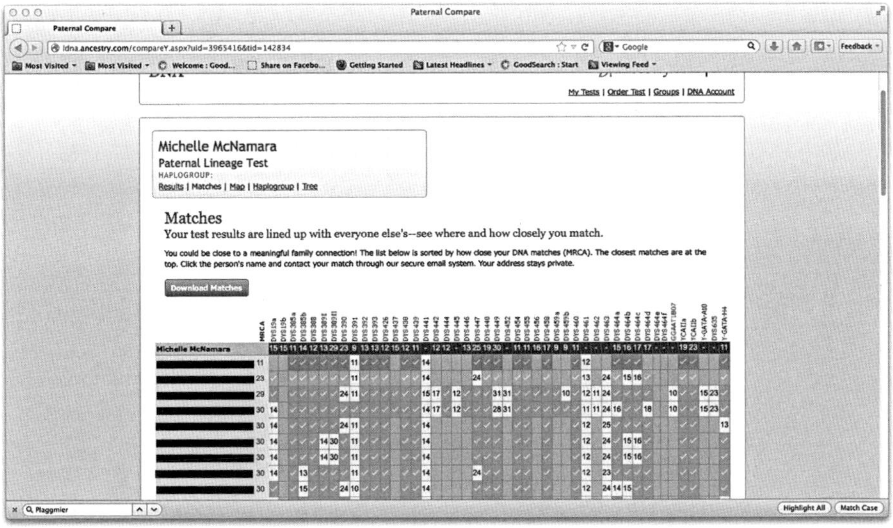

蜜雪兒諮詢的專家之一是柯琳．費茲派翠克，她是專門幫助大家找到親生父母的法醫系譜學家——同時，在協助解決重大犯罪的貢獻也非常大，包含鳳凰城惡名昭彰的運河殺手。費茲派翠克針對法醫系譜學寫了一本書（書如其名[6]），並花了許多時間與蜜雪兒通話——有時甚至是在各種「清晨」時分——一同討論透過系譜找出金州殺手身分五花八門的方式。

蜜雪兒過世後，柯琳向比利解釋，即便在先前的比對中並無可依循的系譜，仍是有線索的：「即使找出距離很遠的Y匹配，他們還是會有一樣的姓氏，你可以說，X先生的姓氏與他本人大抵就跟這個匹配結果一樣（同一直系血親），屬於同一支衍生家族成員，也許還能回溯到好幾個世代前。然而，這裡的例子則是有不同的名字，所以你無法單獨鎖定一個。不過，名字的『風情』有時可以給你一些種族特徵，用來找到你的這位X先生。這麼說吧，如果他的名單全由愛爾蘭名字組成，大概可以斷定他是愛爾蘭裔。在運河謀殺案中我就是這麼做的。我不僅幫他們找到這個運河謀殺犯的姓氏是米勒，還告訴鳳凰城警局說，他是擁有愛爾蘭血統的米勒。幾週後，他們逮捕了拜恩．派翠克．米勒。我就是從這個例子想到的。東區強暴魔雖有個德國姓氏，卻來自英國。我幫蜜雪兒跑的測試中從名字得到的『風情』就是這個。」

因此，我們要找的是一個有德國姓氏，但在某個時間點卻全家住在英國的人。當然，他也可能是領養的。如果是這樣，那又得整盤打翻重來。

而這一切都取決於你想用來比對樣本的資料庫大小。二〇一六年，有數不盡的公司能幫你測試DNA檔案，並加到飛速擴張的資料組中。這些公司使用顯性DNA測試，只要花大約一百美金，外加你的一點點唾液，公司就能提供你的DNA檔案。除了得知你會不會在未來得到阿茲海默症或眼睛的顏色，該測試也用於收養或是由單親媽媽養大的小孩。根據獲得的結果，可得知過往不知道的堂表親，並藉此找出自己的親生父親，以及與自己身分有關的更多資訊。如果你一開始沒獲得匹配，還是有希望的。公司會在新的家庭成員上傳DNA時以電子郵件通知你。「你有一名新的DNA親屬。」這是比利最近從23andme網站收到的訊息，他幾年前曾提交自己的DNA。「過去九十天中，共有五十一名與你有共同DNA的人加入DNA親屬站。」這個測試連起的不只是父系親屬，而是每一個人。

最重要的是，這些資料庫非常龐大——23andme網站有一百五十萬個檔案，Ancestry網站有兩百五十萬。

假使執法機構可以將犯罪現場找到的DNA全部輸入這些資料庫，透過系統中找到的犯罪者堂表親，獲得正確的偵察方向——想想，這樣能解決多少起謀殺、強暴和其他的暴力犯罪？不幸的是，沒有一家公司會跟執法機關合作，洩漏他們的隱私權問題與服務條款。

光是想到謎團之解可能藏在23andme和Ancestry網站的資料庫，蜜雪兒就夜不成眠。

如果可以就這麼將凶手真正的遺傳物質提交到任一個資料庫，而不是只能選擇一些標記，

6《法醫系譜學》（Forensic Genealogy），作者柯琳・M・費茲派翠克，二〇〇五年發行。

找到二代或三代堂表親的機會就會大增，那個人便能帶領調查員找出凶手的身分。

因此，答案非常可能就在那扇上鎖的門後，鎖則是用隱私權問題和非法搜查與扣押做成的。

蜜雪兒想將凶手的DNA輸入這些快速擴張的商用資料庫。如果能夠避開服務條款這麼做，她一定願意。但是，如果你想將你的DNA輸入資料庫，那些公司會寄給你一根試管，讓你把口水吐到裡面，寄回去給他們。而蜜雪兒並沒有凶手的口水，連根拭棒也沒有。她只有紙上的檔案。但是，根據比利的一個科學家朋友表示，其實是有解決辦法的。無論如何，當批評者講起隱私、商業相關服務條款及美國憲法第四修正案[7]，喚起的是電影《侏儸紀公園》中傑夫・高布倫飾演的伊恩・馬康姆的經典臺詞：「你的科學家太專注在做不做得到，卻沒有停下來想想該不該做。」

當蜜雪兒著手進行《洛杉磯雜誌》的專題——這篇文也成為這本書的基礎——她開始一點一點獲得官方案件檔案。蜜雪兒小心翼翼地閱讀那些資料，並建立一份索引，包含報告中提到的人物、地點和物件名稱。她的目的共有三重：讓報告中各個調查元素的所在位置更好搜尋、消除個體歧義，並按照其後的地理變動基礎，找到可能有關係的人。最後，則是找出重複的姓名或受害者間可能擁有的共同關係。

蜜雪兒與現職及退休調查員間培養出感情，其後更演進為能直接交換資訊的關係。她就像是榮譽調查員，她的能量與精闢的看法為此案的疲累身軀再次灌入新血。她將我們找到的資料與那份終極名單一起傳給了部分現職調查員。

官方檔案資料持續增長，二○一六年一月來到了最頂峰。蜜雪兒和保羅獲得了驚人的實體案件資料。兩人被帶到橘郡治安官部門藏放六十五個收納箱的狹窄儲藏室，箱裡裝滿強暴魔／尾隨者的檔案。他們罕見地獲准閱讀全部資料——雖然是在監督之下——而且想借閱哪些都可以。

這真的是金山銀山。

他們挑出四十五個箱子外加另兩個大塑膠桶帶回洛杉磯。

蜜雪兒早就考慮好了。與其花一天開同一輛車回去，不如駕駛兩輛休旅車結伴進聖塔安娜。他們將收納箱一個個疊上推車，一路推到橘郡治安官部門總部後面的卸貨區，在那裡把箱子塞進兩輛車。代理治安官不知道他們在做什麼，就這麼從大樓冒出來，幸運的是，他似乎也沒看到搬下去的是什麼。他們盡量搶在橘郡治安官部門的人改變心意前加快動作。

他們回到洛杉磯，箱子被移進蜜雪兒家的二樓。原本她女兒的遊戲室現在就要變成收納箱儲藏室了。

他們馬上開始挖掘那些資料——這些聖杯、蜜雪兒至今沒看過的隱藏資料——全都在那

7（譯註）Fourth Amendment。禁止無理的搜查與扣留，若要發出搜索狀，需有合理原因支持。

兒，還外加山一樣高的補充報告。補充報告——這些資料來自孤兒和邊緣人，因為在那個特定欄位中缺了房產資料，因此只露一次面就被推到東區強暴魔資料櫃後方——這是他們最垂涎的資料之一。蜜雪兒和保羅都相信，假使犯人的名字就藏在這些檔案的某處，那麼有極大可能是在這些邊緣線索中：遭遺忘的嫌犯，被忽視的目擊者報告，從沒追蹤後續、移了位的交通工具，或是當時給了合理原因解釋自己為何出現在那區的潛行者。

蜜雪兒買了兩部高階數位掃描器，開始掃描那些資料。其實，像保羅．霍爾斯、肯．克拉克和艾莉卡．哈奇卡夫這樣的現役調查員，都有大多資料沒看過。進行掃描不僅可讓檔案更容易使用、內文可搜尋，也讓蜜雪兒有機會為這些慷慨大方的調查員提供無償的幫助，做為報答。

這是調查開始後最前所未有、最令人興奮的突破；這是一大轉折，是突然衝出的一匹黑馬。蜜雪兒深信，犯人名字藏在這些箱中的機率高達百分之八十。

《洛杉磯雜誌》的文章刊登後，蜜雪兒寫了一篇部落格貼文，講述她從一些讀者那裡收到信件，他們是讀了報導、著迷破案——即便只有迷上幾個小時——的安樂椅偵探。

上週，我從讀者那裡收到幾十則跟我那篇〈追隨凶手的腳步〉有關的回應。許多郵件都包含對證據的真知灼見，以及各種抓到金州殺手——這名從一九七六到一九八六，在加州南北出手、難以捉摸的連續暴力犯——的新穎方法。

地圖獲得最多反響。我的讀者依據自身的專業或學術背景貢獻各種理論。有個讀者曾經手含有高爾夫球場的社區，他覺得那地圖看起來跟以前規劃過的許多類似社區很像。他說，那份手繪路徑跟高爾夫球車小徑很像。

另一位則針對詳細的境界線提出令人毛骨悚然的觀察。那名提供情報的人寫到，那象徵籬笆的界線，因為製圖者標記出他在夜晚四處走動時可能會碰到的障礙。

一名讀者覺得在「只要提到六年級，我只想到瘋狂。（Mad is the word that reminds me of 6th grade）」的日誌文章中有線索。她指出，六年級的那個數字「6」看起來更像字母「G」，並補充說寫字者很顯然又回去在「6」前面硬插入一個「the」，好像改了他原本要寫的東西，而就她意見，那很可能是他長大的鎮的鎮名。她推測，該鎮可能是以「G」開頭。

「只想到瘋狂」證據明顯透露出寫字者對他六年級男性教師的憤怒。不只一名讀者指出，在六〇年代，男性的六年級老師相對少見，尤其據推測寫字者念的應該是小學。

另一個讀者點出，維塞利亞——亦即金州殺手初出茅廬、首次犯案的可能地點——是附近勒莫爾海軍航空基地許多飛行員的住處。凶手很可能是飛行員的兒子——提供情報者如此推論。因為連續案件的數個地點都在航空基地附近。

其中有些證據也許有助於建構凶手的圖像，有些則可能跟他完全沒有關係。就像你在車庫拍賣買來一組拼圖——只不過它跟其他二十盒拼圖片混在一起。

直到最後一刻，蜜雪兒依舊堅持每一塊碎片都要調查，找出有沒有哪片是對的。她硬碟中最後修改的幾份文件，有一份檔案名為「待完成」，日期是二〇一六年四月十八日，她過世前三天。

- 調查黛比D的手電筒。他們是否需要從別的屋子帶來手電筒。就她所知，葛雷格有沒有去過托特路？
- ［其中一名警探］在歐／曼［歐夫曼／曼寧］案後因精神狀況不得不請假，而雷說那是他看過最慘的犯罪現場（在寄給爾灣的電子郵件裡）。為什麼會比多明哥／桑切斯還慘？
- 給艾莉卡：畢竟我受的訓練並非犯罪現場判讀，妳覺得克魯茲發生了什麼事？
- 給肯．克拉克：馬喬里謀殺案發生當時，有無大眾或新聞上的連結？FBI原本以為進行親族對比後可得到兩百至四百個姓名，最後卻一個都沒有，這是真的嗎？
- 問肯他說穿著小丑裝走在街上的丈夫（或只是路人）到底是什麼意思。

這種問題一頁接一頁。我們會試著在蜜雪兒的部落格——也就是「真實犯罪日記」——針對她留下的問題尋找答案。與案件相關的討論仍在持續，我們也邀請讀者一同加入，密切注意在許多留言板上如繁星般閃耀，不分日夜持續浮出的新線索還有與凶手有關的各種理論。蜜雪兒總說，她不介意是誰解開這起案子，只要能解決就好。

蜜雪兒給案子帶來的衝擊無庸置疑。套句肯・克拉克的話，「她讓一個最乏人問津、卻是美國作案數量最多的連續犯罪者受到關注。如果我自己沒在調查該案的那些年讀過那些報告，這整個故事簡直令人難以置信。她專業的搜查方式、對細節的注意，還有真心想找出嫌犯身分的渴望，讓她在暴露飽受折磨者的隱私及公開嫌犯、期望有人認出其身分之間找到平衡。」

「要得到這麼多名來自不同轄區的警探信任非常不容易。」艾莉卡・哈奇卡夫對我們說，「但她成功做到了，而且你也曉得，這是因為她有優良的名聲和堅忍不懈的態度，外加對此案的真心關注。」

保羅・霍爾斯也同意，甚至強烈表示他早把蜜雪兒當成一同辦案的搭檔。「我們時常聯絡。我會因為一些事情十分興奮，然後就寄給她看，她也會跟著興奮起來。她會挖出某個名字，寄給我、讓我調查。這個案子有如最最極端的情緒雲霄飛車——當你以為自己找到那傢伙，整個情緒會亢奮得驚人，但是，當你透過ＤＮＡ排除了那個看起來很有希望的嫌犯，又會一下子墜落地面。蜜雪兒和我共享這些大起大落。我心中有些覺得可能性很高的嫌犯，她也有她的。我們會你來我往地寄著電子郵件，興奮情緒不斷飆升，接著再迎來排除嫌疑的結果。

「蜜雪兒能夠成功得到——不只我，還有一整個特殊小組的信任——並證明自己是個天生的調查者，更加上她本身精準的眼光與不屈不撓的精神。她有理解案情的能力，擁有很多人沒有、天賦異秉的精闢眼光。她有耐力，外加風趣且迷人的個性，這些特質全出現在一個人身上，真的很神奇。即使她是從局外人起家，但隨著時間經過，她成了我們的一分子。而且我知道，只有她能夠對案子做出這樣的貢獻。我認為，不管於公於私，在犯罪調查中能得到這樣的伙伴關係是很少見的。蜜雪兒非常適合這個角色。

「我最後一次見到蜜雪兒是在拉斯維加斯，我們在那兒花了很多時間談案子。我並不知道這會是我最後一次親眼見到她。她寄給我的最後一封電子郵件是在四月二十日，星期三。一如往常，她告訴我她寄來的是她和搜查伙伴找到的一些檔案，並認為應該讓我知道。信件的結尾是『之後約。蜜雪兒。』

「週五晚上，我在得知她過世的消息後下載了她寄給我的檔案。直到這時，她依舊在幫助我。」

二〇一三年十二月，蜜雪兒寫給她的編輯的電子郵件中，點出每個真實犯罪報導記者書寫未解案件時，都必須面對、處理的問題：應該怎麼收尾？

我對案子的發展依舊抱持樂觀態度，但也沒有刻意忽略書寫未解謎團要面對的挑戰。就那方面，我確實有個想法。在我的雜誌文章刊登後，我從讀者那裡收到排山倒海的電子郵件，開頭幾乎都是：「妳可能早就想到了——但如果沒有，那麼（各種調查建議）妳覺得如何？」我因此確認了一件事：人人心中都有一個福爾摩斯。他們都相信，只要自己獲得足夠的線索，就能解開謎團。如果我們碰到的挑戰或預期中的弱點，是讀者會因為未解的部分而不滿足，那麼，為什麼不轉換一下想法，把這一點當成優勢呢？我手邊實際上有上百頁的分析，有古早的，也有比較最近的——像是地理剖繪、鞋印分析、他在星期幾出手攻擊等等。我的一個想法是把部分集結成書，提供讀者扮演偵探的機會。

在找出他的名字之前，我們絕不會停下腳步。我們一定會好好扮演這個偵探。

——比利・詹森與保羅・海因斯

二〇一七年五月

後記

只要有魔法和太空船的東西，蜜雪兒都不太喜歡。「我要閃人了，」她會邊笑邊這麼說。雷射槍、魔杖、光劍、超異能、鬼魂、時間旅行、會講話的動物、超級科學、被施了法的古物或者古老詛咒：「那感覺都很像是作弊。」

「他是又做了另一件鋼鐵衣嗎？」在放映第一集《鋼鐵人》電影時，她這麼問。電影開始二十分鐘，東尼．史塔克把他那件四四方方又灰撲撲的馬克一號鋼鐵衣改造成蘋果糖紅加皇家金的超級戰衣。蜜雪兒輕聲一笑，離場跑去購物。

義大利式西部片太長太暴力，殭屍在科學上不合理，而殘忍無情又心懷複雜詭計的連續殺人犯，就她意見，是難得一見的獨角獸。

蜜雪兒和我結婚十年，在一起十三年。就流行文化層面，我們之間連一個交集都沒有。噢，等一下——《火線重案組》，我們都喜歡《火線重案組》。這下有了。

我們認識的時候，我就像個咕嘟咕嘟、嘶嘶作響的大鍋，腦中裝滿模糊曖昧、轉瞬即逝的事物及毫無條理的論述，如電影、小說、漫畫、音樂。

還有連續殺人犯。

那些死亡人數統計、犯罪手法我都知道，還有從訪談中擷出來的各種名言。對那些年約二十、想讓自己看起來黑暗又高冷的傢伙，囤積連續殺人犯的知識是必經之路。而在我二十幾歲時，完全就是個為了看起來黑暗又高冷什麼都願意做的傻子。於是，在法蘭絨盛行的九〇年代，我就這樣興奮地狂講亨利．李．盧卡斯[1]、卡爾．潘茲拉姆[2]和艾德蒙．肯珀[3]的各種豆知識。

蜜雪兒也知道這些真相和五花八門的瑣事。可是對她來說，那只是一堆白噪音，就跟鋪水泥一樣無足輕重又超級無聊。

她會感興趣的——會燃起她心中火花、扭轉每一條神經細胞與感官的——是人。精確來說，是警探和調查員。那些男男女女握有一大堆隨機資料（其實多半只是證據太多，需要篩選，丟掉一些只是障眼法的假貨），而且都有能力打造捕捉怪物的陷阱。

（呃，不好意思，剛剛那句是幫蜜雪兒的調查寫的電影大片風介紹詞。每次講到她，要不上升成誇張路線實在有一點點難。）

我跟一個打擊犯罪的人結婚十年——而且這名打擊犯罪者還是那種一板一眼、井井有條、白羅風格、腦子非常厲害的。我看過她讀倖存者證詞時有多氣憤不平，還有去訪問那些痛失親人、依舊深受打擊的家庭成員。某些早晨，我拿咖啡給她時，她仍在筆電前面啜泣，因為她追逐的某條線索讓她一頭撞牆，挫折不已又精疲力盡。不過，喝下一大口咖啡因後，她會擦擦眼淚，再次努力不懈地敲起鍵盤。打開一個新視窗、追查一條新連結，再次邁開步伐，追逐這殘忍而邪惡的壞蛋。

你正在閱讀的這本書是她與真相最近的距離。她總是說，「我不在意抓到他的是不是我，我只想讓他銬上手銬，聽到監獄鐵門在他身後關上。」她是認真的。她生了一顆屬於警察的心與靈魂——她渴望正義，而非榮耀。

蜜雪兒是個了不起的作家：她對她的讀者和自己非常真誠——有時簡直過分真誠，甚至是針對關於她自己的一切，你可以從《惡魔的背影》的回憶錄段落發現。同時，你也會看到她多麼誠實地面對自己的執迷與狂熱，還有不時為了追查而做出有害身心的投入——而那往往是用睡眠和健康換來的。

為調查與推理而生的靈魂，為憐憫與真知灼見而生的心。她用我從未見過的方式結合了這兩個特質，輕易讓我重新思考我在生命中的道路、我與他人的相處方式，以及我看重的事物。她讓我和她身邊的人變得更好，而她做到這一切的方式，就是安安靜靜、輕輕鬆鬆地當她自己。

1（譯註）Henry Lee Lucas（1936-2001），生於維吉尼亞州，據聞為美國史上殺人最多，手段最殘忍的連環殺手。

2（譯註）Carl Panzram（1892-1930），生於明尼蘇達州。因其童年創傷，殺害、虐待、強姦多名男童與成年男子。

3（譯註）Edmund Kemper（1948-），生於加州，因為專殺女大學生，又稱女學生殺手（The Co-ed Killer）。

我先告訴你一個特別的趣聞，再告訴你一個比較普通、大眾的例子。

趣聞：二〇一一年，我跟菲爾．羅森塔爾合作一部根據我的人生發想的情境喜劇。此時《路易不容易》已開播一年，我沉迷於剛被開發的全新世界：如何建構情境喜劇，如何用喜劇的方式呈現出個人特質。基本上，我想要的就是屬於我的《路易不容易》。因此，菲爾和我就一起坐下來將我每天的日常細節走過一遍。

「那你太太都做些什麼？」某個午後的寫作時間，菲爾問。

於是我就告訴他了。我告訴他說，她開了一個叫「真實犯罪日記」的部落格。我說這網站一開始只是要讓她用來寫一大堆懸案資料，並對她在網路上追的案子進行調查。我解釋說，她收了一些潛在嫌犯的Myspace文章，因為她領悟到社交媒體對調查員而言等同金礦。那些反社會自戀人格的Tumblr、Facebook和Twitter帳號裡每天都有一大堆不加思索就丟出來的文章。相比之下，以前那種拔人牙齒逼嫌犯開口的老招根本一文不值。她使用Google地圖和各種新平臺，為表面看來走到死路的案件建構出解法。她擅長將擁有十多年歷史、晦澀難解的舊案線索與表面彷佛毫無關連的現行罪案連起來。「有看到他怎樣改進犯案手法嗎？他之前在不好上交流道的街上綁人失敗，現在進化成躲在苜蓿叢邊，神出鬼沒、抓了人就轉身逃走。他慢慢有了勇氣，也有了技巧。他每個案子都用同一輛車，之所以來去都沒人注意，是因為他在不同的州，而且有好幾次各自的警力都不分享資訊。」（這回的長篇大論我印象特別深刻，是某晚在床上，她邊把筆電在膝上打開邊講的。這是蜜雪兒與眾不同的枕邊細語。）

她的部落格文章吸引有線電視新聞秀的興趣，然後NBC電視臺的《日界線》也來了，他們找她去重訪摩門教黑寡婦謀殺案中的多位嫌犯。當大電視臺前來拜訪嫌疑犯，他們會拒人於門外，但如果是跟部落客掏心掏肺，這些人倒是相當開心。他們完全不知道跟自己交談的這名部落客發明了一種突變過而且更開放的凶案調查模式。因此，他們什麼都跟她說。

我講完後，菲爾大概花了一分多鐘思考這事，然後他說：「這實在比我們企劃的節目有趣太多了……不如你節目裡的老婆職業改成派對總籌？聽起來不錯吧？」

現在，我要來舉一個解釋蜜雪兒有多獨特的普通例子。我們生活在一個點擊率至上、討厭就滑掉不看、影像主導的文化中。花一百四十字吵架，看三十秒的瘋傳影片。要抓住別人的注意力很容易，但要留住幾乎不可能。

蜜雪兒處理的主題需要持續關注，而且多半不會得到多少注意，也不會獲得任何滿足感或結論。它需要的注意不僅僅是一個讀者，而要一票警察、資料探勘者及公民記者，才可能獲得微乎其微的一點突破。

透過完美且引人入勝的文筆，外加說故事的能力，蜜雪兒得到、並留住了他人的注意力。在她筆下，你可以百分之百理解每個人的觀點，而她的每個對象都不是自己發明出來的角色。他們是她結識、關心並花時間真的去了解的人：警察、存活者、遺族，以及——要我這樣猜其實挺痛苦的，但是——我想還有金州殺手這個具有毀滅性、傷痕累累的人渣。

我依舊想聽到牢門在他身後關上的聲音，希望她不管怎樣也能聽到。

上個聖誕節，我們的女兒愛麗絲打開聖誕老人留給她的一個禮物。她非常高興地打開那臺小小的數位相機，開始亂玩設定。這禮物好玩吧，佳節愉快，親愛的。

那天早上稍晚，她（出人意料地）問道，「爸爸，為什麼聖誕老人的筆跡跟你一樣？」

蜜雪兒・艾琳・麥納瑪拉已不在世上，但她留下了一個小偵探。

還有一個謎。

——派頓・奥斯華

維吉尼亞州，赫恩登

二〇一七年，七月二日

終曲：給一名老人的信

你就是那些犯案手法：貼著圍籬的大拇指，因為露臺門硬被撬開而驟然下降的氣溫，凌晨三點瀰漫在臥室中的刮鬍水氣味，抵在頸子底部的刀刃。「不准動，不然我就殺了妳。」因深沉的睡意，她們本能中內建偵測威脅的系統只微弱地閃了一下。大家都沒時間坐起身，清醒就代表理解自己已遭劫持。電話線切斷了，槍膛裡的子彈也清空，繩索都準備妥當、鋪放在旁。你因著神經末稍的催促展開行動。面具的一抹影子，詭異又粗重的呼吸。你如此熟悉環境，讓她們嚇得魂飛魄散；你的雙手迅速摸到難找的電燈開關，你知道她們的名字，也曉得小孩有幾個，更知道住處。由於預先計劃過，使你擁有決定性的優勢。當你的受害者被令人眼盲的手電筒光與咬緊牙關的威脅聲弄醒，你對她們而言永遠是陌生人，然而反之則非。

心臟狂跳、口腔乾涸。你的外型一直都不可預測。你是穿著硬底鞋、步伐輕盈的人；是生殖器厚厚抹上嬰兒乳液，狠狠在遭到綑綁的雙手中抽送的人。「做好一點。」沒人看見你的臉，沒人感受過你身體的重量，受害者的雙眼被蒙住，僅靠嗅覺與聽覺：是爽身粉的花香，一點點肉桂氣味，窗簾桿上的叮噹響，行李袋拉鍊打開的聲音，錢幣落到地面；是嗚咽，是啜泣。「噢，媽媽。」抑或是稍微瞥到的刷色皇家藍網球鞋。

西面傳來的狗吠漸漸消逝。

你也是你留下的那些事物：聖拉蒙，蒙特克萊爾度假屋紗窗上留下的四英寸垂直割痕，樹籬上綠色握柄的手斧，樹上垂下的一條繩索，後院空啤酒瓶上的泡沫，無法辨識的一小塊藍色油漆痕，康特拉科斯塔治安官部門三號底片膠捲的第四格——那是他們認為你越過籬笆而來的位置。某個女孩青紫的右手，她的手麻痺了好幾小時，還有塵土裡那根鐵撬的速寫。

八個被打爛的頭顱。

你是窺淫狂魔。你總耐心記錄習慣與日常行事。第一晚，有個在調派中心工作的丈夫換到大夜班，你抓住了機會。在沙加緬度刺林道三八〇〇號現場的浴室窗下，有個大約四至七天久的紳士鞋鞋印。警官標記，站在那裡可以直接看進受害者的臥室。「就像跟你老爸幹一樣跟我幹，」你嘶聲說道，好像很確定真有此事；你讓一個女孩穿上高跟鞋，這是她跟男友上床時會做的事；你偷走比基尼泳裝當紀念品；你帶著那根細細的手電筒和簡短而反覆的臺詞到處潛行；你是腦中那部不斷放映的電影的導演和主角。

幾乎每個受害者描述的場景都一樣：會有一瞬間，他們感覺到你分心跑到房子另一部分大肆破壞，然後又回來。不說話，不動作，但她們知道你就站在那兒，也能想像從你那副滑雪面罩兩個洞中射出死氣沉沉的視線。有個受害者感到你瞪著她背後的疤，在過了好久都沒聽到任何動靜後，她這麼想，**他走了**。然而，在她呼出大氣的瞬間，刀尖落下，開始沿著疤痕末端一路描繪。

幻想使你分泌腎上腺素，你的想像彌補了挫敗的現實生活，你的「短缺」明顯可見。有個受害者嘗試用說反話的方式低語道：「你好厲害。」你卻訝異地突然從她身上下來；你那些硬漢式的蠻幹頗有虛張聲勢的氣味；你咬緊牙關的低喃中帶有顫抖，也有人偶爾注意到你的結巴。另一個受害者對警察描述你如何短暫地抓住她左邊乳房。「好像在抓門把一樣。」「不覺得很爽嗎？」你強暴一個女孩時這樣問她，並拿刀子抵著她喉嚨，直到她表示同意。

你的慾望深沉，但從未害你犯錯。針對在逃暴力罪犯的調查全都像是一場競走，你向來遙遙領先。你聰明機智，知道要將車子精準停在警方標準範圍之外，在兩棟屋子之間或空曠處，以避免懷疑。你在玻璃窗片上打出小洞，使用工具推掉木頭窗栓，在受害者熟睡之際打開窗戶；你會關掉空調，這樣就能聽到是否有人靠近；你將側門留著不關，並重新調整過露臺的家具，好讓你能迅雷不及掩耳地直接逃離。你踩著十段變速腳踏車從開車的ＦＢＩ探員面前溜走，你飛速跑過屋頂。一九七九年七月六日在丹維爾，一隻警犬隊員的狗對梧桐丘庭園一叢常春藤科的植物做出激烈反應，因此那名隊員深信，那團氣味是不久之前留下的。

有個鄰居目擊你從一起攻擊現場逃走；你離開的狀態一如進來的模樣：沒穿褲子。直升機、路障，市民巡邏隊記下牌照；催眠師、精神醫師；數百名白人男性咬了那塊取樣用的紗布。一無所獲。

你是一抹氣味、一對鞋印。警犬和警探都去追蹤，線索帶他們前進，也帶著他們碰壁。

帶他們進入了黑暗。

長久以來，你占盡優勢，以有力的步伐不斷前進，而警方調查緊追在後。某人一生遇過最慘的事件，被某個匆忙又愛睏的警察隨便以草寫字體記下，一大堆拼錯的字，陰毛特徵草率塗鴉在邊緣。調查員使用緩慢的轉盤式撥號電話追蹤線索。若是沒人在家，電話就只能這樣響了又響。假使他們想找舊紀錄，就只能徒手去翻那一疊疊紙張。叨絮的電傳打字機在紙帶上打出彷彿狗啃的洞。可疑嫌犯洗脫嫌疑，只因為他們的母親做了不在場證明。最終，案件報告被放入檔案夾、擺進箱子，最後進了某個房間。大門關上，紙張逐漸泛黃，記憶開始褪色。

這場比賽你贏定了。你感覺得到，你自由自在。受害者漸漸消失在視線，他們回不到以往，自信枯竭，他們受恐懼所苦，並因過往記憶而躊躇不前。他們被離婚與毒品困擾，時效過去了，採到的證據因為空間不夠被扔掉。發生在他們身上的一切埋藏起來，像一枚躺在池底的硬幣，閃閃亮亮、一動也不動。他們盡力繼續前進。

你也一樣。

但這遊戲失去了吸引力。腳本總是重複，你現在需要更多危機感。你最初只在窗沿邊，接著越界進屋。那些恐懼的反應攪動你心。但三年過去，扭曲的臉和懇求再也不夠，你對更黑暗的衝動舉手投降。遭你謀殺的受害者全是美麗尤物，有些人還有複雜的感情生活。我非常確定，對你而言她們都是「賤貨」。

那是一套完全不一樣的規則。當還有呼吸的受害者被綑綁在自家中，你知道自己最少有十五分鐘時間可逃入社區。但是，當你在一九八〇年三月十三日走出萊曼和夏蓮・史密斯位於文圖拉的家，你明白自己無須匆忙，因為他們的屍體不過三天是不會被發現的。

壁爐用的木材、鐵撬、扳手。你用受害者家裡能拿到的器具殺害她們——雖然這可能很少見，但你向來喜歡輕便、沒有任何包袱，除了些許憤怒以外。

接著，一九八六年五月四日之後，你消失了。有人認為你死了，或進了監獄。但我沒有。我認為，當世界開始改變，你抽手了。真的，年齡一定拖慢了你的腳步。曾經源源不絕的罪固酮現在所剩無幾。不過真相應該是記憶褪了色，紙張腐朽了。可是科技卻進步了。

你一轉頭，見到對手逐漸逼近的當下，便決定停手。

這場比賽你贏定了。你是全能的觀察者，從來不是被觀察者。最先的挫敗發生在一九八四年九月十日，萊斯特大學實驗室，遺傳學家艾利克・傑佛瑞做出了第一個DNA檔案。另一次則在一九八九年，提姆・伯納茲里為網際網路的概念寫了一份提案。原本不會注意到你或是你犯的罪的人，紛紛開始設計各種能找到你的演算法。一九九八年，賴瑞・佩吉和謝爾蓋・布林合組了一間公司：Google。裝著你的警方報告的箱子被一個個搬出來進行掃描、數位化，並分享出去。全世界都因連線和網速嗡嗡響不停。智慧型手機、光學字元辨識技術、客製化互動地圖、親屬DNA。

我曾看過你在一九七六年七月十七日於卡麥克爾一名青少女臥室下方泥地留的厚底雪靴印

照片。這是在偷窺淫魔只能親自守在窗前的時代留下的原始紀念。你擅長悄然無聲、暗中移動，但是你全盛時期的高超本領再無用武之地，你的技能已被漸漸淘汰，局勢已然轉變。虛擬之窗大大打開，圍繞在你的周遭。你，這個最高明的觀察者，在他們的十字瞄準線上只是個逐漸年邁、動作笨重的目標。

滑雪面罩再也幫不了你了。

一名受害者遭強暴二十四年後，她的電話響起。「想玩嗎？」有個男人低聲說道。那就是你，她非常確定。你生出懷舊之情，像個用錄影機播放過往比賽錄影、患了關節炎的前足球明星，「還記得我們以前一起玩嗎？」

我想像了你撥她電話的模樣。獨自一人，在一個又小又黑的房間，坐在你的雙人床邊緣。你軍火庫中所剩唯一能發射的武器是回憶，亦是你用聲音觸發恐懼的能力。

過不了多久，你會在某天聽到車子在你家人行道邊欄停下，引擎熄火。你會聽到腳步聲從房屋前面走道傳來，就像艾德華．韋恩．艾德華斯——在他於威斯康辛州的蘇利文殺害提摩西．赫克和凱莉．珠兒的二十九年後；也像肯尼斯．李．希克斯，在他於奧勒岡州的阿羅哈殺害羅里．比林斯利的三十年後。

門鈴響起。

這次沒有留著未關的側門，你也早過了能跳籬笆的年紀。做你每次都做的事吧，做一次亢奮而粗重的吸吐，咬緊牙關，怯懦而緩慢地朝持續嘈雜的門鈴走去。

這就是你的結局。「妳永遠開不了口，而我將消失在黑暗中。」你曾這麼威脅一名受害者。

打開門，讓我們看看你的臉。

走入光中。

——蜜雪兒・麥納瑪拉

附記

後來的事情（差不多）是這樣發展的：

四月二十四日星期二，我飛到芝加哥參加《惡魔的背影》的一場新書活動。那場活動本來是安排在三月三日，但是我們第一次嘗試多點巡迴行程時，就被一場東北部風暴困在波士頓。

我們重新安排人員和時程，成功把比利．詹森和保羅．海因斯一起帶上。那是個冰寒的芝加哥春夜，會場擠滿了人，吉莉安．弗琳為我們主持了四十五分鐘的問答。在蜜雪兒誕生的城市裡，合力編寫這本書的團隊齊聚一堂，談論她和她的作品，當然也談及當時仍然在逃的金州殺手。這本書在暢銷排行榜上大放異采——一登榜就是冠軍——評價也非常正面。

那天晚上的觀眾提問，以一個十分熟悉的問題收場：「你認為金州殺手會被抓到嗎？」

我的答案一言以蔽之就是：「只是時間早晚的問題。」**時間早晚，暗示的是短期內不會**——在場的所有人，包括我，都明白這弦外之音。

我們回到飯店。我隔天就要飛去紐約上《賽斯．梅爾斯深夜秀》；我實在不記得比利和保羅跟我訂的是不是同一班飛機，但我覺得好像是。一切即將在瞬間變得朦朧模糊。

我有沒有提過，麗茲·賈伯斯帶領的的紀錄片團隊也跟我們同行？HBO買下了這本書的紀錄片影集版權，預定拍攝八集，主題是蜜雪兒和她的死亡與遺作，以及仍在調查中的金州殺手案件——這個未曾落網、沒名沒姓、身分不明的凶手。麗茲和她的團隊在芝加哥和我們會合，不僅是為了參加新書活動，也是為了與蜜雪兒的家人對談，拍攝她的老家周圍，並且討論那椿讓少女時期的蜜雪兒永遠著迷於真實犯罪的懸案。

大夥兒在飯店大廳道別，分頭上樓過夜。比利或是保羅提到他聽說沙加緬度檢查官辦公室可能會針對金州殺手發布消息。我們都沒有太過認真——以為他們只是要說調查已有進展。這本書讓此案重獲矚目：頭條新聞頻道播出了報導特集，訪問保羅·霍爾斯和眾多受害者。執法單位要提醒大眾他們仍在偵辦該案，也是有道理。

我們各自入睡。隔天還得早起搭機。

我的手機在凌晨四點響起，把我從不太舒服的旅館睡夢中喚醒。比利和保羅的電話也在差不多的時間響了。

沙加緬度檢查官辦公室即將宣布金州殺手已遭逮捕。

我記得自己衝下樓到大廳。我記得比利用手機拍下我第一時間毫無矯飾的反應。我記得我跟麗茲和其他人討論，這次逮捕會不會只是假警報。我們所有人都在想，「接下來會發生什麼事？」

這個嘛，就我所知，接下來發生的事，就是我讓到一邊去。

我是喜劇演員兼作家。我構築出荒謬、假想的情境來尋求真切的意涵。但我這一行的成功之道，在於這種創作本質上的模稜含糊。

蜜雪兒是罪案調查者與記者，處理的是事實。她用小說式的筆法寫出能夠查核確認的事實，留住讀者的注意力，帶著他們跨越數十年的時光、好幾個城鎮郡縣的距離，追蹤一個消逝在加州乾爽夜晚空氣中的殺人犯。

我對接下來的事態做出的所有評論——對於喬瑟夫・迪安傑羅在法庭上「看起來」如何、對於發現新事證帶給我的「感受」——無益於**任何人**。這份未完的任務應該交給客觀的專業執法人員——以及律師和法官，他們努力試圖伸張正義，為這個因欠缺理性與撫慰而焦渴的世界，澆下些許理智的甘泉。

蜜雪兒留下了這本書，我希望它能夠幫助讀者了解，當一個像金州殺手那樣的存在——喬瑟夫・迪安傑羅那怨毒的怪物，自視為他心目中的愚蠢史詩裡不得志的英雄——闖入現實，試圖在世上留下他不值得擁有的痕跡，會讓人們、讓整個社群經歷什麼樣的折磨。現在我必須讓到一邊、留下空間給這本書。我本來想要寫一篇更深刻、更內省的後記，但蜜雪兒的文字不需錦上添花。她的一字一句都在這裡——即使在喬瑟夫・迪安傑羅的面貌和姓名被人遺忘之後，仍會長久流傳。

如果這幅昭示了他本質的隱晦肖像，比他的身分更擲地有聲、歷久不衰，那會是一種實現正義的美好方式。

這是我對蜜雪兒的祝願，希望即使在我逝去多年以後仍能實現。

——派頓・奧斯華
加州，洛杉磯
二〇一八年，八月三十一日

追緝連環殺手：一名女子執迷追尋金州殺手的迷人調查史

原載於《沙加緬度新聞評論》，二〇一八年五月二十四日

人人都有故事。有些人的故事是第一手的，而也有許多是父母傳給孩子的故事。每個故事都有類似的詭異細節：月光黯淡的夜晚裡，後院傳來樹枝被踩斷的聲音；沿街慢速駕駛時，被某人監視的不安感；警用直昇機在頭頂上不斷盤旋的氣流聲。

彷彿除了我以外，每個人都有一段關於金州殺手的故事。

然而，當警方宣布他們終於抓到疑似這名連環殺手兼強暴魔的嫌犯，我卻震驚得倒

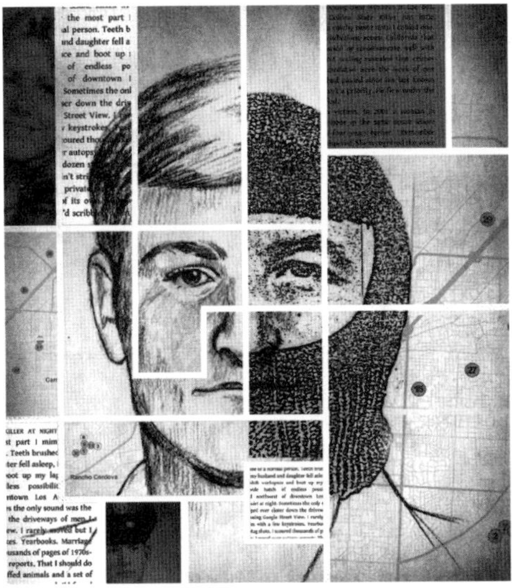

圖1：被地方執法機關稱作東區強暴魔的嫌犯畫像拼貼

抽一口氣。

我在沙加緬度住了好幾年，卻從未聽過這位別稱「東區強暴魔」和「原始暗夜尾隨者」的金州殺手，一直到將近五年前，有個朋友寄了電子郵件問我對他有沒有印象。她說她是幫一位正在研究這個題材的作者問的。我回覆說那案子對我來說太老，但聽起來很有趣——然後我就把他拋諸腦後。

到了四月，我終於拿起了那位作者的書，也就是蜜雪兒・麥納瑪拉的《惡魔的背影》，這才發現到那名凶手的罪行曾和我所居住的社區多麼接近。

然後，四月二十五日，當局宣布已有一名嫌犯落網，七十二歲的喬瑟夫・詹姆斯・迪安傑羅，如今面臨十二件謀殺罪的指控，包括一九七八年布萊恩與凱蒂・馬喬里的命案。原來他一直在這裡，過去三十年來都住在柑橘高地。

警方透過DNA證據鎖定這位奧本市的前警員之後，便將他逮捕，如果他們是對的，他們就找到了那個在一九七六到一九八六年間謀殺十餘人、強暴五十人、洗劫加州至少一百二十戶人家的罪犯。

終於，受害者和家屬等到了結局。花了數十年光陰追查線索的警探，也總算鬆了一口氣。麥納瑪拉鍥而不捨投入多年時光研究這個主題，期望能透過地理剖繪、DNA和其他線索來指認出凶手。

到頭來，蜜雪兒・麥納瑪拉是否幫忙找出了金州殺手？

「世界各地都有人對我們提出這個問題……答案是否定的，」沙加緬度郡治安官史考特・瓊斯在迪安傑羅被捕後告訴記者。

她的作品讓大眾持續關注這起事件，瓊斯說，但僅此而已。

「書中沒有任何資訊直接導向逮捕行動，」他說。

有些人並不同意，包括在麥納瑪拉猝逝於二〇一六年之後協助完成書稿的夥伴們，以及她的丈夫，喜劇演員派頓・奧斯華。消息傳出當天，他在Instagram上發布了一段影片。

「看樣子，他們抓到東區強暴魔了，如果消息是真的，也就代表他們抓到金州殺手了，」奧斯華疲憊地對著攝影機說，「我想，妳逮到他了，蜜雪兒。」

「我更樂觀地認為會有結案的可能。」

二〇一三年十一月一日，那封電子郵件來到我的信箱。

「各位，你們還記得東區強暴魔嗎？有一個犯罪主題部落格的作者在調查這個案子，幾乎要破案了，」艾珀・倫斯登在一封寄給幾個家人和高中同學（包括我）的信中寫道。倫斯登是作家兼電影工作者，現居洛杉磯，在偶然看到「真實犯罪日記」這個部落格之後聯絡了麥納瑪拉。

「我立刻就寫信給她，因為那個故事讓我念念不忘好多年了，」倫斯登解釋道。

麥納瑪拉也以這個主題在《洛杉磯雜誌》上撰文，她透過和倫斯登的通信得知了更多資訊，也更加了解沙加緬度地區。

「我是在找那種能夠加強文章效果的豐富細節——那時候的小孩都去哪裡玩？」她寫道，「大家認為哪裡算是好的區，或者哪些區域有特別的名聲或是氣氛？七十年代的那裡感覺很恐怖嗎，或是比較有小鎮風情？」

同時，她也很有信心能抓到那個人。

「而且，調查行動正有快速進展，」麥納瑪拉在結尾如此寫，「我比過去更樂觀地認為會有結案的可能。」

倫斯登的大部分友人當時年紀還太小，無法完全理解東區強暴魔的罪行，但是都記得他們父母的恐慌。

「我想，那時候我甚至還不真正懂得強暴是什麼意思，」一名女性寫道，並且補充了她多年來揮之不去的記憶細節，「我媽媽開始在睡覺時把鐵鎚藏在枕頭底下。」

倫斯登將這些說法和其他回憶與麥納瑪拉分享，許多內容最後都寫進書中。《惡魔的背影》半是回憶錄、半是真實罪案研究，從訪談、警方報告和報章資料中採集了豐富的細節，文風簡約但優雅，報導的部分經過細心的調查。麥納瑪拉對這個案件的興趣，是由於另一場未解的謀殺案而種下根源。

十四歲的麥納瑪拉住在伊利諾州的橡樹園，當時一位二十四歲的女性鄰居，凱瑟琳·隆巴多在某個夏末夜晚慢跑時，被人拖進暗巷、慘遭割喉，而同一時間的麥納瑪拉在不到半哩遠的閣樓臥室裡，做著關於高中新生活的白日夢。這場謀殺案在她心頭盤桓不去。「那些怪物雖日漸遠逝，卻從未消失。牠們死去了許久，然而在我寫作時，就會再次甦醒，」她在開頭的章節裡如此寫道。

這本書在二月出版，幾個月後我才翻開它，並且發現自己完全臣服於麥納瑪拉的執迷不懈。我朗讀某些段落給我的丈夫聽，跟朋友大談書中細節，還強行佔用了讀書會的討論時間。但我在一九八三年搬到沙加緬度，當時離東區強暴魔在該地區最後一次作案已過了幾年。如今，我閱讀的這些故事與我青春期時安寧靜謐、綠意盎然的住家週邊郊區交織，甚至我兄弟就讀的、離我們家只有幾個街區的小學，也疑似曾出現東區強暴魔的蹤跡。對我而言顯而易見，她的書至少在某些微渺的層面上促成了迪安傑羅的落網。

例如，在調查過程中，麥納瑪拉下了一個重大的決定，為東區強暴魔重新命名。她認為，「金州殺手」一名更為精確，因為他的作案範圍最後上下蔓延了整個州。她也做了其他的評價。「這起案件延伸十年……就連黃道帶殺手……或暗夜尾隨者……都沒有如此活躍，」她寫道，「然而，金州殺手的名氣卻沒那麼大，在我給他這名號以前，他沒有響亮的綽號。」肯定地，這是個大膽的舉動，但也留下了長久的效果。逮捕此人時，當地執法單位人員沿用了麥納瑪拉所取的稱號。

麥納瑪拉未能看見她的命名得到如此致意。這位時年四十六歲的作家在睡夢中過世，死因是未獲診治的心臟疾病，加上止痛藥與抗焦慮藥造成的惡化症狀。她死於二〇一六年四月二十一日——就在沙加緬度檢察官安・瑪莉・舒柏特宣布成立金州殺手專案小組、開出五萬美金的懸賞以前僅僅兩個月。

記者比利・詹森並不相信這個時間點只是巧合。詹森與麥納瑪拉合作，進行了大範圍的DNA調查，希望終能藉此揭開金州殺手的真面目。麥納瑪拉死後，他拼湊筆記內容和訪談謄錄，並修改初稿，協助將該書編寫完成。他說，麥納瑪拉堅定不懈的調查精神不該被輕蔑以待。「我們一直在做（跟執法機關）一樣的事，」詹森說，「我們把（DNA）檔案輸入公共資料庫。這只是時間早晚的問題。」

與麥納瑪拉合作七年的調查者保羅・海因斯處理這名凶手的犯案地理剖繪，不遺餘力地追查每項大小線索，他也有相同的感觸。

「蜜雪兒讓這個案子得到前所未有的關注，」他說，「使得多個執法機構有動力繼續投入時間和資源。」

這令人很難不在大眾矚目和破案結果之間、在她的死亡和新聞發布會之間做出連結。

「我們能走到這裡，是因為這本書推出的時機。是因為她寫的文章，是因為她與如此多人合作，將故事公諸於世，」詹森說，「是因為她的死亡。」

槍響

東區強暴魔的案件糾纏了蓋瑞・奎茲馬謝數十年之久。

一九七八年二月二日，這位時年二十七歲的緝毒組警探任職於科多瓦牧場轄區，比起謀殺案，這個區域的毒販更令他擔心。他接到調派員的呼叫。報案指出有槍擊。他和搭檔趕往現場，布萊恩與凱蒂．馬喬里躺在那裡、血流如注。他們是抵達現場的第一組人。凱蒂．馬喬里已經死亡，但奎茲馬謝跳上救護車，希望能跟她的丈夫問出一點訊息。他陪他搭到麥特醫院，稍後又轉至加州大學戴維斯分校醫學中心，馬喬里尚未提供證詞，就在那裡撒手人寰。

奎茲馬謝之後花了許多年調查這起案件，孜孜不倦地爬梳報案訊息與線索。

「那個時代，我們沒有電腦，沒有DNA，靠著索引卡工作，」他說。

最終，他的心力轉向別處，但對於東區強暴魔的思索未曾停止。

奎茲馬謝與偵辦此案的其他警探保持聯絡。在迪安傑羅被捕之前，他沒有見過麥納瑪拉，也沒聽說過她的書。

「我不認為（那本書）跟他被捕有任何關係，安．瑪莉．舒柏特也是，」他說。

至於舒柏特，她說新聞發布會的時間點落在麥納瑪拉過世之後純屬巧合。專案小組在數年前就已粗略成形，作為警探彼此共享資訊的管道。小組的公開和隨後的懸賞訊息是為了配合東區強暴魔首次作案的四十周年。對舒柏特而言，這個案子具有私人意義。

「我不只是以專業人士的角度了解這個案子，更是考慮到它對沙加緬度地方社群的意義，」舒柏特說，她描述自己在亞登地區的鄰里無憂無慮地長大，直到有報導說凶手正在潛伏，使得父母採取新的安全措失，早在天黑前就把孩子趕回家。

「恐懼造成了社群的重大改變，我們從純真無憂的小鎮變成一個戶戶大門深鎖、婦女紛紛學習防身術的地方。」

舒柏特表示，她二〇〇〇年在地方檢查官辦公室成立陳年案件小組時，開始調查東區強暴魔的案子。她說，麥納瑪拉的書沒有破解這起案件，但是帶來了頗有助益的關注。

「我沒有見過她，也還沒有看那本書，但我對她的工作懷著極大的尊敬，」舒柏特說，「她的報導……維持了人們對這個案件的熱情關注。」

詹森表示，若說麥納瑪拉的作為沒有（至少在間接層面上）形成助益，這個說法並不真確。

「不只是這本書，而是蜜雪兒——是努力寫出這本書的蜜雪兒，」詹森說，「她一過世，全世界就都知道金州殺手這個人了。」

收錄過去數十年報章的LexisNexis資料庫快速搜尋顯示，舒柏特確實是在二〇一六年的新聞發布會上才首度公開提及「金州殺手」——麥納瑪拉為這名凶手取的綽號。二〇一〇年當選的瓊斯治安官，在該日期之前也未曾公開提到東區強暴魔。

詹森說，當局急於將案件與麥納瑪拉的作品劃清界線，乃是政治考量。

「如果你去問（持續處理這個案件的）調查人員，他們會給你不同的答案。」

「過不了多久」

保羅．霍爾斯就是其中一位調查人員。

這位康特拉科斯塔郡的前警探在三月分正式退休，但是直到迪安傑羅被捕時都仍參與辦案。他甚至幫忙寫了該名嫌犯的逮捕令，而且也因為追蹤迪安傑羅的遺傳基因線索而立下功勞。

並且，他與麥納瑪拉長期合作，駕車載她走訪金州殺手在東灣與戴維斯地區的犯案地點。

「（我們）第一次通電話時，她問了非常詳細的問題，讓我暈頭轉向，」他說。

一開始，霍爾斯擔心自己洩露太多訊息，但是《洛杉磯雜誌》刊出的第一篇文章證明他多慮了。

「蜜雪兒贏得我的信任之後，我的態度就非常坦承公開，」他說。

霍爾斯和其他調查本案的警探最後同意與麥納瑪拉合作，雙方交換情報、線索與推測理論。

「她天賦異稟，」他說，「我從她那邊得到原本辦案時前所未見的資訊。」

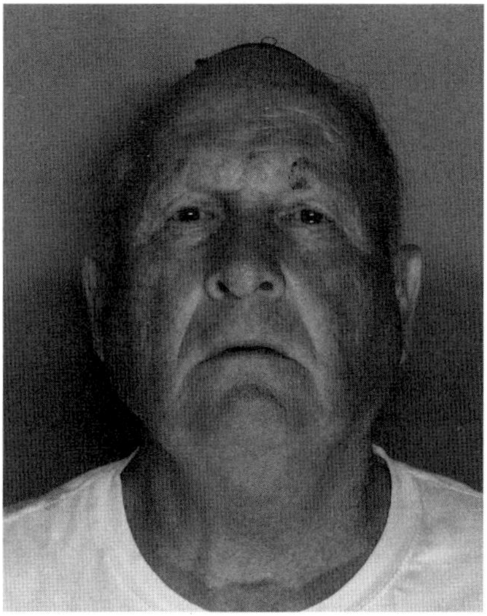

圖2：喬瑟夫．詹姆斯．迪安傑羅於四月二十五日在定居三十年的柑橘高地被捕

他還補充，麥納瑪拉和其他成員一樣是金州殺手調查團隊的一份子。

「她是我的調查夥伴，」他說，「始終是工作團隊的一部分。蜜雪兒有辦法蒐集到其他人難以觸及的資訊。」

霍爾斯還沒有看過《惡魔的背影》——「我太太說（我）得等一等，因為我有太多情感牽連」——但他相信這本書的地位至關重要。

「無庸置疑，即使撇開這本書，蜜雪兒的角色仍然舉足輕重，」霍爾斯說，「這可以追溯到《洛杉磯雜誌》上的那篇文章，她在文中為他重新取了金州殺手這個名號。這代表了大眾對這個案件看法的標誌性改變。」

霍爾斯說，在此之前，這個案件所帶來的興趣與關注已經隨著時間磨滅淡化，未曾在大眾眼中或媒體上獲得重視。該篇雜誌文章、麥納瑪拉的書、新聞發布會、警方的不斷努力，以及懸賞訊息，匯集起來的力量排山倒海，最後促成了迪安傑羅的落網。

然而，針對是否將嫌犯就逮直接歸功於麥納瑪拉的著作，霍爾斯仍保持謹慎。

「書裡有沒有直接指向迪安傑羅的關鍵資訊？答案是否定的，」他說。

但是，這本書締造了同等重要的成就。

「它不只讓這個故事維持生命力，更把故事向前推進，」霍爾斯說。

終歸，麥納瑪拉並不想要邀功。派頓・奧斯華在一則推特上說，他的亡妻只希望此案能夠偵破。

「蜜雪兒．麥納瑪拉並不在乎自己能不能沾光。她在乎的是讓＃金州殺手入獄、讓受害者能夠擺脫重擔，」奧斯華寫道，「她是《冰血暴》裡的瑪姬．岡德森警長，而不是《沉默的羔羊》裡的奇爾頓博士。」

詹森也贊同。這麼多年的苦功，不是為了爭獎盃而做的。

「（麥納瑪拉）最終的目標是讓那個人能被指認出來、繩之以法，如果他還活著的話，」他說。

但是，很快就會有更多人了解麥納瑪拉執迷不懈的投入。HBO的改編紀錄片影集正在攝製，在奧斯華的協助之下，詹森和海因斯也計劃為《惡魔的背影》推出更新版本。

或許還是麥納瑪拉為該書寫下的尾聲，將她的頑強執著表現得最為清楚。「不要多久，你會在某天聽到車子在你家人行道邊欄停下，引擎熄火。你會聽到腳步聲從房屋前面走道傳來，就像艾德華．韋恩．艾德華斯……或是肯尼斯．李．希克斯，」她在宛若預言的終章〈給一名老人的信〉中寫道，想像迪安傑羅被捕的場面。凶嫌落網之後，深受麥納瑪拉遺作觸動的許多讀者亦有同感，「這就是你的結局。」

圖1：Cover Art by Sarah Hansel for the *Sacramento News and Review*, published May 24, 2018.

圖2：Courtesy of the Sacramento Police Department.

臉譜書房 FS0105

惡魔的背影

五十起連環謀殺與性侵懸案、縱跨六百公里的犯案足跡、塵封三十年的謎團線索，
一個調查記者的不懈追尋，帶來揭露「金州殺手」真面目的破案曙光

I'll Be Gone in the Dark: One Woman's Obsessive Search for the Golden State Killer

原著作者　蜜雪兒・麥納瑪拉 Michelle McNamara
譯　　者　林　琳
書封設計　高偉哲
責任編輯　廖培穎
行銷企畫　陳彩玉、朱紹瑄
業　　務　陳紫晴、林佩瑜、馮逸華

出　　版　臉譜出版
發 行 人　凃玉雲
總 經 理　陳逸瑛
編輯總監　劉麗真
城邦文化事業股份有限公司
台北市民生東路二段141號5樓
電話：886-2-25007696　傳真：886-2-25001952

城邦讀書花園
www.cite.com.tw

發　　行　英屬蓋曼群島商家庭傳媒股份有限公司城邦分公司
台北市中山區民生東路141號11樓
客服專線：02-25007718；25007719
24小時傳真專線：02-25001990；25001991
服務時間：週一至週五上午09:30-12:00；下午13:30-17:00
劃撥帳號：19863813　戶名：書虫股份有限公司
讀者服務信箱：service@readingclub.com.tw
城邦網址：http://www.cite.com.tw

香港發行所　城邦（香港）出版集團有限公司
香港灣仔駱克道193號東超商業中心1/F
電話：852-2508 6231　傳真：852-2578 9337

新馬發行所　城邦（馬新）出版集團 Cite (M) Sdn Bhd.
41-3, Jalan Radin Anum, Bandar Baru Sri Petaling,
57000 Kuala Lumpur, Malaysia.
電話：603-9056 3833　傳真：603-9057 6622
讀者服務信箱：services@cite.my

初版一刷　2019年10月

I S B N　978-986-235-782-8
定價450元
（本書如有缺頁、破損、倒裝，請寄回本社更換）

國家圖書館出版品預行編目（CIP）資料

惡魔的背影：五十起連環謀殺與性侵懸案、縱跨六百公里的犯案足跡、塵封三十年的謎團線索，一個調查記者的不懈追尋，帶來揭露「金州殺手」真面目的破案曙光／蜜雪兒・麥納瑪拉（Michelle McNamara）著；林琳譯. -- 一版. -- 臺北市：臉譜出版：家庭傳媒城邦分公司發行, 2019.10
面；　公分. --（臉譜書房；FS0105）
譯自：I'll Be Gone in the Dark: One Woman's Obsessive Search for the Golden State Killer
ISBN 978-986-235-782-8（平裝）

1. 麥納瑪拉（McNamara, Michelle, 1970-2016）
2. 刑事偵察　3. 謀殺罪　4. 報導文學　5. 美國加州

548.6952　　108015733